Franziska Trapp
Lektüren des Zeitgenössischen Zirkus

spectrum Literaturwissenschaft/ spectrum Literature

Komparatistische Studien/Comparative Studies

Herausgegeben von / Edited by
Moritz Baßler, Werner Frick,
Monika Schmitz-Emans

Wissenschaftlicher Beirat / Editorial Board
Sam-Huan Ahn, Peter-André Alt, Aleida Assmann, Francis Claudon,
Marcus Deufert, Wolfgang Matzat, Fritz Paul, Terence James Reed, Herta Schmid,
Simone Winko, Bernhard Zimmermann, Theodore Ziolkowski

Band 69

Franziska Trapp

Lektüren des Zeitgenössischen Zirkus

—

Ein Modell zur text-kontext-orientierten
Aufführungsanalyse

DE GRUYTER

Gedruckt mit Unterstützung des Förderungsfonds Wissenschaft der VG WORT

Inauguraldissertation zur Erlangung des akademischen Grades ‚Dr. phil.' an der Westfälischen Wilhelms-Universität Münster/ Thèse en vue de l'obtention du doctorat de L'Université Paul-Valéry Montpellier III, gefördert von der Studienstiftung des deutschen Volkes

ISBN 978-3-11-112622-7
e-ISBN (PDF) 978-3-11-066179-8
e-ISBN (EPUB) 978-3-11-066202-3
ISSN 1860-210X

Library of Congress Control Number: 2020943231

Bibliografische Information der Deutschen Nationalbibliothek
Die Deutsche Nationalbibliothek verzeichnet diese Publikation in der Deutschen Nationalbibliografie; detaillierte bibliografische Daten sind im Internet über http://dnb.dnb.de abrufbar.

© 2022 Walter de Gruyter GmbH, Berlin/Boston
Dieser Band ist text- und seitenidentisch mit der 2020 erschienenen gebundenen Ausgabe.
Satz: Dörlemann Satz, Lemförde
Druck: CPI books GmbH, Leck
www.degruyter.com

Für Anders

Inhalt

1 **Einleitung** —— **1**
    1.1   Ziel, Methodik und Vorgehen —— **6**
    1.2   Ein Einblick in die Kulturgeschichte des Zirkus —— **11**
    1.3   Zur Auswahl des Analysekorpus —— **18**

2 **Theorie** —— **20**
    2.1   Der Forschungsstand zum Zeitgenössischen Zirkus —— **20**
    2.2   Zum disziplinären Selbstverständnis der Arbeit —— **24**
    2.3   Lektüretheorien und ihre Kritik in der Theater- und Tanzwissenschaft —— **26**

3 **Lektüren des Zeitgenössischen Zirkus – Ein Analysemodell** —— **31**
    3.1   Zirkus als Text —— **31**
    3.2   Speicherung —— **32**
    3.2.1 Methoden der Speicherung in der Theaterwissenschaft —— **34**
    3.2.2 Methoden der Speicherung in der Zirkuswissenschaft —— **34**
    3.2.3 Notation in der Zirkuswissenschaft —— **36**
    3.2.4 Erkenntnistheoretische und wahrnehmungstheoretische Prämissen zur Speicherung der Flüchtigkeit —— **37**
    3.3   Lesbarkeit —— **38**
    3.3.1 Die Achsen des zirzensischen Textes —— **40**
    3.3.2 Die Ebenen des zirzensischen Textes —— **56**
    3.4   Zirkusgeschichte als Verfahrensgeschichte —— **62**
    3.4.1 Die Ebenen der Darbietungen des Traditionellen Zirkus —— **63**
    3.4.2 Die Ebenen der Darbietungen des Neuen Zirkus —— **67**
    3.4.3 Die Ebenen der Darbietungen des Zeitgenössischen Zirkus —— **71**
    3.5   Parameter einer text-kontext-orientierten Aufführungsanalyse des Zeitgenössischen Zirkus —— **74**

4 **Vertiefung – Modellanalysen** —— **77**
    4.1   Come wander with me: Zur Narration in *Fragments of a Mind* von *Squarehead Productions* —— **77**
    4.1.1 Lektüre von Fragments of a Mind —— **79**
    4.1.2 Analyseschwerpunkt: Narration —— **81**
    4.2   Metonymische und metaphorische Lektüren: Zur Mehrdeutigkeit in *I am (k)not* von Ana Jordão —— **96**
    4.2.1 Lektüre von *I am (k)not* —— **99**

- 4.2.2 Analyseschwerpunkt: Metonymische und metaphorische Lektüren —— **101**
- 4.2.3 Zur Dominanz des metaphorischen Verfahren in zeitgenössischen Zirkusstücken —— **110**
- 4.3 Ein Balanceakt zwischen Roman und Zirkusstück: Intertextualität und Intermedialität in *Le fil sous la neige* von *Les Colporteurs* —— **112**
- 4.3.1 Lektüre von Le fil sous la neige —— **115**
- 4.3.2 Analyseschwerpunkt: Intertextualität und Intermedialität —— **117**
- 4.3.3 Intertextualität und Intermedialität als Semantisierungsstrategie im Zeitgenössischen Zirkus —— **128**
- 4.4 „Zeig mir, wo du spielst, und ich sag dir, was du bist": Zur Relevanz des Aufführungskontextes in *L'Argile* von *Jimmy Gonzalez* —— **131**
- 4.4.1 Lektüre von *L'Argile* —— **133**
- 4.4.2 Analyseschwerpunkt: Aufführungskontext —— **134**
- 4.4.3 Zur Relevanz des Aufführungskontextes für die Lektüre von zeitgenössischen Zirkusstücken —— **145**
- 4.5 „Otherness is the crazyness we carry inside": Zum diskursiven Kontext in *L'Autre* von Cie *Claudio Stellato* —— **148**
- 4.5.1 Analyseschwerpunkt: Diskursiver Kontext —— **150**
- 4.5.2 Kultur- und Ideologiekritik im Zeitgenössischen Zirkus —— **159**
- 4.6 Willkommen im Wunderland des Zeitgenössischen Zirkus: Zum Metadiskurs in *Les Princesses* von *Cheptel Aleïkoum* —— **160**
- 4.6.1 Lektüre von Les Princesses —— **162**
- 4.6.2 Analyseschwerpunkt: Metadiskurs —— **165**

5 Schlussbetrachtung und Ausblick: Wege zu einer Dramaturgie des Zeitgenössischen Zirkus —— 177
- 5.1 Verfahrensmerkmale des Zeitgenössischen Zirkus —— **179**
- 5.2 Zum Potential des Lektüremodells in der Analysepraxis —— **187**
- 5.3 Das Lektüremodell in der dramaturgischen Praxis —— **188**

6 Anhang —— 192
- 6.1 Aufführungsprotokoll *Acrobates* —— **192**
- 6.2 Cie *Acrobates*: Acrobates —— **203**
- 6.3 *Squarehead Productions: Fragments of a Mind* —— **207**
- 6.4 Ana Jordão | *I am (k)not* —— **211**
- 6.5 *Les Colporteurs: Le fil sous la neige* —— **214**
- 6.6 Jimmy Gonazalez: *L'Argile* —— **218**

6.7 Cie *Claudio Stellato*: *L'Autre* —— **225**
6.8 *Cheptel Aleïkoum: Les Princesses* —— **228**
6.9 *DASARTS*-Feedback —— **232**

7 Abbildungsverzeichnis —— 233

Literaturverzeichnis —— 235

Verzeichnis der Personen und Compagnien —— 245

1 Einleitung

Das *Kunstmuseum Pablo Picasso Münster* präsentierte im Sommer 2018 neben seiner Hauptausstellung *Picasso – Von den Schrecken des Krieges zur Friedenstaube* im zweiten Stock des Gebäudes mit rund fünfzig Grafiken aus Eigenbeständen die „atemberaubenden Zirkuswelten"[1] von Künstlern wie Marc Chagall, Fernand Léger, Henri Matisse, Pablo Picasso und Georges Rouault, die gegen Ende des 19. und zu Beginn des 20. Jahrhunderts in Paris ansässig waren. Die Museumsbesucher*innen bekommen in dieser Studioausstellung mit dem Titel *Die École de Paris im Zirkus* vor allem drei Motive zu sehen: den Clown, das Pferd und den Trapezkünstler.

Fragt man heute, rund einhundertzwanzig Jahre nach dem Wirken der *École de Paris* in Deutschland nach den ersten Assoziationen zum Zirkus, dominieren noch immer jene drei Motive. Nun waren Chagall, Léger, Matisse, Picasso und Rouault regelmäßig im Zirkus[2], die Befragten heute aber, die ohne zu zögern ihre ersten Assoziationen nennen können, haben in der Regel in den letzten Jahren keine Aufführungen besucht. Mehr noch: Einige von ihnen waren noch nie im Zirkus. Die Motiv-Assoziationen wie Clown, Pferd und Trapezkünstler, so ist anzunehmen, entstammen also nicht den Erfahrungen mit dem empirischen Genre, sondern vielmehr dessen Rezeption, die heute allgegenwärtig ist: Redensarten wie „Mach keinen Zirkus"[3] sind längst Teil unserer Alltagssprache, in Zeiten von Trump kritisiert die *New York Times* den „Foreign Policy Circus"[4], ein kleiner

---

1 Kunstmuseum Pablo Picasso Münster: Von den Schrecken des Krieges zur Friedenstaube: Flyer zur Ausstellung 2018.
2 Picasso beispielsweise bezog im April 1904 ein Atelier in dem Künstlerhaus *Bateau-Lavoir* am Montmartre. Zu dieser Zeit war er regelmäßiger Besucher der Vorstellung des *Cirque Medrano*, dessen Artisten ihn insbesondere in seiner *Rosa Periode* zwischen 1905 und 1906 zu zahlreichen Bildkompositionen inspirierten. Später, in den 1960er Jahren sah sich der siebzigjährige Künstler die populäre französische Fernsehsendung *La Piste aux étoiles* an, in der die Aufführungen aus dem *Cirque d'Hiver* übertragen wurden. (Information aus dem Ausstellungstext)
3 „'Mach nicht so einen Zirkus!', [...] ist ein in der deutschen Umgangssprache pejoratives Diktum für zu großes Aufheben, Wirbel oder Trubel um eine Sache. Im populärsten Regelwerk deutschen Sprachgebrauchs, dem Duden, finden sich als Synonyme für den Begriff Zirkus ‚Aufheben, Aufstand, Wirbel' und als österreichische Variante dazu ‚Bahöl und Pallawatsch' sowie Affentheater, Affenzeck, Getue, Rabatz, Rummel, Tamtam, Trara, Ärger, Fisimatenten, Spompanadeln und Theater (umgangssprachlich abwertend)." Peter, Birgit: Geschmack und Vorurteil. Zirkus als Kunstform. 04.05.–02.09.2012 Kunsthalle Wien. In: Parallelwelt Zirkus. The circus as a parallel universe. Hrsg. von Verena Konrad, Matthias Christen u. Gerald Matt. Nürnberg: Verlag für Moderne Kunst 2012, S. 70–84, hier S. 70.
4 New York Times The Editorial Board: Donald Trump's Foreign Policy Circus. https://www.nytimes.com/2017/10/05/opinion/editorials/tillerson-trump-moron.html (4.11.2017).

Nachtclub in Münster nutzt Zirkusslogans wie „Gut gebrüllt, Löwe: Adventszirkus"[5] um seine Veranstaltungen zu bewerben, Spielzeug, Kinderbücher und -kleidung sind gespickt mit Zirkusemblemen. Aufgrund der gegenwärtigen Omnipräsenz des Zirkus schließen die Organisatoren der internationalen Konferenzreihe *Circus and Its Others:*

> From Pink and Britney Spears' stage shows to American Horror Story to Cirque du Soleil's status as the world's most successful live performing arts company, circus in the early 21st century has undeniably gone mainstream.[6]

Wirft man einen Blick auf die aktuelle Zirkusszene, wird deutlich, dass die Rezeption des Zirkus in der Literatur, der bildenden Kunst, der Pop-Kultur, der Musik und der Werbung die kontinuierliche Weiterentwicklung des Traditionellen Zirkus[7] und die Entstehung des Neuen und Zeitgenössischen Zirkus nicht berücksichtigen.

In den 1970er Jahren entsteht zunächst in Frankreich, dann auch international, der sogenannte Neue Zirkus, der mit den Codes seines Vorgängers radikal bricht: Artist*innen stammen nicht mehr aus Zirkusfamilien, sondern sind Absolvent*innen staatlich anerkannter Zirkusschulen, Tiere werden aus den Aufführungen verbannt, das Zelt ist nicht mehr ausschließlicher Ort der Aufführung. Die Programmstruktur der neuen Zirkusdarbietungen verändert sich. Ziel ist es nicht länger, mithilfe des babylonischen Aufbaus[8], des Trommelwirbels oder des dreimaligen Misslingens von Tricks die Übermenschlichkeit der Artist*innen und die Spektakularität der Darbietungen zu unterstreichen, sondern theatrale Diegesen zu kreieren und zu erzählen.

Im Jahr 1996 prophezeit die Pariser Zeitung *Libération* nach dem Besuch des Abschlussstücks des siebten Jahrgangs des *Centre National des Arts du Cirque* eine dritte Ära des Zirkus: „Après les cirques traditionnels, puis les nouveaux cirques, il faut désormais compter avec le cirque contemporain."[9] Diese Prog-

---

5 Teichert, Thomas: Gut gebrüllt, Löwe. Adventszirkus im AMP Münster. https://wundertrip.co/muenster/venue/ampms/1148526158556875 (4.11.2017).
6 Batson, Charles, Karen Fricker u. Louis Patrick Leroux: CFP – Circus and its Others. https://performancestudies.ucdavis.edu/2015/11/11/cfp-circus-and-its-others-montreal-july-15-17-2016/ (4.11.2017).
7 Vgl. Kapitel 1.2 *Ein Einblick in die Kulturgeschichte des Zirkus.*
8 Guy, Jean-Michel: Introduction. In: Avant-garde, cirque! Les arts de la piste en révolution. Hrsg. von Jean-Michel Guy. Paris: Autrement 2001, S. 10–26, hier S. 17.
9 Laumonier, Marc: Nadj, nouvelle piste pour la danse. http://next.liberation.fr/culture/1996/01/15/nadj-nouvelle-piste-pour-la-danse-le-choregraphe-signe-le-spectacle-annuel-de-l-ecole-du-cirque-de-c_160153 (28.3.2018).

nose wird Realität: Nicht nur in Frankreich, sondern auch international gilt das Stück des Regisseurs Josef Nadj als Startpunkt eines neuen Genres, das die Merkmale seines Vorgängers radikalisiert. Multidisziplinäre Darbietungen sind nicht länger die Regel, vielmehr entstehen Stücke, die meist in kleinen Formaten wie Solo, Duett oder Trio, seltener in Form von Ensembles, Künstler*innen derselben Zirkusdisziplin zusammenbringen. Das Nummernprogramm wird aufgehoben, verschiedene Zeitformate[10] koexistieren. Die zeitgenössischen Zirkusartist*innen sind in ihrem Selbstverständnis Künstler, d. h. Schöpfer von Kunstwerken, die nach Originalität streben, was zu einer starken Heterogenität der Darbietungen des Genres führt. Nicht nur die Aufführungen, sondern auch der Probenprozess verändert sich. Durch die Etablierung von Künstlerresidenzen, in denen die Artist*innen über einen längeren Zeitraum künstlerische Recherchen durchführen können, ist es nicht länger primäres Ziel, die Zirkustechnik zu perfektionieren, sondern mithilfe dieser ausgewählte Themen von Grund auf neu zu erzählen.

Auch in Deutschland sind die Entwicklungen des Genres präsent: Neben den vierhundertfünfzig traditionellen Zirkuscompanien, die Deutschland zum „zirkusreichsten Land der EU"[11] machen, wächst die neue und zeitgenössische Zirkusszene stetig. Festivals, wie das *Nouveau Cirque – Sommerfestival der Autostadt*[12], finanziert von *Volkswagen*, sorgen dafür, dass diese Entwicklung für die deutsche Öffentlichkeit sichtbar wird, indem sie die Aufführungen international bekannter neuer und zeitgenössischer Zirkuscompanien im deutschen Fernsehen bewerben. Gleichzeitig festigt beispielsweise die Inklusion von zeitgenössischen Zirkusstücken im Programm der *Berliner Festspiele*, ein Theaterhaus, „das Neues sichtbar macht"[13], den Status des Zeitgenössischen Zirkus als Kunst. Zudem wächst die Zahl an Zirkusfestivals in Deutschland rapide, und kleine Theater, wie beispielsweise das *Pumpenhaus* in Münster, präsentieren ihrem Tanz- und Theaterpublikum mehr und mehr Stücke des neuen Genres. Auch im Bereich der deutschen Produktionen findet diese Entwicklung ihren Niederschlag. Projekte wie *Labor Cirque*[14] ermöglichen erste künstlerische Recherchen, das *Chameleon Theater* in Berlin schreibt Künst-

---

10 Häufige Zeitformate sind 20 Minuten, 50 Minuten, 90 Minuten oder der Clip.
11 Schneider, Tim: Traditioneller Zirkus heute. http://netzwerk-zirkus.de/zirkuslandschaft/traditioneller-zirkus/ (13.11.2017).
12 Autostadt GmbH: Nouveau Cirque Festival. Sommerfestival der Autostadt. https://www.autostadt.de/veranstaltungen/sommer (27.6.2018).
13 Berliner Festspiele: Über uns. https://www.berlinerfestspiele.de/de/aktuell/festivals/berliner festspiele/ueber_uns_bfs/institution_bfs/institution_bfs.php (27.6.2018).
14 Patschovsky, Jenny: Labor cirque. http://laborcirque-zak.com/ (16.10.2018).

lerresidenzen für Berliner Zirkusartist*innen aus und das *Manifest des zeitgenössischen Circus*[15] macht die Forderungen der Szene nach Kulturförderung öffentlich.

Trotz dieser Weiterentwicklungen bleiben die ersten Assoziationen zum Zirkus in Deutschland in der Regel nach wie vor jene romantisierten Vorstellungen, die den Eindruck eines stagnierenden Genres schaffen, das in dieser (romantisierten) Form niemals existierte, weiter noch: dem Selbstverständnis vom Zeitgenössischen Zirkus – Zirkus ist Kunst[16] – widerspricht. Während zu Zeiten der Künstler der *École de Paris* ein Bild wie *Cirque* von Fernand Léger, auf dem eine Fahrradartistin abgebildet ist, neben der die Worte „Je ne te demande pas si ta grand-mère fait du velo."[17] geschrieben stehen, der damaligen Lebensrealität entspricht, ist ein solches Bild heute nicht mehr zutreffend. Auch Henri Matisses *Das Pferd, die Kunstreiterin und der Clown* geht zurück auf damals übliche Zirkusfiguren, die als Emblem des Zeitgenössischen Zirkus strenggenommen nicht mehr funktionieren. Dennoch halten sich Assoziationen wie Clown, Pferd und Trapezkünstler hartnäckig. Aus welchem Grund? Die Rezeption des Zirkus in der Literatur, der Pop-Kultur, Musik und Werbung rekurriert in den meisten Fällen ausschließlich auf die „Hochphase des [...] Manegenspiels gegen Ende des 19. und beginnenden 20. Jahrhunderts"[18] – eben jenen Zirkus zu Zeiten Picassos, Légers, Chagalls und Rouaults. Das romantisierte Bild der Welt des Zirkus wird nach wie vor ständig (unreflektiert) in die Alltagskultur hineingetragen. Seine Funktion als „ideale Projektionsfläche für Sehnsüchte aller Art"[19] wird damit stetig gefestigt.

Hinzu kommt, dass auch die Forschung zum Zirkus in Deutschland der Diskrepanz zwischen Rezeption und empirischer Realität bisher nicht gerecht wird. Bis heute dominieren Arbeiten zum Zirkus in der Literatur[20], im

---

15 BRLNCRCSFSTVL, Chamäleon Productions u. a.: Manifest des Zeitgenössischen Zirkus. https://www.berlin-circus-festival.de/manifest.html (2.7.2018).

16 „La fonction sociale première de l'artiste de cirque «contemporain» est de créer, et non de divertir. Il s'assume donc comme artiste – au sens que ce mot a acquis dans les arts plastiques – et cherche à s'inscrire dans une « histoire de l'art »." Guy, Jean-Michel: Le cirque contemporain. http://cirque-cnac.bnf.fr/fr/esthetiques/le-cirque-contemporain (6.4.2018).

17 Die Zirkusdisziplinen werden im Traditionellen Zirkus von Generation zu Generation weitergegeben.

18 Jürgens, Anna-Sophie: Poetik des Zirkus. Heidelberg: Winter-Universitätsverlag 2016, S. 16.

19 Fuchs, Magarete, Anna-Sophie Jürgens u. Jörg Schuster: Literarische Manegenkünste. Zirkus als ästhetisches Modell. Ausschreibung zum Tagungsbegleitenden Seminar. https://www.uni-marburg.de/iusp/programinformation/folder.2016-05-18.0882010328/fuchs (22.2.2018).

20 Im deutschen Sprachraum ist hier besonders die Studie *Poetik des Zirkus* (2016) von Anna-Sophie Jürgens hervorzuheben, die die Erscheinungsformen des Zirkus in (internationalen) Ro-

Film[21] und in der bildenden Kunst[22], in denen die Funktionen des Genres im jeweiligen Medium erforscht werden. Arbeiten zum empirischen Zirkus beschränken sich in Deutschland auf das traditionelle Genre.[23] Der Neue sowie der Zeitgenössische Zirkus bleiben unberücksichtigt.

Auch international befindet sich die Forschung zum Zeitgenössischen Zirkus in ihren Anfängen.[24] Die Soziologie untersucht u. a. die veränderten Mobilitäts-, Produktions- und Diffusionsbedingungen des Genres. Die Kulturwissenschaft ist beispielsweise an den neuen Gestaltungsmöglichkeiten öffentlicher Räume mithilfe des Zeitgenössischen Zirkus interessiert. Theaterwissenschaftler*innen und Dramaturg*innen begleiten und beobachten die künstlerischen Recherchen der Artist*innen. Was bis heute jedoch weitestgehend unberücksichtigt bleibt, sind detaillierte Analysen der Aufführungen des Genres. Mehr noch: es steht kein Modell zur kohärenten Analyse der Darbietungen des Zeitgenössischen Zirkus zur Verfügung. Der aktuelle Diskurs rund um den Zeitgenössischen Zirkus befasst sich weniger mit der Frage, wie die zeitgenössischen Darbietungen Bedeutung generieren und welche Verfahrensmerkmale sie bestimmen. Stattdessen wird diskutiert, wodurch sich die Stücke des Zeitgenössischen Zirkus auszeichnen sollten.[25]

---

manen des späten 19. und beginnenden 20. Jahrhunderts konturiert. Darüber hinaus liefert die Arbeit einen guten Überblick über die Forschungsliteratur zum Zirkus in der Literatur.
21 Als einschlägiges Werk im deutschen Sprachraum ist *Der Zirkusfilm* (2010) von Matthias Christen zu nennen. Dieses bietet einen Überblick über die aktuelle Forschung zum Zirkus im Film.
22 Auch hier ist auf ein Werk im deutschsprachigen Raum zu verweisen: Berger, Roland u. Dietmar Winkler: Künstler, Clowns und Akrobaten. Der Zirkus in der bildenden Kunst. Stuttgart: Kohlhammer 1983.
23 U. a. Günther, Ernst u. Dietmar Winkler: Zirkusgeschichte. Ein Abriss der Geschichte des deutschen Zirkus. Berlin: Henschel 1986; Bose, Günter u. Erich Brinkmann: Circus. Geschichte und Ästhetik einer niederen Kunst. Berlin: Wagenbach 1978. Einen Überblick über die die deutsche (Forschungs-)Literatur zum Zirkus bietet: Neubarth, Claudia (Hrsg.): Zirkus-Bibliographie. Deutschsprachige Zirkusliteratur von 1968–1998. Berlin: LAG Spiel und Theater Berlin 1998.
24 Siehe Kapitel 2.1 *Der Forschungsstand zum Zeitgenössischen Zirkus*.
25 Z. B. Lievens, Bauke: Between Being and Imagining I. First Open Letter to the Circus. http://sideshow-circusmagazine.com/being-imaging/letter-redefine (29.09.17) und Kann, Sebastian: Taking back the technical. Contemporary circus dramaturgy beyond the logic of mimesis. Utrecht University: Unveröffentlichte Masterarbeit 2016.

1.1 Ziel, Methodik und Vorgehen

Diesem Forschungsdesiderat trägt die vorliegende Arbeit Rechnung und verfolgt dabei ein doppeltes Ziel: Zum einen soll (im internationalen Forschungskontext) erstmals eine Methodik zur Analyse von zeitgenössischen Zirkusdarbietungen entwickelt werden. Zum anderen gilt es, das zeitgenössische Genre in dessen historisch-kulturellen Kontext durch eine methodisch dichte, d. h. kontextualisierende Beschreibung des Gegenstandes – der Aufführung – adäquat zu dokumentieren und zu interpretieren. Ermöglicht wird damit im Sinne Gotthold Ephraim Lessings[26] die Ausformulierung einer rezeptionsästhetischen Dramaturgie des Zeitgenössischen Zirkus, die trotz der Diversität der Performances generalisierbare Merkmale, das grundlegende Verfahren und die Bau- und Wirkungsweise der Stücke offenlegt.

Die vorliegende Arbeit strebt die Lektüre von Darbietungen des Zeitgenössischen Zirkus an, die sich auf die kulturpoetische Textanalyse stützt, die der Literaturwissenschaftler Moritz Baßler in seinem Werk *Die kulturpoetische Funktion und das Archiv*[27] auf Basis des von Stephen Greenblatt entworfenen New Historicism begründet. Darüber hinaus positioniert sich die Arbeit im Bereich der Lektüretheorien der Theater- (Fischer-Lichte[28]) und Tanzwissenschaft (Foster[29], Brandstetter[30]).

Im Anschluss an eine kurze Einführung in die Kulturgeschichte des Zirkus und die Begründung der Auswahl des Analysekorpus gilt es im Theorieteil zunächst den aktuellen Stand der Zirkusforschung herauszustellen und die Arbeit innerhalb der Zirkuswissenschaft zu verorten. Anschließend wird das methodische Selbstverständnis der Arbeit dargelegt und das Potential der Kulturpoetik für die Analyse von zeitgenössischen Zirkusaufführungen erörtert. Ziel ist es dabei,

---

26 Lessing, Gotthold Ephraim: Hamburgische Dramaturgie. Hrsg. von Klaus L. Berghan. Stuttgart: Reclam 2013.
27 Baßler, Moritz: Die kulturpoetische Funktion und das Archiv. Eine literaturwissenschaftliche Text-Kontext-Theorie. Tübingen: Francke 2005.
28 Fischer-Lichte, Erika: Semiotik des Theaters. Eine Einführung. Band 1. Das System der theatralischen Zeichen. 5. Auflage. Tübingen: Narr 2007; Fischer-Lichte, Erika: Semiotik des Theaters. Eine Einführung. Band 2. Vom „künstlichen" zum „natürlichen" Zeichen. Theater des Barock und der Aufklärung. 4. Auflage. Tübingen: Narr 1999; Fischer-Lichte, Erika: Semiotik des Theaters. Eine Einführung. Band 3. Die Aufführung als Text. 4. Auflage. Tübingen: Narr 2003.
29 Foster, Susan Leigh: Reading dancing. Bodies and subjects in contemporary American dance. Berkeley: University of California Press 2008.
30 Brandstetter, Gabriele: Tanz-Lektüren. Körperbilder und Raumfiguren der Avantgarde. Frankfurt am Main: Fischer-Taschenbuch 1995.

die Vor- und Nachteile der Methode, die im Zusammenhang mit literarischen Texten bereits diskutiert wurden[31], im Rahmen einer Ausweitung auf Zirkusperformances[32] als Untersuchungsobjekt kritisch zu beleuchten und die Kulturpoetik in den Kontext von Performance-Theorien und Methoden der Aufführungsanalyse der Theater- und Tanzwissenschaft zu setzen.

Im Anschluss erfolgt die Entwicklung eines Lektüremodells zur methodischen Aufführungsanalyse von zeitgenössischen Zirkusdarbietungen, die anhand des monodisziplinären Stücks *Acrobates*[33] von Stéphane Ricordel und Oliver Meyrou (2012) entwickelt und exemplifiziert wird. Kernanliegen ist es aufzuzeigen, dass Aufführungen des Zeitgenössischen Zirkus als kulturelle Texte lesbar sind. Es gilt demzufolge in einem ersten Schritt zu erörtern, inwiefern Aufführungen des Zeitgenössischen Zirkus die grundlegenden Merkmale von Texten – Speicherung und Lesbarkeit – erfüllen. Diskutiert wird in Rückgriff auf die Theater- und Tanzwissenschaft, auf welche Weise man dem Problem der Flüchtigkeit von Aufführungen im Sinne der textuellen Speicherbarkeit gerecht werden kann. In einem weiteren Schritt wird am Beispiel von *Acrobates* aufgezeigt, dass zeitgenössische Zirkusdarbietungen lesbar sind. Die ausführliche und ausdrückliche Übertragung des Zwei-Achsen-Modells literarischer Texte[34] von Roman Jakobson auf zirzensische Gegebenheiten und die Anwendung der poetischen Funktion auf das Stück *Acrobates* gehört zu den grundlegenden Anliegen dieses Kapitels. Die Argumentation mündet in der Ausformulierung eines Ebenenmodells zirzensischer Texte, das dem Merkmal der Ästhetik des Risikos Rechnung trägt und in der Lage ist, die Darbietungen des Zeitgenössischen Zirkus in Abgrenzung zum Traditionellen und Neuen Zirkus hinsichtlich ihres Textverfahrens zu klassifizieren. Ziel ist es, die aktuelle Geschichtsschreibung des Zirkus zu revidieren, sodass diese nicht länger in Rekurs auf strukturelle und administrative Veränderungen, wie beispielsweise die Abwesenheit von Tieren, die neue Generation von Artist*innen oder einen generellen Verweis auf Narrativität erfolgt, sondern in Analogie zur Kunstgeschichtsschreibung die Veränderung der Verfahren der Aufführungen fokussiert.

Diesen Grundüberlegungen folgt schließlich die detaillierte Erprobung des Lektüremodells an sechs ausgewählten zeitgenössischen Zirkusstücken aus den

---

31 Baßler, M.: Die kulturpoetische Funktion und das Archiv. Insbesondere Kapitel 1.
32 Der Begriff wird in der vorliegenden Arbeit bedeutungsgleich mit dem Aufführungsbegriff verwendet.
33 Ricordel, Stéphane u. Oliver Meyrou: Acrobates. Trailer. https://www.youtube.com/watch?v=3s3_fTjzRAE (5.10.2018).
34 Vgl. Jakobson, Roman: Linguistik und Poetik. In: Roman Jakobson. Poetik. Ausgewählte Aufsätze 1921 – 1971. Hrsg. von Elmar Holenstein u. Tarcisius Schelbert. Frankfurt am Main: Suhrkamp 2005, S. 83–121.

Jahren 2006 bis 2016. Anliegen der Modellanalysen ist in einem ersten Schritt die exemplarische Lektüre der Darbietungen. In einem zweiten Schritt erfolgt jeweils die Bearbeitung einer spezifischen Fragestellung, die im Rahmen der Prämisse von Text und Kontext zu weiteren methoden- und genrespezifischen Erkenntnissen führt.

Die erste Modellanalyse widmet sich der monodisziplinären Jonglage-Performance *Fragments of a Mind (2015)* der Companie *Squarehead Productions*[35]. Im Mittelpunkt der Analyse steht die Frage nach der narrativen Struktur der Darbietung. Im Rückgriff auf klassisch literaturwissenschaftliche Erzähltheorien von Jurij Lotman[36] und Gérard Genette[37] wird die Narrativität des Stücks herausgearbeitet und in Bezug auf das Ebenenmodell des Zeitgenössischen Zirkus positioniert. Im Anschluss an das close reading wird die Narrativität von *Fragments of a Mind* in der aktuellen Narrations-Debatte der Zirkusforschung verortet, was aufgrund der Funktion von Narrativität als divergierendes Merkmal der verschiedenen Genres äußerst aufschlussreich ist. Ausgangspunkt der Diskussion bieten die beiden konträren Thesen von Paul Bouissac – alle traditionellen Zirkusnummern würden eine narrative Struktur aufweisen[38] – und Bauke Lievens – Erzählen in Zirkusstücken sei unmöglich[39]. Beide Thesen werden ausführlich diskutiert und schlussendlich zurückgewiesen.

Die zweite Modellanalyse stellt die Frage nach den verschiedenen Lektüremöglichkeiten zeitgenössischer Zirkusdarbietung anhand eines Ausschnitts aus der Vertikalseil-Performance *I am (k)not* (2014) von Ana Jordão[40]. Bereits der Titel legt nahe, dass das Stück nicht eine einzige, stringente Lektüre erfordert, sondern auf zahlreichen Mehrdeutigkeiten basiert, ein Merkmal, das zeitgenössische Zirkusdarbietungen im Allgemeinen auszeichnet. Die verschiedenen Lesarten von *I am (k)not* werden im Rückgriff auf die Theorie Jakobsons[41], der in Texten die

---

35 McLoughlin, Darragh u. Elena Kreusch: Squarehead Productions. http://squarehead-productionsltd.squarespace.com/ (16.10.2018).
36 Lotman, Jurij M.: Die Struktur literarischer Texte. 4. Auflage. München: Fink 1993.
37 Genette, Gérard: Die Erzählung. 3. Auflage. Paderborn: Fink 2010.
38 „This fundamental narrative structure which generates all circus acts is what ultimately accounts for their meaning." Bouissac, Paul: The staging of actions. Heroes, antiheroes and animal actors. In: The Routledge Circus Studies Reader. Hrsg. von Peta Tait u. Katie Lavers. New York, London: Routledge Taylor & Francis 2016, S. 37–49, hier S. 39.
39 „Circus acts always interrupt the narrative." (Lievens, B.: Between Being and Imagining I.)
40 Jordão, Ana: Ana Jordão. https://anajordao.weebly.com/i-am-knot.html (24.5.2018).
41 Jakobson, Roman: Zwei Seiten der Sprache und zwei Typen aphatischer Störungen. In: Jakobson. Aufsätze zur Linguistik und Poetik. Hrsg. von Wolfgang Raible. München: Nymphenburger Verlagsbuchhandlung 1974, S. 117–141.

metonymische von der metaphorischen Verknüpfungsmöglichkeit unterscheidet, herausgearbeitet. Das Kapitel schließt mit der These, das grundlegende Verfahren zeitgenössischer Zirkusstücke basiere auf einer metaphorischen Organisation der Sequenz (im Sinne Jakobsons).

Die dritte Modellanalyse vertieft die Frage nach der Metaphorik zeitgenössischer Zirkusdarbietungen und stellt anhand des Seiltanzstücks *Le fil sous la neige* (2014) der Companie *Les Colporteurs*[42] die Frage, was passiert, wenn kulturell etablierte Metaphern rund um den Zirkus ‚zurück in den Zirkus kommen'. Auf Basis der Analyse der Intertextualität und Intermedialität anhand der Parameter Irina Rajewskys[43] wird *Le Fil sous la neige*, dessen Produktionsprozess auf dem Bestsellerroman *Schnee* von Maxence Fermine beruht, detailliert betrachtet. Das Kapitel schließt mit der These, dass es dezidierter Markierungsstrategien bedarf, um kulturell etablierte zirzensische Metaphern in ihrer Komplexität in den zirzensischen Darbietungen aufrechtzuerhalten.

Während die Analyse von *Le fil sous la neige* ein ‚enges' Verständnis von Intertexualität voraussetzt, wird in der vierten Modellanalyse unter der Prämisse von ‚weiter' Intertextualität (Kontextualität) nach Baßler[44] die Relevanz des Aufführungskontextes für die Lektüre zeitgenössischer Zirkusdarbietungen untersucht. Damit wird der mobilen Lebensrealität der Artist*innen Rechnung getragen, die bei der Präsentation ihrer Stücke einzig der Nachfrage von Festivals und Spielstätten folgen müssen. Gleichzeitig bietet das Kapitel eine Vertiefung der text-kontext-orientierten Methode der Aufführungsanalyse, die auf einem Verständnis von Textualität beruht, das den Begriff der ‚Intertextualität/Kontextualität' per se einschließt: „Texttheoretisch gesprochen gibt es einen Text ohne Kontext gar nicht."[45] Analysegrundlage bietet die Jonglagenummer *L'Argile* (2015) von Jimmy Gonzalez[46], die im Jahr 2015 sowohl beim *Festival Mondial du Cirque de Demain*, einem international bekannten Festival des Neuen Zirkus, als auch bei der Eröffnungsgala der Ausstellung *Métamorphoses – Dans le secret de l'atelier de Rodin* im *Montréal Musée des Beaux Arts* und drittens in der deutschen Unterhaltungssendung *Das Supertalent* präsentiert wurde. Die Analyse mündet in der Infragestellung der Kategorien Traditioneller, Neuer und Zeitgenössischer Zirkus, zeigt sie doch, dass diese in Abhängigkeit zum Aufführungskontext stehen.

---

42 Les Colporteurs: Les Colporteurs. http://www.lescolporteurs.com/fr/ (16.10.2018).
43 Rajewsky, Irina: Intermedialität. Tübingen: Francke 2002.
44 Baßler, Moritz: [Art.] Kontexte. In: Handbuch Literaturwissenschaft. Gegenstände und Grundbegriffe. Hrsg. von Thomas Anz. Bd. 1. Stuttgart/Weimar: J. B. Metzler 2007, S. 355–370.
45 Baßler, M.: Der Ort der Diegese und der Narration. Versuch einer Neubestimmung: Unveröffentlichtes Manuskript, S. 1.
46 Gonzalez, Jimmy: Jimmy Gonzalez. http://jimmy-gonzalez.com/ (5.10.2018).

Die beiden letzten Analysen widmen sich dem zirzensischen Metadiskurs in zeitgenössischen Zirkusstücken und ermöglichen damit eine weitere Spezifizierung der Frage nach der Relevanz des Kontextes sowohl für das Genre, als auch für die Analysemethode. Zunächst wird das Stück der neuen Magie *L'Autre* (2011) der Companie *Claudio Stellato*[47] hinsichtlich des zirkusspezifischen Diskurses rund um die Darstellung des Anderen analysiert. Trotz des subversiven Charakters von Zirkus wird in *L'Autre* kein Verfahren genutzt, das explizit auf der Zugehörigkeit des Stücks zum Genre ‚Zirkus' beruht. Vielmehr setzt sich die Performance mit konventionellen Konzepten von Andersartigkeit, wie einer Wahrnehmung des Selbst in Abgrenzung zum Anderen, einer Klassifizierung des Anderen als fremd und Attributen des Anderen wie abnormal und animalisch, auseinander. Bedeutung wird also zuallererst im Rückgriff auf kulturelle Diskurse, die weitestgehend unabhängig vom Zirkus sind, etabliert.

Anders verfährt dagegen die Performance *Les Princesses – cirque aérien et chanté* (2016) der Companie *Cheptel Aleïkoum*[48], der sich die letzte Modellanalyse widmet. In dezidiertem Rückgriff auf den historisch-kulturellen Kontext des Zirkus nutzt das Luftakrobatikstück die kulturellen Konnotationen des Frames {Zirkus}, um auf Basis dieser Bedeutung zu konstituieren. Die simultane Inszenierung einer Märchen- und einer Zirkuswelt ermöglicht den Einstieg in die aktuellen Diskurse der Zirkusrezeption. Aber nicht nur thematisch, sondern auch mit Blick auf die spezifischen Verfahrensmerkmale nutzt *Les Princesses* selbstreferentielle Strategien: Durch die explizite Aktivierung des Frames {Zirkus}, den Einsatz von Zuschauerpartizipation, die Inszenierung von Gefahr, die Nutzung der Camp-Ästhetik[49] und die räumliche Nähe von Artist*innen und Zuschauer*innen wird das zentrale Verfahren des Zeitgenössischen Zirkus offengelegt. Durch diesen Metadiskurs wird mithilfe zirzensischer Mittel eine konsistente Diegese geschaffen.

Das Fazit bietet einen Überblick über die Analyseergebnisse, indem es die generalisierbaren Merkmale der zeitgenössischen Zirkusstücke offenlegt und in ihrem kulturhistorischen Kontext positioniert. Es wird dargelegt und diskutiert, inwiefern das Verfahren zeitgenössischer Zirkusstücke Ähnlichkeiten zu postmodernen Textverfahren aufweist. Anschließend wird das Potential des in der Arbeit entwickelten Modells zur methodischen Aufführungsanalyse für die Lektürepraxis herausgestellt, um in einem letzten Schritt die rezeptionsästhetischen Erkenntnisse in die produktionsästhetische Sicht zu überführen. Auf Basis der

---

47 Stellato, Claudio: L'Autre. http://www.l-autre.be/fr/projet.html (17.7.2018).
48 Jean, Yannis: Cheptel Aleïkoum. http://www.cheptelaleikoum.com/ (16.8.2018).
49 Sontag, Susan: Kunst und Antikunst. 24 literarische Analysen. Hrsg. von Mark Rien. 9. Auflage. Frankfurt am Main: Fischer-Taschenbuch 2009.

These, dass das Wissen um die Semantizität der Darbietungen eine relevante Grundlage für die dramaturgische Arbeit bietet, werden konkrete Anwendungsmöglichkeiten in der zirzensischen Kreationspraxis aufgezeigt: Erstens unterstützt die Kenntnis der Strukturen und Verfahren der Bedeutungskonstitution zeitgenössischer Zirkusdarbietungen die Dramaturg*in in ihrer Position als Vermittler*in zwischen Zirkus und Gesellschaft und dient der Aufklärung und dem Abbau von Ressentiments. Zweitens bietet dieses Wissen die Grundlage für bewusste Entscheidungen im Kreationsprozess. Drittens eröffnet die vorliegende Arbeit die Möglichkeit einer Fundierung und Weiterentwicklung der sogenannten *DASARTS-Methode*[50] und bietet viertens eine eigenständige Feedbackmethode, die in Künstlerresidenzen eingesetzt werden kann, um auf Basis der Lektüre der *Work-in-Progress-Showings* die Funktionsweise der Stücke zu präzisieren.

In diesem Sinne liefert die vorliegende Arbeit nicht nur erstmals eine Methodik zur Analyse von zeitgenössischen Zirkusdarbietungen und dokumentiert nicht nur das Genre in seinem historisch-kulturellen Kontext mithilfe einer methodisch dichten, d. h. kontextualisierenden Beschreibung seiner Aufführungen, sondern sie liefert darüber hinaus eine Grundlage für die dramaturgische Praxis im Zeitgenössischen Zirkus.

1.2 Ein Einblick in die Kulturgeschichte des Zirkus

Um dem Eindruck, der Zirkus sei ein stagnierendes Genre, entgegenzuwirken, bietet das folgende Kapitel einen kurzen Einblick in die Kulturgeschichte des Zirkus, der für ein umfassendes Verständnis der anschließenden Analysen grundlegend ist. Ziel ist es, anhand der Figur des Akrobaten[51] exemplarisch die Entwicklungen und Veränderungen der Ideologien des Zirkus aufzuzeigen, von denen einige bis heute den Frame {Zirkus} bestimmen.

Der deutsche Begriff ‚Akrobat' sowie der französische Terminus ‚acrobate' sind dem griechischen ‚acróbatos', ‚jmd., der auf Zehenspitzen läuft' entlehnt. Die Bedeutung wird noch im 19. Jahrhundert von ‚Seiltänzer' zu ‚Artist mit außergewöhnlicher Körperbeherrschung' erweitert.[52] Unter dem Begriff ‚Akrobat' oder

---

[50] BRLNCRCSFSTVL: Workshops. https://www.berlin-circus-festival.de/workshops.html (17.8.2018).
[51] Hier steht das Konzept des Akrobaten im Vordergrund. Daher wird im Folgenden dieser Begriff nicht gegendert. Dies gilt in der vorliegenden Arbeit für alle Konzepte.
[52] Kluge, Friedrich u. Elmar Seebold: Etymologisches Wörterbuch der deutschen Sprache. 24. Auflage. Berlin, New York: de Gruyter 2002, S. 25.

‚acrobate' werden verschiedene zirzensische Disziplinen zusammengefasst, wie die Partnerakrobatik, die Hand-zu-Hand Akrobatik, der Seiltanz auf Schlapp- und Stahlseil, die Äquilibristik, Akrobatik am schwingenden und stehenden Trapez, am Washington-Trapez, am Tuch, Seil, Ring.[53]

Die Entstehung der Akrobatik liegt lange vor der Gründung des Zirkus. Die ältesten Zeugnisse dieser Kunst sind in Form von Malereien auf Kalksteinfelsen in Ägypten zu finden. „Darauf wurden Tänzer und Akrobaten abgebildet, die Kunststücke wie Bogengang rückwärts, Kopfstand ohne Handaufstützen, Doppelüberschlag usw. zeigen."[54] Auf Basis der ersten schriftlichen Quelle, einem Bericht aus dem 4. Jahrhundert über ein ägyptisches Festmahl, schließt Wilhelm Derbolav[55], dass bereits bei den Ägyptern der Beruf des Akrobaten existierte, der zu großen festlichen Anlässen seine Kunst präsentierte. Die besonderen Fähigkeiten und der Status als rechtloser Reisender führten dazu, dass der Akrobat gleichzeitig bewundert und verachtet wurde. Die ambivalente Vorstellung des Volkes spiegelt sich vor allem im Mittelalter wieder. Obwohl die Akrobatik als ‚Teufelskunst' verachtet wird, ist sie bei Krönungsfeiern, Reichstagen, Messen und Märkten präsent.

Mit der Figur des Akrobaten sind bestimmte Ideologien verbunden, die bis heute gelten. Diese entstehen in Abhängigkeit zu der Entwicklung des Genres ‚Zirkus', dessen ästhetisches Paradigma eng mit den kulturellen, technischen und politischen Errungenschaften der Gesellschaft verbunden ist. Mit der Gründung des Traditionellen Zirkus[56], die in der Zirkusforschung auf das Jahr 1768 datiert wird, ergeben sich für die Akrobat*innen neue Arbeitsbedingungen. In der ersten Kunstreitschule von Philip Astley wird vor einem Publikum, das sich hauptsächlich aus Vertretern des Adels und Militärs zusammensetzt, das von Reitkünsten dominierte Programm mit Auftritten von Gauklern und Jahrmarktskünstlern angereichert. Die Überdachung der Manege, die aus pragmatischen Gründen bei der Longe-Arbeit mit Pferden eine runde Form aufweist, führt im Jahr 1779 zur Gründung des ersten festen Zirkusgebäudes der Welt. Das Zelt als Ort der Aufführung wird unter der Regie des Amerikaners Joshuah Purdy Brownh im Jahr

---

53 Zur Vertiefung s. Goudard, Philippe: Le cirque, entre l'élan et la chute. Une esthétique du risque. Saint-Gély-du-Fesc: Espaces 34 2010, S. 32–36.
54 Blume, Michael: Akrobatik. Training – Technik – Inszenierung. 5. Auflage. Aachen: Meyer & Meyer 2010, S. 13.
55 Derbovlav, Wilhelm: Bodenkunstturnen, ein uraltes Turngut. Graz: Recla 1937.
56 Im Zuge der Feierlichkeiten anlässlich des zweihundertfünfzigsten Geburtstages des Zirkus wird oft auch vom ‚Modern Circus' gesprochen. Siehe z. B. Barnett, David: The story of how one man created the modern circus in Britain. https://www.independent.co.uk/news/long_reads/philip-astley-250-anniversary-uk-first-modern-circus-greatest-showman-a8141826.html (9.7.2018).

1825 zum ersten Mal eingesetzt.⁵⁷ Mit dieser neuen Errungenschaft ist es fortan möglich, flexibel von Stadt zu Stadt zu reisen, auch wenn die Fortbewegung angesichts der wenigen technischen Hilfsmittel zunächst mühsam ist. Mobilität erhält der Zirkus durch die Erfindung der Eisenbahn, von der zunächst die Zirkusse in Amerika und dann in Europa profitieren. Kleine, unter ökonomischen Gesichtspunkten weniger lohnende Städte können fortan gemieden werden und die Zahl der beschäftigten Artist*innen und Tiere kann ohne großen Mehraufwand ausgeweitet werden. So steigt auch die Zahl der Akrobaten um ein Vielfaches. Kontinuierlich bestehen Bemühungen, Geschwindigkeit und Fortschritt zu steigern, was im Jahr 1890 zu dem absurden Prinzip des „ville d'un jour"⁵⁸ führt, nach dem so viele Städte und Länder wie möglich in kurzer Zeit bespielt werden sollen. Auch bezüglich der akrobatischen Leistung werden die Artist*innen zu Höchstformen angespornt. Nach und nach entsteht die Ideologie der Selbstübertreffung – „la conception du dépassement de soi qui fait courir aux artistes un réel danger de mort"⁵⁹. Alle akrobatischen Nummern werden daher von Bouissac als „acts of survival" bezeichnet. „An acrobat's survival demonstrates biological superiority"⁶⁰. Die Überlegenheit des Akrobaten wird durch die Wahl des Kostüms, den gewählten Titel der Nummer, die Position im Programm sowie die Präsentationsweise unterstrichen.

> An acrobat increases and accentuates the difference between his behavior and the norm by the name he chooses, the costume he wears, and the smile of ease with which hends his exercises – elements that are not to be ignored since they are, to differing degrees, components of the language in question. The spectator grasps these ‚values' so well that he spontaneously considers the acrobat ‚another sort' of being.⁶¹

Mit der Erfindung der Beleuchtung durch Gas und Elektrizität und damit der Möglichkeit des Einsatzes von grellem Licht während der Vorstellung erscheinen Pailletten auf den Kostümen, die im Laufe der Zeit schillernder und prunkvoller werden. Die Kleidung des Akrobaten ist im traditionellen Zirkus in der Regel körperbetont.

---

57 Jacob, Pascal: L'innovation au cirque: une histoire de récupération. In: Avant-garde, cirque! Les arts de la piste en révolution. Hrsg. von Jean-Michel Guy. Paris: Autrement 2001, S. 25–45, hier S. 28.
58 Ebd., S. 30.
59 Guy, J.-M.: Introduction, S. 17.
60 Bouissac, Paul: Circus and culture. A semiotic approach. Bloomington: Indiana University Press 1976, S. 45.
61 Ebd.

> [The costume] erases the outlines of the muscles that contract with effort the substitutes a shimmering (spangles) or luminous (black light) surface or one of uniform color (tights).[62]

Darüber hinaus ist der Akrobat mit einem schimmernden Make-up geschminkt. Seine Darbietung wird vorwiegend mit Militär-Musik oder klassischer Musik unterlegt. Neben der Wahl des speziellen Kostüms wird die Übermenschlichkeit des Akrobaten durch den Einsatz von Clowns während der Nummer gefestigt, die nach Bouissac die Gegenspieler der Akrobaten darstellen:

> He represents a biologically inferior being, one who would not survive in many animal species because of his peers or his predators, a being towards whom aggression is expressed.[63]

Das Misslingen jeglicher vom Clown durchgeführter Kunststücke unterstreicht die beachtliche körperliche Leistung des Akrobaten. Auch das Verhalten dieser Künstler in der Manege ist kulturell genormt:

> Usually, a smile of ease and pleasure would be a sign of normality; but in the context of the other elements, especially the acrobatic sequence, it must be considered a sign of a superhuman, one who is insensitive to exertion and pain. In relation to normality, the exercise performed is the equivalent of physical torture.[64]

Während die Figur des Clowns im Traditionellen Zirkus nach einem Sturz Schmerz und Anstrengung durch akustische Zeichen ausdrückt, ist der Akrobat dazu angehalten, keine Geräusche von sich zu geben. Akrobaten werden im Traditionellen Zirkus häufig als „‚flying men', ‚bronze men', ‚white devils', or ‚the strongest men in the word'"[65] präsentiert, was ihre Übermenschlichkeit auch auf sprachlicher Ebene hervorhebt. In der zweiten Hälfte des 19. Jahrhunderts verschwinden die Akrobaten aus dem Mittelpunkt der zirzensischen Vorstellung, denn der Kolonialismus ermöglicht dem Zirkus die Einfuhr kurioser und exotischer Lebewesen. Die Anzahl an wilden Tieren in der Manege steigert sich immens, akrobatische Nummern werden zunehmend in den Hintergrund gedrängt und überlassen ihren Platz den Löwen, den Tigern, den Affen und den Bären, die das gesamte Interesse des Publikums für sich beanspruchen. Der Zirkus ‚verkommt' zu einer exotischen Ausstellung. Exhibitionismus und

---

62 Ebd., S. 50.
63 Ebd., S. 46.
64 Ebd., S. 49.
65 Ebd., S. 50.

Absurdität überschlagen sich förmlich, sodass beispielsweise die technische Errungenschaft des Fahrrads nicht durch Menschen, sondern durch Affen und durch Elefanten präsentiert wird. Mensch und Tier zeigen sich zunehmend in einem Abhängigkeitsverhältnis.

In der zweiten Hälfte des 20. Jahrhunderts muss sich der Zirkus einer zunehmenden Kritik stellen. Von Theodor Adorno abgetan als „leichte Kunst"[66], von Walter Benjamin verpönt als „abgenutztes Trauminventar"[67] und als „(etwas unheimlicher) Ort des Klassenfriedens"[68], scheint seine Existenzberechtigung bereits gegen Ende der 1960er Jahre aufgehoben. Hinzu kommt eine Vielzahl an gesellschaftlichen und technischen Entwicklungen, die den Zirkus auch vor ökonomische Schwierigkeiten stellen. Während die Arbeit nach und nach entpersonalisiert wird, gewinnt die Freizeit nach dem Krieg einen neuen Stellenwert. Das Privatleben wird zunehmend individualisiert, Hobbies entstehen, kollektive Unternehmungen, wie große Volksfeste, Jahrmärkte und gemeinschaftliche religiöse Feiern, verlieren immer stärker ihren Reiz. Werte, wie Fortschritt und Perfektion, werden infrage gestellt. Zusätzlich führt die Konkurrenz des Fernsehens, das die Verbreitung von (spektakulärer) Unterhaltung bis in das heimische Wohnzimmer ermöglicht, zu einem immer anspruchsvolleren Publikum. Diese technischen und gesellschaftlichen Veränderungen haben zum einen das Verschwinden einer großen Zahl von traditionellen (Wander-)Zirkussen zur Folge, zum anderen provozieren sie einen Wandel des Kunstbegriffs und Umbrüche in Theater, Performance und Zirkus[69]. Mit der Gründung der ersten Zirkusschulen im Jahr 1974 durch Annie Fratellini und James Grüss entsteht der Neue Zirkus, dem in Frankreich 1981 auch offiziell der Stellenwert eines geschätzten Kulturgutes zugeschrieben wird: Mit der Wahl François Mitterands als Präsident des französischen Staates fällt Zirkus nicht länger unter den Arbeitsbereich des Landwirtschaftsministeriums, sondern wird dem Kulturministerium zugeordnet und von staatlicher Seite finanziell gefördert. Diese Entwicklung ermöglicht u. a. im Jahr 1987 die Entstehung der ersten staatlichen Zirkusschule, dem *Centre National des Arts du Cirque* in Frankreich, der bis heute zahlreiche Zirkus-Neugründungen und

---

66 Horkheimer, Max u. Theodor W. Adorno: Dialektik der Aufklärung. Philosophische Fragmente. 23. Auflage. Frankfurt am Main: Fischer Taschenbuch Verlag 2017, S. 143.
67 Benjamin, Walter: Ramon de la Serna. In: Walter Benjamin. Gesammelte Schriften. Hrsg. von Hella Tiedemann-Bartels, Rolf Tiedemann u. a. 3. Auflage. Frankfurt am Main: Suhrkamp 1989, S. 71–72, hier S. 71.
68 Ebd.
69 Vgl. Barré, Sylvestre: Le „nouveau cirque traditionnel". In: Avant-garde, cirque! Les arts de la piste en révolution. Hrsg. von Jean-Michel Guy. Paris: Autrement 2001, S. 37–45, hier S. 38.

Eröffnungen von Zirkusakademien auf der ganzen Welt folgen.[70] Mit der Entstehung des Neuen Zirkus verändert sich auch die mit dem Akrobaten verbundene traditionelle Ideologie:

> As other scholars have noted, this stepping back from technique and record-breaking feats in the name of "art" and "character" marks [...] [New Circus'] difference from its predecessors, in which these elements formed the cornerstone.[71]

Die Figur des Akrobaten tritt zugunsten der theatralischen Darstellung („A verkörpert X während S zuschaut"[72]) hinter der dargestellten Figur zurück. Die Kostüme, die Musik, der linguistische Kontext sowie das Verhalten des Akrobaten sind ausschlaggebend für die Bedeutungskonstitution der Performances.

Nur zwei Jahrzehnte nach der Entstehung des Neuen Zirkus wird mit dem Abschlussstück *Le Cri du Caméléon*[73] des siebten Jahrgangs des *Centre National des Arts du Cirque* unter der Regie von Josef Nadj der Zeitgenössische Zirkus[74] ins Leben gerufen, der die Merkmale des Neuen Zirkus radikalisiert.

Die Zeitung *Le Monde* schreibt am 15.12.1996:

> Très loin des paillettes et du strass: avec Le cri du caméléon, devenu Le Cri du camé, puis Le Cri, tout court, sous le choc du succès, il a inventé l'anti-cirque, ou le cirque au noir. Et le public en redemande. Le spectacle est en train de faire le tour du monde.[75] [Weit weg von Pailetten und Strass: Mit dem *Schrei des Chamäleons*, [...] erfand er [Nadj] den Anti-Zirkus oder den dunklen Zirkus. Und die Öffentlichkeit will mehr: Das Stück beginnt in der Welt zu touren.]

---

70 Vgl. Guy, J.-M.: Introduction, S. 19.
71 Hurley, Erin: The Multiple Bodies of Cirque de Soleil. In: Cirque global. Quebec's expanding circus boundaries. Hrsg. von Louis Patrick Leroux u. Charles Batson. Montreal: McGill-Queen's University Press 2016, S. 122–139, S. 127.
72 Fischer-Lichte, E.: Semiotik des Theaters. Eine Einführung. Band 1, S. 25.
73 Lachaud, Jean-Marc: Le cirque contemporain entre collage et métissage. In: Avant-garde, cirque! Les arts de la piste en révolution. Hrsg. von Jean-Michel Guy. Paris: Autrement 2001, S. 126–151.
74 Angesichts der Unübersichtlichkeit der Begriffe schlägt Guy vor, den Terminus ‚Nouveau Cirque'/ ‚Neuer Zirkus' durch ‚Cirque'/‚Zirkus' zu ersetzen und auf jede weitere Segmentierung zu verzichten. (Guy, J.-M.: Introduction.) Guys Vorschlag wird im Rahmen dieser Arbeit abgelehnt, da eine präzise Begriffsverwendung die Voraussetzung für eine widerspruchsfreie Forschung ist. Die vorliegende Arbeit nimmt eine Kategorisierung in Traditioneller Zirkus, Neuer Zirkus und Zeitgenössischer Zirkus vor. Sie erfolgt auf Basis der Unterschiede in den Verfahrensmerkmalen (siehe u. a. Kapitel 3.4 *Zirkusgeschichte als Verfahrensgeschichte*)
75 David, Gwénola: Cirque à l'oeuvre. Centre National des Arts du Cirque. Paris: Textuel 2010, S. 16.

Vierzehn Jahre später formuliert Gwénola David anlässlich des fünfundzwanzigjährigen Bestehens des *Centre National des Arts du Cirque:*

> Le cri du caméléon marque pour les historiens le passage du Nouveau Cirque, né dans les années 1970, au cirque contemporain. Dans cette création, le chorégraphe Josef Nadj s'affranchit totalement du numéro et utilise la technique circassienne comme langage.[76] [Der Schrei des Chamäleons markiert für Historiker den Übergang vom Neuen Zirkus, der in den 1970er Jahren geboren wurde, zum zeitgenössischen Zirkus. Der Choreograf Josef Nadj befreit sich in dieser Kreation völlig von einem Nummernprogramm und verwendet die Zirkustechnik als Sprache.]

Auch in Nordeuropa wird *Le Cri du Caméléon* zum Startpunkt einer neuen Zirkusästhetik erklärt:

> The chronology of contemporary circus in France started in 1996 with the final project produced by graduates from CNAC's program. The performance Le cri du Caméléon, directed by the choreographer Josef Nadj, has been described as the climax of these previous developments. The well rounded exhibition combined the circus techniques of absurd characters dressed in everyday clothes with dance scenes and a strong visual effect. The seamless combination of different circus elements in Nadj's work manifested new circus' objective of a comprehensive art work for the first time.[77]

Le Cri du Caméléon zeichnet sich den oben genannten Rezensionen zufolge durch das Vorherrschen eines metazirzensischen Diskurses aus („l'anti-cirque, ou le cirque au noir"[78]). Darüber hinaus wird die totale Emanzipierung von einem Nummernprogramm und die nahtlose Verknüpfung von Zirkuselementen durch den Einsatz von Dramaturgie, Choreographie und Narration unterstrichen. Des Weiteren klassifizieren die Nutzung von Zirkustechniken und -codes als Sprache, die Kreation von Figuren unter Einbezug zirzensischer Mittel und die Hybridität der genutzten Kunstformen das Stück als Initial des Zeitgenössischen Zirkus. Nicht zuletzt sei auch auf die Intertextualität verwiesen, auf der das Stück beruht: „Josef Nadj, attiré par l'univers fantastique et absurde d'Alfred Jarry, coisit de s'appyer tout particulièrement sur son roman *Le Surmâle*."[79] Ohne an dieser Stelle ins Detail zu gehen – ist doch die Erarbeitung der generalisierbaren Merkmale des

---

76 Ebd.
77 Purovaara, Tomi (Hrsg.): Contemporary Circus. Introduction to the art form. Stockholm: STUTS Stiftelsen för utgivning av teatervetenskapliga studier 2012, S. 145.
78 David, G.: Cirque à l'oeuvre, S. 16.
79 Centre National des Arts du Cirque: Le cri du caméléon. Spectacle de la 7e promotion du Centre nationale des arts du cirque. Châlons-sur-Marne 1995, S. 1.

Zeitgenössischen Zirkus Ziel der gesamten Arbeit – sei hier darauf verwiesen, dass sich anhand von *Le Cri du Caméléon* auch die Weiterentwicklung der Ideologie des Akrobaten erkennen lässt. Die Artist*innen tragen kein schillerndes Kostüm, sondern die Alltagskleidung des 21. Jahrhunderts. Dadurch gewinnen Zuschauer und Darsteller an Nähe.[80] Das Stück entführt den Rezipienten in eine absurde Diegese, die nicht mithilfe theatraler Kostüme, aufwändiger Schminke oder eines bis ins Detail gestalteten Bühnenbildes, sondern durch den Einsatz der Zirkusdisziplinen selbst kreiert wird. Auch die Darstellung von Figuren, „qui expriment la folie d'un monde mécanique et loufoque"[81], erfolgt nicht länger ausschließlich in Rückgriff auf theatrale Mittel. Vielmehr ist es auch der Zirkus selbst, der Bedeutung erzeugt. Oder mit den Worten von Gwénola David: „[*Le Cri du Caméléon*] utilise la technique circassienne comme langage."[82] [Die Zirkustechnik wird als Sprache eingesetzt.]

1.3 Zur Auswahl des Analysekorpus

Die vorliegende Untersuchung ist auf der Basis eines repräsentativen Korpus von heterogenen Stücken des Zeitgenössischen Zirkus angelegt.

Stück	Jahr	Companie	Land	Format	Disziplin	Ort
Acrobates	2012	Acrobates	Frankreich	Duo	Akrobatik	Bühne
Fragments of a Mind	2015	Squarehead Productions	Irland	Solo	Objekt-manipulation	Bühne
I am (k)not	2014	Ana Jordão	Deutschland	Solo	Vertikalseil	Bühne
Le fil sous la neige	2006	Les Colporteurs	Frankreich	Ensemble	Seiltanz	Manege
L'Argile	2015	Jimmy Gonzalez	Kanada	Solo	Jonglage	Variiert
L'Autre	2011	Claudio Stellato	Belgien	Solo/Duo	Neue Magie	Bühne
Les Princesses	2016	Cheptel Aleïkoum	Frankreich	Ensemble	Luftakrobatik	Manege

Abbildung 1: Analysekorpus

---

80 Vgl. Guy, J.M.: Introduction, S. 22.
81 Vernay, Marie-Christine: Le mythe du cri. Paris: La Libération. Paris: La Libération 1997, S. 1.
82 David, G.: Cirque à l'oeuvre, S. 16.

Ausgewählt wurden monodisziplinäre Stücke, d. h. Performances, die vor allem eine Zirkusdisziplin dominant einsetzen, aus den Jahren 2006 bis 2016. Die Stücke stammen vorwiegend von Companien aus dem westeuropäischen Raum. Die Überzahl an französischen Companien (*Les Colporteurs*, *Cheptel Aleïkoum*, *Acrobates*) spiegelt die Relevanz Frankreichs für das Genre wieder. Frankreich weist nicht nur die weltweit größte Anzahl an Zirkusschulen und zeitgenössischen Companien auf[83], sondern ist durch seine spezielle Grundförderung von Artist*innen, der sogenannten *Intermittence du Spectacle*[84], auch Vorreiter in der kulturellen Institutionalisierung des Genres. Auch die Rolle der kanadischen Provinz Quebec ist in der internationalen Zirkusszene äußerst relevant und damit Teil des Analysekorpus[85] (*Jimmy Gonzalez: L'Argile*).

Um das zeitgenössische Genre repräsentativ dokumentieren zu können, wurden Stücke verschiedener zirzensischer Kerndisziplinen ausgewählt (Akrobatik, Objektmanipulation, Luftakrobatik, Seiltanz, Jonglage, Neue Magie). Darüber hinaus wurden unterschiedliche Formate (Solo, Duo und Ensemble) sowie der Aufführungsraum (Bühne oder Manege) bei der Auswahl der Stücke berücksichtigt. Auch wurde auf ein ausgeglichenes Verhältnis von männlichen und weiblichen Akteuren geachtet. Nicht zuletzt ist das jeweils dominierende Verfahren der Bedeutungskonstitution der analysierten Stücke charakteristisch für eine Vielzahl von zeitgenössischen Zirkusdarbietungen. Auch diesbezüglich wurde Wert auf die Repräsentativität der Modellanalysen gelegt.

Nicht berücksichtigt werden konnten Stücke aus dem süd-amerikanischen, asiatischen und afrikanischen Raum, obwohl sich auch hier der Zeitgenössische Zirkus entwickelt. Insbesondere der Vergleich mit westlichen Stücken liefert sicher wertvolle Aufschlüsse über das Genre, die im Rahmen dieser Arbeit aber nicht geleistet werden können. Darüber hinaus würde die Lektüre von Darbietungen mit Disziplinen, die in den folgenden Modellanalysen nicht berücksichtigt werden können (z. B. Cyr-Wheel, Vélo, Washington-Trapeze, Schleuderbrett), das Analysemodell komplettieren. Auch hier besteht daher weiterer Forschungsbedarf.

---

83 Vgl. Fédération européenne des écoles de cirque professionnelles. http://www.fedec.eu/fr/ (16.8.2018).
84 Pole-Emploi: Les allocations versées aux intermittents du spectacle. https://www.pole-emploi.fr/informations/les-allocations-versees-aux-intermittents-du-spectacle-@/article.jspz?id=60567 (16.8.2018).
85 Es ist darauf hinzuweisen, dass die nationale Ansässigkeit der Companien nicht zwangsweise mit der nationalen Herkunft der Artist*innen und ihrem jeweiligen Ausbildungsland übereinstimmt. Zirkus ist sehr international.

2 Theorie

2.1 Der Forschungsstand zum Zeitgenössischen Zirkus

Da Zirkus in der Vergangenheit als eine „niedere Kunst"[1] betrachtet wurde, fand dieses Genre lange Zeit kaum Berücksichtigung in der akademischen Forschung. Mit dem steigenden Interesse an Repräsentationen populärer Kultur und der gleichzeitigen Entwicklung des Genres von der Populär- zur Hochkultur seit den 70er Jahren wächst international das Interesse verschiedener wissenschaftlicher Disziplinen am Zirkus. Auch die Zahl an wissenschaftlichen Arbeiten zum Zeitgenössischen Zirkus, in die dieses Kapitel einen kurzen Einblick gibt, wächst stetig.

Die Ansätze und das Erkenntnisinteresse von Wissenschaftler*innen am Zeitgenössischen Zirkus ist äußerst vielfältig: Anthropolog*innen und Soziolog*innen[2] fokussieren u. a. die sozialen Strukturen in Companien, Identitätskonstruktionen von Zirkuskünstler*innen und ihre Mobilität. Die Erziehungswissenschaft[3] ist an den Lehrmethoden und Curricula in Zirkusschulen interessiert. Die Bewegungen und Körper der Artist*innen werden von Neurowissenschaftler*innen[4], Mediziner*innen[5], Tanz-[6] und Sportwissenschaft-

---

[1] Bose, G. u. E. Brinkmann: Circus.
[2] U. a. Salaméro, Emilié: Fabriquer un artiste-créateur. Formes et effets des dispositifs de socialisation à la création dans les écoles professionnelles de cirque. In: Les pratiques artistiques au prisme des stéréotypes de genre. Artistic practices in light of gender stereotypes. Hrsg. von Marie Buscatto. Paris: L'Harmattan 2011; Bessone, Ilaria: Contemporary Circus in Italy as new artistic field and community of practice. Treading the tightrope between artistic labour, embodied knowledge, and responsible selfhood in the current neoliberal moment. Mailand: Università degli Studi di Milano 2017; Sizorn, Magali: Trapézistes. Ethnosociologie d'un cirque en mouvement. Rennes: Presses Univ. de Rennes 2013.
[3] U. a. Etienne, Richard, Jean Vinet u. Josiane Vitali: Quelle formation professionnelle supérieure pour les arts du cirque? Paris: Éditions L'Harmattan 2014.
[4] U. a. Goudard, Philippe: The circus actor. Towards a cognitive approach. In: Theatre and Cognitive Neuroscience. London: Bloomsbury 2016, S. 35–45.
[5] U. a. Goudard, Philippe u. Philippe Perrin: Encadrement médical des arts du cirque en France. In: Actes des Journées Vanlerenberghe. Colloque. Espace aérien dans les pratiques gymniques. Lille: C.R.D.P. Editeurs 1991, S. 105–110; Barrault, Denys u. Philippe Goudard (Hrsg.): Médecine du cirque. Vingt siècles après Galien. Actes du Colloque Médecine du cirque: Paris, La Villette, 21 novembre 2003. Vic-la-Gardiole, Châlons-en-Champagne: L'Entretemps; Centre national des arts du cirque 2004; Goudard, Philippe (Hrsg.): Les arts du cirque. Les guides santé au travail. Paris: CBM 2010.
[6] U. a.Dumont, Agathe: Pour une exploration du geste virtuose en danse, passage XXe-XXIe siècles. Danseurs, «breakers», acrobates au travail. Paris: Paris 3, École doctorale Arts et médias, Institut de recherches en études théâtrales 2011.

ler*innen⁷ untersucht. Theater- und Kulturwissenschaftler*innen analysieren die Ästhetik und Dramaturgie der Aufführungen⁸. Sowohl empirische als auch geisteswissenschaftliche Annäherungen an das Genre werden berücksichtigt. Die verschiedenen disziplinären Zugänge stehen dabei nicht separat zueinander, sondern beteiligen sich an denselben wissenschaftlichen Diskursen.

Darüber hinaus weist die Zirkuswissenschaft einen hohen Grad an Internationalität auf. Die *Circus Arts Research Platform*⁹ zählt aktuell einhundertsechzig Wissenschaftler*innen¹⁰, die an Universitäten in der gesamten Welt zum Zirkus forschen. Diese Interdisziplinarität und Internationalität zeigt sich auch in den beiden jüngst erschienen Sammelbänden der Zirkuswissenschaft, dem *Routlege Circus Studies Reader*¹¹ und dem Sammelband *Quebec's Expanding Circus Boundaries*¹².

Die Literatur zum Zirkus und ihr Einsatz in der Forschung bedarf einer vorsichtigen Herangehensweise, ist es in vielen Fällen doch schwierig, Fakten von Legenden und Ideologien zu unterscheiden. Auf diese Problematik verweist auch Helen Stoddart in ihrer Monographie *Rings of desire. Circus history and representation*¹³:

> Circus fans [...][have] with very few exceptions to date [...] constituted its principal historians, so that circus history and circus mythology have become very much intertwined.¹⁴

In Zukunft wird die jüngst entwickelte *Circus Arts Research Platform (CARP)*¹⁵ diesbezüglich für stärkere Aufklärung sorgen. Im Unterschied zu den Katalogen der renommierten *Bibliotheque de l'École nationale de Cirque* (Montréal)¹⁶ und

---

7 U. a. Robin, Jean-François, Émilie François u. Didier Lehenaff: Les dimensions artistique et acrobatique du sport. Paris: INSEP-Publications 2005.
8 Siehe Kapitel 5 *Schlussbetrachtungen*.
9 www.circusartsresearchplatform.com
10 Stand März 2018.
11 Tait, Peta u. Katie Lavers (Hrsg.): The Routledge Circus Studies Reader. New York, London: Routledge Taylor & Francis 2016.
12 Leroux, Louis Patrick u. Charles Batson (Hrsg.): Cirque global. Quebec's expanding circus boundaries. Montreal: McGill-Queen's University Press 2016.
13 Stoddart, Helen: Rings of Desire. Circus History and Representation. Manchester: Manchester University Press 2001.
14 Ebd., S. 1–2.
15 CARP Editorial Board: Circus Art Research Platform. https://circusartsresearchplatform.com/pmb/opac_css/index.php?lvl=etagere_see&id=6 (12.9.2018).
16 École nationale de cirque: Bibliotheque. http://ecolenationaledecirque.ca/fr/lecole/bibliotheque (2.4.2018)

dem *Centre de Ressource documentaires du Centre national des arts du cirque*[17] umfasst diese ausschließlich wissenschaftliche Arbeiten zum Genre und beinhaltet darüber hinaus eine Karte aller spezialisierten Museen, Archive, Bibliotheken und privaten Sammlungen.

Zusätzlich entstehen zunehmend Projekte, die den Austausch zwischen den Wissenschaftler*innen fördern und institutionalisieren. Zu nennen sind an dieser Stelle insbesondre die *Montréal Working Group on Circus Research* und das *Centre de recherche, d'innovation et de tranfert en arts du cirque* in Kanada, das Kollektiv *CCCirque* und der *Chaire d'innovation Cirque et Marionette* in Frankreich, das Forschungsprogramm *Cirque: Histoire, imaginaire, pratiques* der *Université Paul Valéry Montpellier III* und das Projekt *Zirkus | Wissenschaft* an der *Westfälischen Wilhelms-Universität Münster*. Nicht zuletzt führt auch die vermehrte Organisation von internationalen Symposien und Konferenzen sowie die Etablierung der Tagungsreihen *Zirkus | Wissenschaft*[18] (*Semiotics of the Circus* (2015), *UpSideDown – Circus and Space*[19] (2017)) und *Circus and its Others I* und *II* (2016, 2019) zu einer wachsenden Vernetzung.

Die Publikationen zur Ästhetik und Dramaturgie des Zeitgenössischen Zirkus schwanken zwischen wissenschaftlicher Objektivität und künstlerischer Subjektivität. Anstatt den Fragen nachzugehen, was Zeitgenössischer Zirkus ist, welche Verfahren ihn bestimmen und wodurch sich die Ästhetik seiner Darbietungen auszeichnet, wird häufig dargelegt, was Zeitgenössischer Zirkus sein soll[20]. Dies mag zum einen darin begründet sein, dass das Genre sich nach wie vor in einer Phase der Entwicklung befindet, eine Tatsache, auf die auch Tomi Purovaara verweist:

> It should be noted, that contemporary circus is still very much a developing genre whose status in different countries varies significantly.[21]

Zum anderen liegt das Verschwimmen zwischen Vision und Realität sicher auch darin begründet, dass Aufführungsanalysen in der wissenschaftlichen Forschung

---

17 Centre National des Arts du Cirque: Le centre de ressources documentaires du Cnac. https://www.cnac.fr/article/383_Le-centre-de-Ressources-documentaires-du-CNAC (2.4.2018).
18 Forschungsprojekt am Germanistischen Institut der Westfälischen Wilhelms-Universität Münster initiiert von Franziska Trapp.
19 Die Diskussionen und Vorträge der Konferenz wurden in Form eines Graphic Novels veröffentlicht: Trapp, Franziska u. Eckhard Kluth: UpSideDown Circus and Space. An Academic Graphic Novel. An Introduction to Circus Research. Münster: WWU 2017.
20 Z.B. Lievens, B.: Between Being and Imagining I. und Kann: Taking back the technical.
21 Purovaara, Tomi (Hrsg.): Contemporary Circus, S. 145.

zum Zeitgenössischen Zirkus bisher nicht explizit durchgeführt wurden. Zwar nehmen die Artikel und Monographien im Rahmen von allgemeineren Fragestellungen Bezug auf konkrete Stücken (z. B. Hurley: *The Multiple Bodies of Cirque de Soleil*[22]), eine dezidierte, kohärente Analyse derselben oder gar die Entwicklung eines Analysemodells steht in der Regel allerdings nicht im Fokus. Die Lektüre von Aufführungen ist bisher Journalist*innen in Form von Show Reviews (z. B. *The Circus Diaries*[23]) vorbehalten. Diese sind weniger an den Verfahren der Bedeutungskonstitution der Stücke interessiert, als an deren Kritik.

In Bezug auf die Analyse traditioneller Zirkusdarbietungen sind die Arbeiten des Pioneers der Zirkuswissenschaft Paul Bouissac richtungweisend. Dieser entwickelt in seinen Werken *Circus and Culture*[24] und *Semiotics at the Circus*[25] auf Basis der Theorien von Claude Lévi-Strauss, Algirdas Julien Greimas und Wladimir Propp ein semiotisches Modell mit dem Ziel, die Elemente in Zirkusnummern herauszuarbeiten, die als Zeichen fungieren.[26] Darüber hinaus analysiert er in Rückgriff auf Jurij Lotman die impliziten narrativen Strukturen, die diese Elemente zusammenhalten. Sein semiotisches Modell, das eine „methodology for observing and explaining circus performances"[27] liefert, basiert auf dem Verständnis von Zirkus als Text. Es ist zu unterstreichen, dass Bouissacs Werk und die vorliegende Arbeit auf denselben methodischen Prämissen und Erkenntnisinteressen beruhen. Dennoch handelt es sich im Folgenden nicht um eine Übertragung und Weiterentwicklung des Bouissacschen Modells für die Analyse traditioneller Zirkusshows auf bzw. für zeitgenössische Zirkusdarbietungen. Bouissacs Blickwinkel ist vor allem kultur-anthropologisch orientiert, während in der vorliegenden Arbeit der Fokus stärker auf textuelle Kontextualisierungen gelegt wird. Diese Schwerpunktverschiebung ist nicht zuletzt den Veränderungen des Genres selbst geschuldet, die aufgrund des dominanten Prinzips der Intertextualität in zeitgenössischen Zirkusdarbietungen nach einer intensiven Erforschung derselben verlangen. Dennoch werden Bouissacs Thesen in der gesamten Arbeit vermehrt herangezogen – nicht zuletzt, um in Abgrenzung zu diesen auf Veränderungen innerhalb des Genres hinzuweisen.

---

22 Hurley, E.: The Multiple Bodies of Cirque de Soleil.
23 Karnavagh, Katherine: The Circus Diaries. Show Reviews. https://www.thecircusdiaries.com/category/show-reviews/ (20.3.2018).
24 Bouissac, P.: Circus and culture.
25 Bouissac, Paul: Semiotics at the circus. Berlin, New York: De Gruyter Mouton 2010.
26 Ebd., S. 22.
27 Ebd., S. 23.

2.2 Zum disziplinären Selbstverständnis der Arbeit

Der Einzug des Zirkus in die Literatur oder mit anderen Worten, „der Zirkus ‚auf dem Papier'"[28], wird von Literaturwissenschaftler*innen in Deutschland verstärkt seit den 80er Jahren erforscht. Die literaturwissenschaftlichen Beiträge beschäftigen sich insbesondere mit literarischen Werken des späten 19. und beginnenden 20. Jahrhunderts.[29] Hinsichtlich der Erscheinungsformen des Zirkus in (internationalen) Romanen des späten 20. und beginnenden 21. Jahrhunderts ist die jüngst erschiene Studie von Jürgens[30] hervorzuheben, die diese „typologisch und poetologisch"[31] konturiert.

Auch die vorliegende Arbeit stammt aus der Literaturwissenschaft, jedoch fokussiert sie nicht länger literarische (Zirkus-)Texte, sondern die Zirkusaufführung selbst. Mit dieser Verschiebung des Analyseobjektes leistet sie nicht nur einen essentiellen Beitrag zu der sich international zunehmend etablierenden Zirkuswissenschaft, sondern auch zur aktuellen Literaturwissenschaft, dessen Selbstverständnis seit dem *cultural turn* längst über einen engen Textbegriff, der ausschließlich literarische Werke umfasst, hinausgeht. Dieser Arbeit liegt ein weites Verständnis von Literaturwissenschaft zugrunde, in der auf Basis einer „solide[n] literaturwissenschaftliche[n] und texttheoretische[n] Ausbildung"[32] die Möglichkeit besteht, „auch Dinge zu lesen, die nicht im engeren Sinne literaturförmig sind"[33]. Das Potential literaturwissenschaftlicher Analysen kultureller Texte lässt sich folgendermaßen begründen:

> Literarische Werke stellen als massiv übercodierte Texte die höchsten Ansprüche an a) eine methodisch fundierte Strukturbeschreibung ihres Syntagmas, b) eine methodisch fundierte Verknüpfung der syntagmatischen Befunde mit einem kulturellen Archiv, um sie durch die dort vorgefundenen Vergleichstexte als sinntragend zu (re-)konstruieren, sie also lesbar zu machen. Wer das theoretisch ordentlich fundiert auf der Höhe der Komplexität eines Schiller-Dramas, einer Keller-Novelle oder expressionistischer Lyrik gelernt hat, der ist bestens gerüstet, auch andere kulturelle Gebilde zu analysieren, diskursiv einzuordnen und zu verstehen.[34]

---

28 Jürgens, A.-S.: Poetik des Zirkus, S. 16.
29 Einen Überblick über die literaturwissenschaftliche Forschung zu Werken mit Zirkusbezug zum Ende des 19. und beginnenden 20. Jahrhunderts bietet die Studie von Jürgens (ebd.).
30 Ebd.
31 Ebd., S. 25.
32 Baßler, Moritz: Literaturwissenschaft als Kulturpoetik der Literatur und Medien. In: Deutsche Vierteljahrsschrift für Literaturwissenschaft und Geistesgeschichte 89 (2015) H. 3, S. 505–509, hier S. 507.
33 Ebd.
34 Ebd.

Voraussetzung für das Lesen von Kultur sind:

> Textkenntnis, sowohl des Archivs als auch der Neuerscheinungen, Theorien, die einem helfen, die Phänomene vergleichbar zu machen, Methoden der Analyse und Interpretation, den Mut und die Freude daran, Bekanntes neu zu denken und Neues in erhellender Weise auf Bekanntes zu beziehen.[35]

Eben dieses Plädoyer liefert das Fundament der vorliegenden Arbeit, dessen Ziel es ist, den Zirkus jenseits seiner ideologisierten Assoziationen neu zu denken und in seinem historisch-kulturellen Kontext durch eine methodisch dichte, d. h. kontextualisierende Beschreibung des Gegenstandes adäquat zu dokumentieren und zu analysieren. Mit dieser Zielformulierung basiert die Arbeit auf der kulturpoetischen Textanalyse, die Baßler in *Die kulturpoetische Funktion und das Archiv*[36] grundlegend konturiert. Das literaturtheoretische Paradigma, das dieser Methode zugrunde liegt, ist der in den 80er Jahren in Kalifornien entstandene New Historicism[37], den Baßler in seinem Werk systematisiert und theoretisch aufbereitet. Aufgrund der gründlichen Vorarbeiten Baßlers sieht das vorliegende Theoriekapitel davon ab, die Kulturpoetik im Allgemeinen erneut darzulegen und ihre Bezüge zu anderen (Literatur-)Theorien auszuarbeiten. Methodenspezifische Erläuterungen und ihre kritische Reflexion erfolgen an späterer Stelle während der Entwicklung des Analysemodells und in den Modellanalysen. Durch die Nähe des Untersuchungsobjektes zum Tanz und Theater muss sich die vorliegende Arbeit aber nicht nur innerhalb der Literaturwissenschaft positionieren, sondern es gilt auch die kulturpoetische Lektüremethode im Kontext von Performance-Theorien und Methoden der Aufführungsanalyse der Theater- und Tanzwissenschaft zu verorten und sich möglichen Kritiken dieser Disziplinen zu stellen. Dieser Schritt ist der Arbeit vorangestellt, um so im Sinne einer besseren Übersichtlichkeit vor der Entwicklung des Lektüremodells geklärt zu sein.

---

35 Ebd., S. 506.
36 Baßler, M.: Die kulturpoetische Funktion und das Archiv.
37 Greenblatt verwendet die Begriffe ‚New Historicism' und ‚Poetics of Culture' synonym.

2.3 Lektüretheorien und ihre Kritik in der Theater- und Tanzwissenschaft

Die Annäherung an ein performatives Genre durch die Lektüre seiner Aufführungen wird in der Theater- und Tanzwissenschaft praktiziert, „dabei handelt es sich um semiotische Methoden, in denen überwiegend die Analyse von Inszenierungen thematisiert und zeichentheoretisch definiert ist."[38]

Besonders hervorzuheben sind in der Theaterwissenschaft die semiotisch ausgerichteten Arbeiten Erika Fischer-Lichtes. Im Rückgriff auf den tschechischen Strukturalismus definiert sie die „Aufführung als einen ‚Text', der in der ‚Sprache' des Theaters abgefasst"[39], durch eine spezifische Form der Textanalyse untersucht werden kann und lesbar ist.

Im Zuge der performativen Wende des theaterwissenschaftlichen Diskurses, der zu einem Wechsel der Materialität des Analyseobjektes führt (von der Aufführung als Text zum theatralen Prozess) wird diese Methode kritisiert:

> Ein Problem dieser Konzentration auf Prozesse der Sinnstiftung und der damit verbundenen Universalisierung des Textbegriffes [...] [besteht] darin, dass die je spezifische Medialität und Materialität von Aufführungstexten kaum Beachtung [...] [findet] und als bloße Realisierung einer als vorgänglich angenommenen, abstrakten Sprache vernachlässigt [wird].[40]

Trotz Konzentration auf Verfahren der Sinnstiftung und dem Verständnis von Aufführung als ‚Produkt', so ist einzuwenden, sind Semiotizität und Performativität interdependente Phänomene. Fischer-Lichte proklamiert in Bezug auf das Theater: „In Aufführungen sind immer das Performative und das Semiotische gleichzeitig am Werk."[41] Aus diesem Grund ist die (in der Theaterwissenschaft gängige) oppositionelle Gegenüberstellung von Semiotizität und Performativität unbedingt zu vermeiden. Die vorliegende Arbeit basiert auf der These einer chiastischen Verschränkung von Semiotizität und Performativität. Letztere ist dabei nicht nur als „die wesentliche Bedingung der Möglichkeit für Bedeutungserzeu-

---

38 Brandstetter, G.: Tanz-Lektüren, S. 23.
39 Paule, Gabriela: Kultur des Zuschauens. Theaterdidaktik zwischen Textlektüre und Aufführungsrezeption. München: kopaed 2009, S. 183.
40 Kolesch, Doris: [Art.] Textualität. In: Metzler Lexikon Theatertheorie. Hrsg. von Erika Fischer-Lichte, Doris Kolesch u. Matthias Warstat. 2. Auflage. Stuttgart: Metzler 2014, S. 357–359, hier S. 358.
41 Fischer-Lichte, Erika: [Art.] Performativität/performativ. In: Metzler Lexikon Literatur. Hrsg. von Dieter Burdorf. Stuttgart: Metzler 2007, S. 251–258, hier S. 256–257.

gung"[42] oder nur als „ein[ ] Faktor im Prozess der Bedeutungsgenerierung"[43] zu verstehen. Vielmehr gilt insbesondere für zeitgenössische Zirkusdarbietungen, dass man „sich das Performative nicht als das schlechthin Bedeutungslose, als das Unbedeutende, als *insignifikant* denken"[44] darf. Indem die vorliegende Arbeit im Rahmen der kulturpoetischen Lektüren über eine reine theatersemiotische Methode hinausgeht, bezieht sie die performative Wende der Theaterwissenschaft mit ein (siehe insbesondere Kapitel 3.3.2 *Die Ebenen des zirzensischen Textes* sowie die Analyse zu *I am (k)not* von Ana Jordão (Kapitel 6)).

Fischer-Lichte führt einen weiteren Wandel der Forschungsperspektiven an, zu dem zu Beginn der vorliegenden Studie Stellung genommen werden muss. Der Theaterwissenschaftlerin zufolge verschwindet die „Erklärungsmetapher des New Historicism ‚Kultur als Text'"[45] zunehmend durch die Fokussierung der „Performativität von Kultur"[46]. Zu eben dieser Entwicklung positioniert sich Baßler in seiner theoretischen Grundlegung der Kulturpoetik, indem er die Vorteile eines Textmodells gegenüber eines (klassischen) Performanzmodells methodisch begründet.

> So richtig und wichtig es fraglos ist, für die kulturwissenschaftliche Forschung die Berücksichtigung auch von Handlungen, Medien, Subjekten, Machtverhältnissen, Bildern, Ritualen, Körpern, Kommunikation, Beobachtung, Erinnerung und was nicht noch allem einzufordern, so hätte man doch zumindest das gemeinsame Tableau anzugeben, auf dem all diese Dinge miteinander verknüpfbar, auf dem sie lesbar werden.[47]

Er verweist also darauf, dass Textualität und Performativität nicht oppositionell zu verstehen sind, sondern als interdependente Parameter im Rahmen der kulturpoetischen Lektüre beide berücksichtigt werden müssen. Die oben genannten Handlungen, Medien, Subjekte, Machtverhältnisse, Bilder, Rituale, Körper etc. werden innerhalb dieses Verständnisses als Teil des textuellen Kontextes verstanden:

> Es gibt im Gegenteil, so hoffen wir zu zeigen, auch systematisch unabweisbare Gründe dafür, die methodische Basis, die es erlaubt ‚alles und jedes' als Kontext ‚für die geschichtliche Situierung eines literarischen Werkes' (Simpson) zu fassen, als textuell zu formulieren.[48]

---

42 Ebd.
43 Ebd.
44 Ebd.
45 Kolesch, D.: [Art.] Textualität, S. 358.
46 Ebd.
47 Baßler, M.: Die kulturpoetische Funktion und das Archiv, S. 9.
48 Ebd.

Sowohl die Semantizität als auch die Performativität sind Teil des Aufführungstextes und daher bei der Lektüre zu berücksichtigen.

Auch im Bereich der Tanzwissenschaft hat sich die Lektüre von Performances durchgesetzt. Hier ist die Arbeit von Susan Leigh Foster *Reading Dancing. Bodies and Subjects in Contemporary American Dance*[49], die als Standardwerk[50] der Tanzwissenschaft bezeichnet werden kann, richtungsweisend. Fosters Theorie ist Ausgangspunkt von Lesetheorien wie Gabriele Brandstetters *Tanz Lektüren*[51], die den „Wechselbezug von Literatur und Tanz"[52] fokussiert, und Laurence Louppes *Poetics of Contemporary Dance*[53]. Das Ziel von *Reading Dancing*[54] ist zunächst ein semiotisches – „to understand not only what that dance means but also how it creates its meaning"[55]. Foster nutzt die Begriffe ‚reading' and ‚writing' als Metaphern für die Interpretationen von Tanz-Stücken.[56] Trotz des semiotischen Kerns wird Fosters *Reading Dancing* im Unterschied zu Fischer-Lichtes theaterwissenschaftlichen Werk weniger der Semiotik als vielmehr der Diskursanalyse[57] zugeordnet (siehe beispielsweise Brandstetter und Klein in *Methoden der Tanzwissenschaft*[58]).

---

49 Foster, S. D.: Reading dancing.
50 „Reading dancing enjoys somewhat an emblematic status as a core text in the young discipline of dance studies." (The Canon. Reading Dancing. By Susan Leigh Foster. https://www.timeshighereducation.com/books/the-canon-reading-dancing-by-susan-leigh-foster/409125. article (22.3.2018).)
51 Brandstetter, G.: Tanz-Lektüren.
52 Ebd., S. 19.
53 Louppe, Laurence: Poetics of contemporary dance. Alton: Dance Books 2010.
54 Foster, S. D.: Reading dancing.
55 Ebd., S. 59.
56 Ebd., xix.
57 Die Klassifikation der Theorie Fosters als Diskurstheorie wird in der Tanzwissenschaft durch den Bezug zu Foucault begründet: „Worin also besteht die diskursanalytische Komponente von *Reading Dancing*? Eine Erklärungsmöglichkeit führt über Michel Foucault." Schellow, Constanze: Diskurs-Choreographien. Zur Produktivität des ‚Nicht' für die zeitgenössische Tanzwissenschaft. Dissertation. München: ePODIUM-Verlag 2014, S. 78. An dieser Stelle ist darauf hinzuweisen, dass der New Historicism über den Focaultschen Diskurs-Begriff hinausgeht: „Foucaults Diskurse sind als Regularitäten gedacht, die die historischen Ereignisse und ihre Streuung steuern. Sie sind damit nicht auf der Ebene der Ereignisse vorhanden, sondern – als Möglichkeitsbedingungen – diesen vorgeordnet. [...] Im textuellen Universum der New Historicists dagegen bleiben die Diskurse – als intertextuelle Verbindungen – auf der Ebene der Ereignisse, der Texte nämlich." Baßler, M.: Die kulturpoetische Funktion und das Archiv, S. 29–30.
58 Brandstetter, Gabriele u. Gabriele Klein (Hrsg.): Methoden der Tanzwissenschaft. Modellanalysen zu Pina Bauschs ‚Le Sacre du Printemps/Das Frühlingsopfer'. 2. Auflage. Bielefeld: transcript 2015, S. 11.

> Susan Leigh Fosters *Reading Dancing* gilt nicht nur als beispielhaft für einen diskursanalytischen Zugang zur Tanzforschung, sondern auch als symptomatische Publikation für eine Entwicklung, die im englischsprachigen Raum zu der Begründung der Dance Studies aus der Dance History herausgeführt hat.[59]

Fosters Arbeit geht mit diesem Ansatz über eine reine Untersuchung von Tanz als Zeichensystem hinaus, indem sie diesen „als soziale und kulturelle Praxis behandel[t]"[60] und den „gesellschaftspolitische[n] Kontext von Tanzereignissen systematisch"[61] aufwertet. In Anlehnung an die Arbeiten Roland Barthes', Michel Foucaults und Hayden Whites entwickelt Foster eine „theory of representation in dance"[62], d. h. eine Theorie, die von Anfang an nach der „,Kontaktzone' (*contact zone*) zwischen dem Text und der Wirklichkeit fragt, in der sich [auch] der New Historicism mit seinen Arbeiten ansiedeln will".[63]

> The frame of the dance situates it by telling the viewer how the dance is different from other worldly events. Once the action is underway, however, the viewer may begin to see how the dance refers to those events through its mode of representation.[64]

In dieser Hinsicht ähneln sich *Reading Dancing* und die kulturpoetische Textanalyse fundamental; mehr noch, Foster bedankt sich in ihrer Einleitung explizit bei dem New Historiker Stephen Greenblatt „who taught me to ‚read'"[65]. Auch der Einfluss Roman Jakobsons, dessen Theorie in der Kulturpoetik die Basis der Lektüren von kulturellen Texten bietet, ist für Fosters Methodik grundlegend: „*Reading Dancing* draws heavily on Jakobson's formulation of the text.[66]"

Es ist Ziel der vorliegenden Arbeit, den Zeitgenössischen Zirkus in seinem historisch-kulturellen Kontext durch eine methodisch dichte, d. h. kontextualisierende Beschreibung der Aufführung adäquat zu dokumentieren und zu analysieren. Da sich sowohl das Objekt ‚Zirkus', als auch sein historisch-kultureller Kontext von dem des Tanzes unterscheidet[67], bieten sich nicht zwangsweise dieselben Parameter zur Lektüre an, die Foster zur Analyse des Tanzes vorschlägt.

---

59 Schellow, C.: Diskurs-Choreographien, S. 82.
60 Ebd.
61 Ebd.
62 Foster, S. D.: Reading dancing, xx.
63 Baßler, M.: Die kulturpoetische Funktion und das Archiv, S. 43.
64 Foster, S. D.: Reading dancing, S. 65.
65 Ebd., xxi.
66 Ebd., S. 231.
67 Zwar verschwimmen die Grenzen zwischen Zirkus und Tanz im Zeitgenössischen Zirkus, jedoch ist Zirkus deswegen trotzdem nicht mit Tanz gleichzusetzten.

Fosters Schwerpunkt in *Reading Dancing* liegt auf der Frage nach der Repräsentativität des Tanzes, „the mode of representation – the way the dance refers to the world"[68]. Ihre grundlegende Leistung liegt in der Klassifikation von vier verschiedenen Repräsentationsmodi *resemblance, imitiation, replication* and *reflection*[69] die sie anhand der Arbeiten von vier ausgewählten zeitgenössischen Choreographen exemplifiziert. Mit diesem Fokus stützt sich Fosters Arbeit auf die Gründungstexte der Tanzforschung, in denen die Repräsentation als ‚Essenz des Tanzes' gesehen wird.

> In the eighteenth century, in the founding texts of the modern philosophy of dance in the West, notably those of John Weaver and Jean-Georges Noverre, dance, properly so-called, was identified with representation, narrowly constructed as the imitation of action.[70]

Abgesehen davon, dass eine solch starke Relation von Tanz und Repräsentation in der Tanzwissenschaft heute als überholt gilt[71], sind Fosters Repräsentationsmodi für die Analyse des Zeitgenössischen Zirkus kaum relevant, liegt doch seine Essenz nicht in der Repräsentation, wie sich im weiteren Verlauf der Arbeit zeigen wird.

Zirkusspezifische Parameter, die im Folgenden fokussiert werden, sind die Achsen und Ebenen zeitgenössischer Zirkusstücke, das Verhältnis von Diegese/Narration und Risiko, die Relation von Metonymie und Metaphorik, die Intertextualität und die Intermedialität, der Aufführungskontext und die Mobilität, die Frames und ihre Ideologien sowie der zirzensische Metadiskurs und die Frage nach der Relevanz von Aufführungsanalyse in der Zirkuspraxis.

---

68 Foster, S. D.: Reading dancing, S. 59.
69 Ebd., S. 65.
70 Carroll, Noel u. Sally Banes: Dance, Imitation and Representiation. In: Dance, education and philosophy. Hrsg. von Graham McFee. Oxford: Meyer & Meyer Sport 1999, S. 13–32, hier S. 13.
71 „Indeed, by the late twentieth century, the notion that there is any deep ontological affinity between dance and representation of any sort appears obviously outmoded." (ebd.)

3 Lektüren des Zeitgenössischen Zirkus – Ein Analysemodell

> En acrobatie, on dit qu'on est perdu, c'est-à-dire qu'on ne sait plus où est le haut, où est le bas, si on est en train de monter ou de tomber. Si, tomber, on s'en rend compte.[1]

Das zeitgenössische Zirkusstück *Acrobates*, das unter der Regie von Stéphane Ricordel und Oliver Meyrou im Dezember 2012 erstaufgeführt wurde, dient im Folgenden als Grundlage für die Entwicklung eines Lektüremodells zur strukturierten Methodik der Analyse zeitgenössischer Zirkusstücke. Dieser partikulare Zugriff auf das Analyseobjekt birgt einen fundamentalen Vorteil:

> Statt in abstrahierender Paraphrase, als bereits Verstandenes, Angeeignetes, wird die vorgefundene seltsame Diskursverknüpfung materialiter präsentiert und analysiert.[2]

Die Materialnähe während der Erarbeitung sorgt also dafür, dass die spezifischen Merkmale zeitgenössischer Zirkusdarbietungen unmittelbar in das Modell integriert werden können. Darüber hinaus können die Bestandteile des Modells anhand von *Acrobates* direkt überprüft und exemplifiziert werden.

3.1 Zirkus als Text

Kernanliegen ist es aufzuzeigen, dass Aufführungen des Zeitgenössischen Zirkus als kulturelle Texte lesbar sind.[3] Dabei geht die vorliegende Arbeit über die bloße Vorstellung von Text als spezifisches Speichermedium (schriftlicher Text)[4]

---

[1] CRDP de l'académie de Paris, Scéren u. Monfort théâtre: Acrobates. Mise en scène de Stéphane Ricordel et Oliver Meyrou. In: Pièce (dé)montée (2013) H. 172, S. 1–7, S. 1.
[2] Baßler, M.: Die kulturpoetische Funktion und das Archiv, S. 42.
[3] Ein solches Anliegen verfolgt auch Bouissac, P.: Semiotics at the circus. Bouissacs Argumentation basiert auf Lotmans These, die Sprache eines Kunstwerkes sei eine bestimmte gegebene Größe, die vor der Schaffung konkreter Texte existiere und für beide Pole des Kommunikationsaktes gleichartig ist. Lotman, J. M.: Die Struktur literarischer Texte, S. 31. Dadurch legt Bouissac den Schwerpunkt auf die Ausdifferenzierung des zirzensischen Kommunikationsaktes, der die Prämisse für die Existenz einer zirzensischen Sprache darstellt, die wiederum notwendige Voraussetzung für die Existenz von Zirkus als Text ist. In der vorliegenden Arbeit wird diese Argumentationsstruktur nicht verfolgt. Vielmehr ist es Anliegen aufzuzeigen, inwiefern man zirzensische Darbietungen als Text betrachten kann. In diesem Verständnis ist ‚Text' daher ein operativer Begriff.
[4] Baßler, M.: [Art.] Kontexte, S. 355.

hinaus. Ein Text, so lautet die Grundannahme, wird durch zwei Eigenschaften definiert: „Speicherung und Lesbarkeit. Damit man im definierten Sinne von einem Text sprechen kann, müssen beide zugleich gegeben sein."[5]

Inwiefern erfüllt eine Zirkusperformance die beiden notwendigen Voraussetzungen eines Textes? Diese Frage soll mit Blick auf das Stück *Acrobates* erörtert werden.

3.2 Speicherung

Die erste notwendige Eigenschaft eines Textes ist nach Baßler die Speicherung:

> Eine mündliche Rede etwa ist zwar zeichenhaft, aber erst durch die Aufzeichnung in einem Speichermedium [...] wachsen ihr jene Eigenschaften zu, die die materiale Seite eines Textes definieren: Simultanität und Wiederholbarkeit.[6]

Bereits an dieser Stelle scheint das Anliegen, Zirkusdarbietungen als Texte zu analysieren an seine Grenzen zu stoßen: *Acrobates* ist eine Inszenierung, die nicht mehr tourt. Es ist also nicht mehr möglich, eine Aufführung anzusehen. Videoaufzeichnungen des Stücks sind aus datenschutzrechtlichen Gründen nicht offen zugänglich. Hier zeigt sich, was für alle Aufführungen gilt:

> Aufführungen verfügen nicht über ein fixier- und tradierbares materielles Artefakt, sie sind flüchtig und transitorisch, sie erschöpfen sich in ihrer Gegenwärtigkeit, d. h. ihrem dauernden Werden und Vergehen – in ihrer Autopoiesis, ihrer Selbsterzeugung. Das schließt keinesfalls aus, dass in ihnen materielle Objekte Verwendung finden, die als solche nach dem Ende der Aufführung zurückbleiben und als ihre Spuren aufbewahrt werden können. Gleichwohl ist die Aufführung nach ihrem Ende unwiederbringlich verloren; sie lässt sich niemals wieder als genau dieselbe wiederholen.[7]

Fischer-Lichte macht in diesem Statement deutlich, dass die Möglichkeit des „wiederholten Zugriff[s] auf die material präsenten Elemente des Textes"[8] im Falle von Aufführungen problematisch ist. Dies gilt auch für die Eigenschaft der Simultanität von Texten, wobei

---

5 Ebd., S. 356.
6 Ebd.
7 Fischer-Lichte, Erika: Theaterwissenschaft. Eine Einführung in die Grundlagen des Faches. Tübingen: Francke 2010, S. 32.
8 Baßler, M.: [Art.] Kontexte, S. 356.

Simultanität heißt, alle Elemente eines Textes – genauer: seiner material gespeicherten Seite – liegen prinzipiell gleichzeitig vor. [...] Denn das Ende eines Textes ist gleichzeitig mit seinem Anfang da und nicht irgendwie später, alle Elemente (‚Stellen') eines Textes lassen sich aufeinander beziehen.[9]

Daher ist es notwendig, sich die Definition von ‚Fixierung' genauer anzusehen. In seinen Ausführungen zum *Kontext*[10] deklariert Baßler als Beispiele[11] für Speichermedien das „schriftliche[] Protokoll" und das „Gedächtnis"[12]. Auch wenn diese Präzision den Eindruck eines „textuellen Universalismus und Reduktionismus (nach dem Motto ‚alles ist Text')"[13], den es nach Baßler unbedingt zu vermeiden gilt, verstärkt, legitimiert er hier selbst die Speicherbarkeit von Aufführungen.

Baßlers Plädoyer für das Gedächtnis als Speichermedium mag zwar in Hinblick auf die Argumentation ‚Zirkusaufführung ist Text' hinreichend sein, in Bezug auf die Praktikabilität für die Analyse der Aufführungen bedarf es dennoch einer stärkeren Fixierung des Analyseobjektes. Es gilt zu fragen:

> Wie sollen wir einen Gegenstand untersuchen, der sich weigert, uns zumindest eine ‚Invariante' zur Verfügung zu stellen, einen fixierten ‚Text', wie ihn die Literaturwissenschaft im Buch, die Kunstwissenschaft im Gemälde, die Musikwissenschaft in der Partitur innehaben? Wie soll man die Analyse überprüfbar gestalten, wenn die Referenz, der polyphone Text, sich in der Erinnerung verflüchtigt?[14]

Dieser Frage wird im Folgenden im Rückgriff auf die Theaterwissenschaft nachgegangen, um ein Angebot zur Nutzbarmachung des Ergebnisses für die Zirkuswissenschaft zu erarbeiten.

---

9 Ebd.
10 Ebd.
11 Baßler selbst verweist in Bezug auf die Frage nach der Speicherbarkeit auf Theateraufführungen: „Texte sind also nicht diachron, auch wenn dieser Eindruck z.B. bei der Lektüre eines längeren Textes, beim Vorlesen, bei einer Theateraufführung, beim Abspielen einer Tonaufnahme oder eines Films entstehen kann." Ebd., S. 356. Sein Beispiel bezieht sich allerdings nicht auf die ‚Aufführung als Text', sondern fokussiert vielmehr die Transformation eines dramatischen Textes in eine Aufführung: „Die Rezeption oder Aufführung (z. B. Rezitation) eines Textes darf nicht mit diesem verwechselt werden (so wenig wie das Durchwandern einer Gegend diese Gegend ist)." Baßler, M.: [Art.] Kontexte, S. 356. Dieser Verweis hilft also bei der Frage nach der Speicherbarkeit von Aufführungen nicht weiter.
12 Baßler, M.: [Art.] Kontexte, S. 356.
13 Baßler, M.: [Art.] Kontexte, S. 355.
14 Hiß, Guido: Zur Aufführungsanalyse. In: Theaterwissenschaft heute. Eine Einführung. Hrsg. von Renate Möhrmann. Berlin: Reimer 1990, S. 65–80, hier S. 73.

3.2.1 Methoden der Speicherung in der Theaterwissenschaft

In der Theaterwissenschaft wurden zur Speicherung der Aufführung unterschiedliche Methoden erarbeitet. Zum einen wird der Einsatz von Videoaufzeichnungen von Semiotiker*innen befürwortet. Diese müssen jedoch mit Vorsicht verwendet werden, denn „eine Videoaufzeichnung kann nicht Theater sein, da sie reproduzierbar ist, nicht-flüchtig."[15] Zum anderen werden komplexe Transkriptionssysteme, Methoden wie das „Erinnerungsprotokoll"[16] sowie „Notizen bereits während der Aufführung"[17] eingesetzt.

> Für jede der an der Aufführung beteiligten Ausdrucksebenen sollen Notationsverfahren entwickelt werden, also etwa für Mimik, Gestik, Stimmfärbung, Bewegung im Raum, Beleuchtung etc.[18]

Verbindliche Richtlinien für die Form der Fixierung des Untersuchungsgegenstandes gibt es in der theaterwissenschaftlichen Forschung bis heute nicht. Zwar werden häufig Videoaufzeichnungen als zentraler dokumentarischer Bezugspunkt genutzt, eine „einheitliche Tendenz [...] hinsichtlich der darauf aufbauenden Beschreibungsverfahren"[19] ist Guido Hiß zufolge jedoch nicht erkennbar. Unabhängig davon, welches Dokumentationsmittel gewählt wird, ist eine objektive Beschreibung, Analyse und Interpretation von Aufführungen nicht möglich. „Jedes Notieren heißt schon interpretieren."[20] Auch wenn diese Subjektivität nach Hiß keinen Widerspruch zum wissenschaftlichen Arbeiten darstellt, ist es zugunsten einer hohen Objektivität erstrebenswert, die methodischen Entscheidungen der Analyse offenzulegen und nachvollziehbar zu machen, anhand welcher Kriterien dokumentiert wird.

3.2.2 Methoden der Speicherung in der Zirkuswissenschaft

Auch in der Zirkusforschung wurden die Probleme der Beschaffenheit des Untersuchungsobjektes reflektiert. So weist Bouissac auf die Abweichungen der Videoaufnahme von der realen Aufführungssituation hin:

---

15 Ebd., S. 75.
16 Fischer-Lichte, E.: Theaterwissenschaft, S. 75.
17 Ebd., S. 76.
18 Hiß, G.: Zur Aufführungsanalyse, S. 74.
19 Ebd., S. 77.
20 Ebd., S. 75.

‚A tape would give me only one version of an act from a single point of view.' – ‚You can move the camera around.' – ‚Then, I would lose the vantage point of a single spectator and my ‚text' would be something that nobody has experienced in the audience. It would be a film, not a circus act.'"[21]

Das aufkommende Interesse der Wissenschaft am Genre ‚Zirkus' führte in den vergangenen Jahren dazu, dass Dokumentations- und Recherchezentren wie das *Centre de ressources documentaires du CNAC*[22] oder die *Bibliothèque de l'École nationale de cirque*[23] mit der Sammlung von Videoaufzeichnungen von Zirkusstücken begonnen haben. In der vorliegenden Arbeit wurden solche Videoaufzeichnungen in den meisten Fällen zur Auffrischung der Erinnerung genutzt. Bei Stücken wie *Acrobates*, bei denen keine professionelle Videoaufzeichnung des gesamten Programms verfügbar ist, wurde die Inszenierung während der Bearbeitungszeit mehrmals besucht und ein „Erinnerungsprotokoll"[24] sowie „Notizen bereits während der Aufführung"[25] angefertigt. Die Forderung Hiß', sich bei der Methodenwahl nicht auf eine der Möglichkeiten zu beschränken, erweist sich im vorliegenden Fall als erstrebenswert, eröffnet sie doch ein größeres Spektrum möglicher Analyseschwerpunkte. Im Analyseprozess ist es hilfreich, ein Protokoll der Aufführungen anzufertigen, da dieses als Teil der „dichten Beschreibung (*thick description*)"[26] bereits eine Auswahl der wichtigsten Beobachtungsparameter liefert. Als Beispiel für eine solche (tabellarische) Beschreibung befindet sich im Anhang dieser Arbeit das Aufführungsprotokoll von *Acrobates*.[27] Da bei der Publikation solch ausführlicher Beschreibungen mit bild-rechtlichen Problemen zu rechnen ist und der Verweis auf diese (sprachlichen) Transkriptionen den Leseprozess eher erschwert als vereinfacht, sollten diese als reine Analysewerkzeuge eingesetzt werden. Innerhalb der Analysen empfiehlt es sich ein Beschreibungsverfahren anzustreben, über das es dem Leser gelingt, Eingang in die jeweilige Zirkusperformance zu erhalten. In der vorliegenden Arbeit werden relevante Ausschnitte der Stücke beleuchtet. Im Anhang befinden sich als Ergänzung dieser Beschreibungen Fotos und Transkriptionen von sprachlichen Äußerungen. Dieses Dokumentationsmaterial dient nicht dazu, die Stücke in ihrer Gesamtheit abzubilden, sondern vielmehr die Analysen mit rechtlich verfügbarem Datenmaterial anzureichern.

---

21 Bouissac, P.: Semiotics at the circus, S. 6.
22 Centre National des Arts du Cirque: Le centre de ressources documentaires du Cnac.
23 École nationale de cirque: Bibliotheque.
24 Fischer-Lichte, E.: Theaterwissenschaft, S. 75.
25 Ebd., S. 76.
26 Baßler, M.: Die kulturpoetische Funktion und das Archiv, S. 31.
27 Siehe Kapitel 6.1 *Aufführungsprotokoll Acrobates*

3.2.3 Notation in der Zirkuswissenschaft

Im Zusammenhang mit der Speicherung ist auch auf das Problem der Notation hinzuweisen. Der Beschreibung zirzensischer Darbietungen ist kein einheitliches Notationssystem zuzuordnen. Je nach Beobachtungsschwerpunkt und Erkenntnisinteresse kann sich die Analyse jeglicher Methoden der Nachbarwissenschaften bedienen. Dies hängt mit der Variationsbreite, der in einer zirzensischen Darbietung eingesetzten Zeichensysteme zusammen.

> Les notations disponibles pour le cirque sont multiples et utilisées au service de modalités d'écritures les plus diverses: canevas, synopsis, story-board, choré-graphies, pièces, didascalies, dialogues, plans d'architectes, figures, séquences acrobatiques ou jonglées. Il n'existe pas aujourd'hui d'écriture spécifique au cirque, car il emprunte à toutes les écritures. Art composite, le spectacle du cirque serait difficile à inscrire en partition en un seul système. À chacune de ses composantes correspond en fait une notation propre qui lui est spécifique ou non.[28] [Die für den Zirkus zur Verfügung stehenden Notationen sind vielfältig und werden im Dienste der verschiedensten Schreibmodalitäten eingesetzt: Leinwand, Synopsis, Storyboard, Choreographie, Theaterstücke, Regieanweisungen, Dialoge, Architektenpläne, Figuren, Akrobatik- oder Jongliersequenzen. Es gibt bis heute kein spezifisches Notationssystem für den Zirkus, da er sich aller Arten von Notationssystemen bedient. Als hybride Kunst wäre die Zirkusaufführung mit einem einzigen System schwer festzuhalten. Tatsächlich hat jeder seiner Bestandteile seine eigene Notation, die für den Zirkus spezifisch sein kann, oder auch nicht.]

In Bezug auf die Analyse von Bewegung ist hier beispielsweise die von Katrin Wolf entwickelte *Benesh Notation* für zirzensische Disziplinen zu nennen: *Notation Benesh pour les arts du cirque: Sangles*[29] und *Notation Benesh pour les arts du cirque: Portés acrobatiques*[30]. So fruchtbar diese Methode für die Forschung zur Spezifik von Zirkusdisziplinen ist[31], so bedarf sie aber gleichzeitig eines geschulten Lesers, der in der Lage ist, die Notation zu entschlüsseln. Daher wurde in der vorliegenden Arbeit auf den Einsatz dieser Methode verzichtet. Jegliche Dokumentation und Beschreibung von Vorgängen, Bewegungsabläufen, Lichteinstellungen etc. basiert im Folgenden auf Notationssystemen, die sich normal-

---

28 Goudard, P.: Le cirque, entre l'élan et la chute, S. 48.
29 Wolf, Katrin: Notation Benesh pour les arts du cirque. Sangles. Châlons-en-Champagne: CNAC 2016.
30 Wolf, Katrin: Notation Benesh pour les arts du cirque. Portés acrobatiques. Châlons-en-Champagne: CNAC 2017.
31 „Le système permet en effet de séparer diverses informations (temos, espace, dynamique, corps, object) et de les superposer avec d'autres écritures" Ebd., S. 4.

sprachlicher Mittel bedienen. Für die Beschreibung von Bewegungen wird beispielsweise das Begriffsinventar von Peter Boenisch[32] genutzt.

3.2.4 Erkenntnistheoretische und wahrnehmungstheoretische Prämissen zur Speicherung der Flüchtigkeit

Nun führt die Speicherung von Zirkusaufführungen zu einer erkenntnistheoretischen Problematik, die auch für die Tanz- und Theaterforschung, die Sport- und Bewegungswissenschaft aber „letztendlich auch für historische und soziale Ereignisse und damit für alle empirischen Sozialwissenschaften wie Soziologie, Ethnologie oder Geschichtswissenschaft relevant"[33] ist:

> Das so genannte Flüchtige, Transitorische, Vergängliche, Abwesende festzuhalten, es still zu stellen und ‚auf den Begriff zu bringen'. Mehr noch: Das, was sich dem fixierenden Zugriff entzieht – und auch in der Anschauung und in der Erinnerung keine verlässlichen Spuren hinterlässt – wird erst im Forschungsprozess der Untersuchung als ‚Gestalt' hergestellt.[34]

Damit verbunden ist nach Brandstetter und Klein ein wahrnehmungstheoretisches Problem:

> Denn das, was übertragen wird, ist nicht ‚der Tanz' [(im vorliegenden Fall ‚der Zirkus')], das Ereignis, sondern der in Aufzeichnungssystemen gespeicherte Tanz [(Zirkus)]. Text und Bild sind das nach außen gelagerte Gedächtnis des Tanzes [(Zirkus)].[35]

Zwei Problematiken, die nicht zu lösen sind. Im Rahmen der kulturpoetischen Annäherung an das Genre ist aber an dieser Stelle auf das Potential dieser ‚Konstruiertheit' hinzuweisen:

> Textwissenschaften sind Vergleichswissenschaften. Jedes neue oder neu ins Spiel gebrachte kulturelle Artefakt, könnte man etwas pompös sagen, wirkt an der kulturellen Poiesis mit.

---

32 Boenisch, Peter M.: körPERformance 1.0. Theorie und Analyse von Körper- und Bewegungsdarstellungen im zeitgenössischen Theater. München: ePODIUM 2002.
33 Brandstetter, Gabriele u. Gabriele Klein: Bewegung in Übertragung. Methodische Überlegungen am Beispiel von ‚Le Sacre du Printemps (Das Frühlingsopfer)'. In: Methoden der Tanzwissenschaft. Modellanalysen zu Pina Bauschs ‚Le Sacre du Printemps/Das Frühlingsopfer'. Hrsg. von Gabriele Brandstetter u. Gabriele Klein. 2. Auflage. Bielefeld: transcript 2015, S. 11–30, hier S. 14.
34 Ebd.
35 Ebd.

> Es hat Potential, das kulturelle Archiv zu verändern und damit sehr konkret einzelne Werke und intertextuelle Zusammenhänge in neuer Weise interessant zu machen.[36]

In diesem Sinne wirken alle wissenschaftlichen Arbeiten der Zirkusforschung an der kulturellen Poiesis des Zeitgenössischen Zirkus mit. Sie haben in ihrem Zusammenschluss und Anliegen das Potential, das kulturelle Archiv des Zirkus zu verändern.

3.3 Lesbarkeit

Auch wenn Baßler Speicherung und Lesbarkeit als gleichberechtigte, notwendige Voraussetzungen für einen Text nennt[37], scheint angesichts der Unschärfe der Bestimmung der Speichermedien („Gedächtnis" führt zu „alles ist Text") das Merkmal der Lesbarkeit von größerer Bedeutung für die Textualität zu sein. Dies wird auch deutlich, wenn Baßler auf die Möglichkeit der „Semiotisierung anderer, prima facie nicht-sprachlich verfasster Gegenstände wie Bananen, Supermärkte oder Landschaften"[38] verweist. Die Textualität von Bananen basiert sicher nicht in erster Linie auf ihrer Speicherbarkeit – denn, wie sollte diese aussehen, abgesehen von der im Gedächtnis? Vielmehr ist es das Lesen selbst, das diese Gegenstände und im vorliegenden Fall die Zirkusaufführungen als Texte klassifizieren:

> Erst im Durchführen solcher Vergleichsoperationen betrachtet man etwas überhaupt als Text, deshalb ist diese Dimension für den Textbegriff konstitutiv.[39]

Wie aber ist Lesen definiert? Diese Frage soll anhand eines Ausschnitts aus dem zeitgenössischen Zirkusstück *Acrobates* erläutert werden. Die Performance basiert auf einer wahren Geschichte. Protagonist ist der im Jahr 2011 verstorbene Fabrice Champion, ein Trapez-Artist der Companie *Les Arts Sauts* aus Frankreich, dessen Gliedmaßen infolge eines Zusammenstoßes mit einem weiteren Trapezkünstler gelähmt sind. Der hochbewegliche Artist verliert als Tetrapleiker seine Mobilität. Dennoch übernimmt er Lehrtätigkeiten in Zirkusschulen und entwickelt mit seinen Schülern Alexandre Fournier und Matias Pilet, damals Studenten an der

---

36 Baßler, M.: Literaturwissenschaft als Kulturpoetik der Literatur und Medien, S. 506.
37 „Damit man im definierten Sinne von einem Text sprechen kann, müssen beide zugleich gegeben sein." Baßler, M.: [Art.] Kontexte, S. 356.
38 Ebd., S. 358.
39 Ebd.

École Nationale des Arts du Cirque de Rosny, später Absolventen der *Académie Fratellini*, eine neue Form der Akrobatik. Der von ihm so benannte ‚Tetra-danse' vereint auf kreative Weise die Fähigkeiten seines verletzten Körpers mit denen der beiden gesunden Artisten. Das daraus entstehende Programm wird in seiner Originalfassung nie aufgeführt, da Fabrice Champion noch vor der Premiere im November 2011 an einer Vergiftung stirbt.

Der Dokumentarfilmemacher Oliver Meyrou begleitet mit seiner Kamera den ehemaligen Trapezkünstler nach seinem Unfall während seiner Rückkehr ins Leben und zur zirzensischen Arbeit. Aus diesem Material entstehen zwei medial verschiedene Narrationen: Der Dokumentarfilm *Parade*, der 2013 auf der *Berlinale* zu sehen ist, und das zeitgenössische Zirkusstück *Acrobates*. Während der Film ein Portrait des verstorbenen Künstlers erstellt, wird in der Zirkusdarbietung durch eine stärkere Abstraktion vom Einzelschicksal der Fokus auf den mythologischen, den verallgemeinernden Aspekt gelegt: Was bedeutet es, ein Akrobat zu sein? Um diese Frage kreist das Stück, in dem akrobatische und dokumentarfilmische Sequenzen die Grundlage der Bedeutungskonstitution bilden. *Acrobates* lässt sich in drei thematische Abschnitte[40] unterteilen: Im ersten Teil wird die Geschichte der drei Protagonisten und deren Zusammenarbeit erzählt. Der zweite Teil des Stücks stellt die Verkündung des Todes Fabrice Champions und die Reaktionen der beiden hinterbliebenen Artisten in den Mittelpunkt. Der letzte Abschnitt thematisiert das Weiterleben und die Wiederaufnahme der artistischen Arbeit der zwei Protagonisten. Der zentrale Erzählstrang basiert auf Dokumentarfilmsequenzen des Filmemachers Oliver Meyrou. Sie werden auf das weiße Bühnenbild projiziert, auf dem die Akrobatiksequenzen stattfinden, und kompensieren so die Absenz des Verstorbenen. Das Solo des Artisten Matias Pilet, das im Folgenden die Analysegrundlage bietet, findet im zweiten Drittel der Performance statt und folgt auf die Verkündung des Todes Fabrices und das daran anschließende Solo von Alexandre Fournier. Hier wird die Reaktion der Figur ‚Matias' auf die Todesnachricht inszeniert.

Der Bühnenrand liegt im Dunkeln. Die Rampe, die normalerweise von dem unteren Teil der Bühne zu einem höhergelegenen Podest führt, ist hochgeklappt. Der weiße Tanzboden und die weiße Oberfläche des Bühnenbaus kontrastieren mit der schwarzen Umgebung. Das Licht ist bläulich, kalt. Ein männlicher Artist, in Jeans, schwarzem T-Shirt und Turnschuhen gekleidet, setzt zum Sprung an. Am höchsten Punkt bricht er jegliche Bewegung ab. Sein Körper prallt schonungslos auf den Boden. Aus dem Off erklingt die Stimme seines verstorbenen Artistenkollegen Fabrice Champion: „Je peux plus." Der Satz wird rhythmisch wiederholt und erin-

---

40 Vgl. Kapitel 6.1. *Aufführungsprotokoll Acrobates*

nert an einen Herzschlag. Die Atemgeräusche des Artisten sind deutlich zu hören. Auch sein Stöhnen und Keuchen – die Anstrengung und der Schmerz des Aufpralls. Mühevoll setzt der Artist zu einem weiteren Sprung an – bricht diesen ab – prallt auf den Boden. „On n'est pas acrobate parce qu'on sait marcher, qu'on sait bouger, qu'on sait faire des mouvements. Ce n'est pas que ça, c'est surtout l'esprit qui est enfermé dans le mouvement acrobatique qui fait qu'on est acrobate."

3.3.1 Die Achsen des zirzensischen Textes

Beim Lesen des beschriebenen Ausschnitts aus der Zirkusperformance müssen „einzelne Textelemente in ihrer Beziehung zu vorangehenden und nachfolgenden Textelementen wahr[genommen] (syntagmatische Ebene) und [...] weiterhin mit Elementen, die stattdessen dastehen könnten (paradigmatische Ebene)"[41] verglichen werden. Zur Erläuterung dieser These werden im folgenden Absatz die grundlegenden Annahmen der strukturalistischen Texttheorie referiert. Der versierte Leser kann diesen Abschnitt daher überspringen. Im Anschluss erfolgt die Übertragung auf zirzensische Texte.

Das Konzept des Lesens als „eine Zuschreibung von Bedeutung"[42] basiert auf der Texttheorie Roman Jakobsons, der in seinen Vorträgen *Zwei Seiten der Sprache und zwei Typen aphatischer Störungen*[43] und *Linguistik und Poetik*[44] die grundlegende Operation verbalen Verhaltens bestimmt. Diese weist Jakobson zufolge einen Doppelcharakter auf:

> Anwendung der Sprache bedeutet eine Auswahl von bestimmten linguistischen Größen und deren Kombination zu linguistischen Einheiten von höherem Komplikationsgrad. Im lexikalischen Bereich ist dies ganz offenbar: der Sprecher wählt Wörter aus und kombiniert sie entsprechend der syntaktischen Regeln dieser Sprache zu Sätzen; Sätze werden ihrerseits zu größeren Äußerungen verknüpft.[45]

In seiner Abschlussrede bei der Konferenz *Linguistik und Poetik* nennt Jakobson folgendes Beispiel zur Veranschaulichung dieser grundlegenden sprachlichen Operation:

---

[41] Baßler, M.: [Art.] Kontexte, S. 357.
[42] Ebd.
[43] Jakobson, R.: Zwei Seiten der Sprache und zwei Typen aphatischer Störungen.
[44] Jakobson, R.: Linguistik und Poetik.
[45] Jakobson, R.: Zwei Seiten der Sprache und zwei Typen aphatischer Störungen, S. 119.

Wenn ‚Kind' das Thema einer sprachlichen Botschaft bildet, wählt der Sprecher aus den gegebenen, mehr oder weniger ähnlichen Hauptwörtern Kind, Baby, Knirps, Bengel etc., die alle in einer bestimmten Hinsicht gleichwertig sind, eines aus und wählt dann, um das Thema auszuführen, ein semantisch passendes Verb wie schläft, döst, schlummert etc.[46]

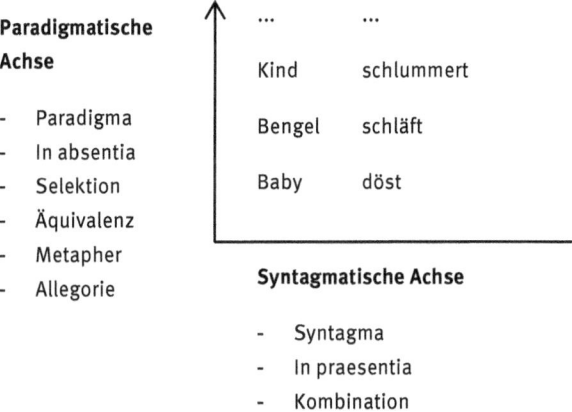

Paradigmatische Achse

- Paradigma
- In absentia
- Selektion
- Äquivalenz
- Metapher
- Allegorie

Syntagmatische Achse

- Syntagma
- In praesentia
- Kombination
- Kontiguität

Abbildung 2: Die Achsen des literarischen Textes nach Jakobson

Jakobson übernimmt die Vorstellung Ferdinand de Saussures der syntagmatischen und assoziativen Verbindung der sprachlichen Elemente, deren Zusammenhang er im weiteren Textverlauf fokussiert. Er verweist darauf, dass die Elemente des Kombinationsverhältnisses ‚in praesentia' gemeinsam auftreten, während sie in der paradigmatischen Relation als „Teile in absentia als Glieder potentieller Gedächtnisreihen"[47] vorkommen.

Das heißt also, dass die Selektion (und dementsprechend die Substitution) mit Größen zu tun hat, die im Code, aber nicht in einer gegebenen Mitteilung, miteinander in Verbindung stehen, während im Falle der Kombination die einzelnen Größen entweder im Code und in der Mitteilung oder nur in der Mitteilung miteinander in Verbindung treten.[48]

---

46 Jakobson, R.: Linguistik und Poetik, S. 94.
47 Jakobson, R.: Zwei Seiten der Sprache und zwei Typen aphatischer Störungen, S. 121.
48 Ebd., S. 121–122.

Das Verhältnis der Bestandteile der syntagmatischen Verbindung bezeichnet Jakobson als kontig, d. h. nachbarschaftlich, während das Verhältnis der Bestandteile der assoziativen oder von ihm sogenannten paradigmatischen Verbindung similar oder äquivalent ist.[49]

Zusammenfassend liegen dem verbalen Verhalten demzufolge die Kombination und die Selektion als grundlegende Operationen zugrunde. Die Kombination findet auf der syntagmatischen Achse statt, vollzieht sich in praesentia auf Grundlage der Kontiguität. Die Selektion auf der paradigmatischen Achse vollzieht sich unter der Bedingung der Äquivalenz in absentia. „Rezeptionsästhetisch gewendet (also für den Lesevorgang) bedeutet dies, dass das material gespeicherte, manifeste Textelement [...] erst im Vergleich mit äquivalenten Ausdrücken [...] Bedeutung erhält."[50]

Eben jene grundlegende Operation verbalen Verhaltens gilt es auf zirzensische Texte zu übertragen. Unter der Prämisse, dass die zirzensische Sprache als sekundäre Sprache nach dem Typ der natürlichen Sprache gebaut ist, lassen sich Jakobsons Erkenntnisse auf diese übertragen. Im Originalverständnis der Theorie Jakobsons werden Bestandteile der Sprache, d. h. „Sätze, Wörter und Phoneme usw."[51] kombiniert, die „aus dem Kreis aller möglichen Bestandteile (Code)"[52] selektiert wurden. In Bezug auf die Analyse des Ausschnitts aus *Acrobates* ist daher zunächst darzulegen, welche möglichen Bestandteile für die Erstellung des zeitgenössischen Zirkusstücks zur Verfügung stehen, um im Anschluss daran deren Selektion und Kombination, die gelesen werden kann, zu erarbeiten.

Eine Zirkusperformance bedient sich, wie sich bereits in der kurzen Beschreibung des Ausschnitts aus *Acrobates* zeigt, einer Vielzahl an Zeichensystemen. Neben den linguistischen Zeichen, die auch in einem literarischen Text eingesetzt werden, kann es paralinguistische, mimische, gestische und proxemische Zeichen, Geräusche, Musik, Maske, Frisur, Kostüm, Raumkonzeption, Dekoration, Beleuchtung und Zeichen der Bewegung nutzen[53]. Daher lässt sich das Stück nicht ohne weiteres in homogene Bestandteile der zirzensischen Sprache zerlegen. Aufgrund seiner Konstitution aus einer Vielzahl semiotischer Systeme ist es nur auf deren Einheiten reduzierbar.[54] Da Jakobson zufolge die Semantisierung über die Verknüpfung der syntagmatischen und paradigmati-

---

49 Ebd., S. 122.
50 Baßler, M.: [Art.] Kontexte, S. 357.
51 Jakobson, R.: Zwei Seiten der Sprache und zwei Typen aphatischer Störungen, S. 122.
52 Ebd.
53 Fischer-Lichte, E.: Semiotik des Theaters. Eine Einführung. Band 1, S. 28.
54 Fischer-Lichte, E.: Semiotik des Theaters. Eine Einführung. Band 3, S. 77.

schen Verbindung der Zeichen stattfindet, können neben bedeutungstragenden Bestandteilen des Systems (im linguistischen System beispielsweise Wörter) auch unterscheidende Einheiten kombiniert werden (im linguistischen System beispielsweise Phoneme). Abhängig vom Erkenntnisinteresse der Analyse kann die Selektion und Kombination von Bestandteilen unterschiedlicher Größe und verschiedener semantischer Kohärenz betrachtet werden, sowohl der Knopf als auch das gesamte Kostüm können in Abhängigkeit vom Erkenntnisinteresse für die Textanalyse relevant sein. Die Besonderheit des zeitgenössischen Zirkusstücks liegt, wie in jedem performativen Text, in der Simultanität der Zeichenvorkommnisse. Während die Elemente eines linguistischen Textes auf der syntagmatischen Achse chronologisch angeordnet sind (ein Wort folgt dem vorherigen)[55], ist der zirzensische Text gleichzeitig durch eine Simultanität der einzelnen Bestandteile innerhalb der Sequenz gekennzeichnet.

> [Die] subtile In-Beziehung-Setzung passiert in einer neuen Dimension: Der Gleichzeitigkeit, der Tiefe. Wo in der lyrischen Form Äquivalenzbildungen stattfinden in der Reihe, der Sequenz, der horizontalen Abfolge, arrangiert die [pluri]mediale Form Ausdruckselemente, die völlig unterschiedlichen Bezeichnungssystemen angehören [...], in der Transversalen: Tiefenäquivalenzen.[56]

Die zweidimensionale Vorstellung der grundlegenden Operationen eines Textes muss daher im Falle von performativen Texten in den dreidimensionalen Raum übertragen werden.

Kombiniert wird nicht nur im Verlauf der Sequenz, sondern auch simultan zu einem bestimmten Zeitpunkt. Dieses Charakteristikum lässt sich anhand des beschriebenen Ausschnitts aus *Acrobates* veranschaulichen*: Zu dessen Beginn liegt der Artist Matias unbeweglich bäuchlings auf dem Boden, das Licht ist bläulich gedämmt, die Rampe ist hochgeklappt, Stille.* Bereits diese kurze Beschreibung zeigt die Vieldimensionalität des ersten Elements der Sequenz: Aus dem System ‚Bewegung' wurde ‚auf dem Boden liegen' aus einer Vielzahl von Möglichkeiten (bspw.: springen, drehen etc.) ausgewählt, aus dem System ‚Beleuchtung' ‚bläulich, dämmrig', aus dem System ‚Bühnenraum' die ‚hochgeklappte Rampe'. Die grundlegenden sprachlichen Operationen der Kombination und Selektion finden

---

55 Die chronologische Anordnung des Textes vollzieht sich nur auf der syntagmatischen Achse. Durch den Doppelcharakter der Sprache ist der Text nach Jakobson nie als ein lineares Gebilde zu verstehen, da dieser sich nur durch die Verbindung der syntagmatischen und paradigmatischen Achse konstituiert.
56 Hiß, Guido: Der theatralische Blick. Einführung in die Aufführungsanalyse. Berlin: Reimer 1993, S. 35.

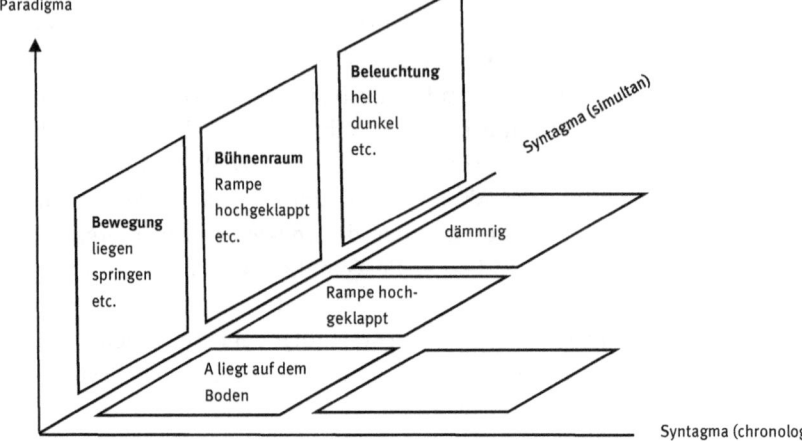

Abbildung 3: Die Achsen des zirzensischen Textes

bereits an dieser Stelle simultan statt. Es folgt chronologisch eine weitere Selektions- und Kombinationsleistung: *Der Artist erhebt sich. Das Licht wird heller. Aus dem Off ertönt die Stimme Fabrices.*

Zusammenfassend weist die zirzensische Sprache demzufolge einen Doppelcharakter größerer Komplexität auf: Es findet eine Auswahl von heterogenen Elementen verschiedener semantischer Systeme statt, die simultan und chronologisch miteinander verknüpft werden. Regeln im Sinne einer Syntax existieren nicht. Grundsätzlich ist jedes Zeichen eines Zeichensystems mit jedem anderen desselben oder eines beliebigen anderen Zeichensystems sowohl in der Simultanität als auch in der Sukzession kombinierbar.[57] In dem zu analysierenden Ausschnitt sind die Systeme der Körperzeichen, der akustischen Zeichen und der sprachlichen Zeichen für die Bedeutungskonstitution relevant. Diese werden im Folgenden beschrieben.

3.3.1.1 Die syntagmatische Ordnung von *Acrobates*

Der Einsatz von Körperaktionen, die von Boenisch neben den Figurationen als eine Kategorie des Systems der Körperzeichen betrachtet werden, ist in dem vorliegenden Akrobatiksolo zentral.

---

[57] Fischer-Lichte, E.: Semiotik des Theaters. Eine Einführung. Band 3, S. 88.

> Unter dem [Terminus] Körperaktion oder körperlicher Aktion sollen nicht nur derartige, mit einer Veränderung des Standortes verbundenen Fort-Bewegungsaktionen verstanden sein, sondern jegliche Manifestation des Körpers im Raum sowie die Veränderung dieser Erscheinung, die nicht zwangsläufig durch eine Veränderung des Standortes bedingt sein muss.[58]

Eine begriffliche Unterscheidung dieser Zeichen mithilfe eines codifizierten Aktionsvokabulars (Salto, Pirouette, Flickflack etc.) ist in Bezug auf den vorliegenden Ausschnitt nur bedingt möglich, da der Artist Bewegungen, die mithilfe eines solchen Vokabulars bestimmbar sind, beginnt, diese aber nicht gemäß den gängigen Definitionen vollzieht. So ist beispielsweise ein klassischer Vorwärtssalto durch die folgenden Aktionen bestimmt:

> Beim Salto vorwärts dreht sich der Körper um 360° vorwärts um seine Breitachse vom Stand zum Stand. Die Drehung geschieht umso rascher, je kleiner (eingerollter) der Körper während der Drehung ist. Der Absprung darf nicht in Rücklage geschehen, deshalb kurzer Schlusssprung. Dies verhindert ein Vorpendeln der Beine. Beim Absprung nicht auf der ganzen Sohle, sondern auf den Fußballen abspringen, die Kniegelenke nur leicht gebeugt, um eine rasche Durchstreckung zu ermöglichen. Das Hüftgelenk ist ganz leicht gebeugt […], was für die Rotation wichtig ist. Von großer Bedeutung ist die richtige Armführung beim Absprung. Im Moment des Verlassens des Bodens müssen die Arme im höchsten Punkt des Vorschwingens angelangt sein […]. Damit ein Rotationsgegenschwung verhütet wird, dürfen sich die Arme von diesem Moment an nicht mehr weiter vorwärtsbewegen. Somit müssen die Arme während des Schlusssprungs hochgenommen werden, was am raschesten mit stark gebeugter Armhaltung und seitwärts dem Rumpf entlang erfolgt […]. Bei gestreckter Armführung wird das Hochschwingen verzögert. Die Rotation erfolgt durch Hochziehen der Hüfte und durch Abwärtsschlagen der gebeugten Arme. Die Hände umfassen die Unterschenkel und der Kopf wird nach vorn genommen (eingerollter Körper […]). Die Streckung muss durch ‚Nach-unten-Stoßen' der Beine (nicht Zurückschlagen) und Seitwärts-Hochnehmen der Arme harmonisch geschehen. […]. Bei der Landung sind die Arme in der Hochhalte […].[59]

Der Artist führt beispielsweise in den Salti (z. B. *Acrobates* 1:30[60]) die Drehbewegung sowie die Landung nicht in der klassischen Form aus. Die Rotation, die über die linke Schulter erfolgt, wird durch ein schwaches ‚Nach-unten-Stoßen' der Beine beendet. Während der Landung sind die Arme nicht in der ‚Hochhalte' und der Körper ist entgegen der klassischen Vorgaben gebückt. Unmittelbar nach der Landung auf den Füßen lässt sich der Artist auf den Rücken fallen. Diese Bewe-

---

58 Boenisch, P. M.: körPERformance 1.0, S. 96.
59 Adatte, Marcel u. Günthard Jack: Kunstturnen. Technik. Methodik. Arau: Eidgenössischer Turnverein 1976, S. 57.
60 Die Angaben beziehen sich auf das Probenvideo des Solos.

gung wird durch das aktive Schlagen der gestreckten Arme auf den Mattenboden unterstrichen.

Während sich einige der Bewegungen (z. B. *Acrobates* 1:30) durch den Rückgriff auf das codifizierte Aktionsvokabular zumindest in Ansätzen abgrenzen lassen, sind andere Körperaktionen entsprechend der bislang verwendeten Beschreibungen sprachlich nur unzureichend fassbar (z. B. *Acrobates* 3:58–4:03). Aus diesem Grund ist es schwierig, Abschnitte innerhalb der Sequenz (bspw. im Sinne von Wörtern) zu bestimmen. Im Rahmen dieser Arbeit wird die Initiation einer Bewegung bis zum Aufprall auf den Boden als Grenze zwischen den einzelnen Elementen verwendet, da eine solche Segmentierung eine prägnante Beschreibung der Konstitution des Ausschnitts aus *Acrobates* ermöglicht.

Der Bruch mit den konventionellen Bewegungsabläufen, der jede Körperaktion mit dem Aufprall auf dem Boden enden lässt, ist das Prinzip, das den Elementen des vorliegenden Ausschnitts gemeinsam ist. Jede Bewegung, die aktiv ausgeführt wird, ist als eine Bewegung nach oben zu qualifizieren, auf die eine Fallbewegung folgt. So entsteht durch den formalen Aufbau der Bewegungen ein Rhythmus, der im weitesten Sinne mit den Metren eines poetischen Textes vergleichbar ist. Durch den Sturz enden die Aktionen mit einer starken Kadenz/betonten Aktion, während üblicherweise eine harmonische/schwache Kadenz bei einer ‚gelungenen' Aktion vorherrscht. Auf der Ebene der Konstitution der Körperaktionen sind demzufolge zahlreiche Äquivalenzen im Verlauf der Sequenz zu erkennen.

An dieser Stelle lohnt erneut ein kurzer theoretischer Exkurs, denn bereits diese Analyse der Körperzeichen zeigt eine Auffälligkeit, die Jakobson zufolge allen künstlerischen Texten (bspw. der Dichtung) gemeinsam ist und die sie von nichtkünstlerischen sprachlichen Operationen unterscheidet. Die poetische Funktion, d. h. die Projektion des Prinzips der Äquivalenz von der Achse der Selektion auf die Achse der Kombination, ist ihr strukturbestimmendes Element. „Die Äquivalenz wird zum konstitutiven Verfahren der Sequenz erhoben."[61] Das bedeutet: In der Sequenz dominieren äquivalente Elemente. Der Text weist im Unterschied zu den grundlegenden Operationen zirzensischer Sprache ein hohes Maß an Selbstähnlichkeit auf. Es ist darauf hinzuweisen, dass dies nicht bedeutet, dass stets derselbe Trick wiederholt wird, sondern verschiedene Tricks mit ähnlichen Qualitäten zum Einsatz kommen. In diesem Verständnis ist die technische Qualität und Varianz in zeitgenössischen Zirkusstücken ebenso relevant, wie in traditionellen Darbietungen. Nicht nur auf Ebene der Körperaktionen, sondern auch hinsichtlich der Aktivierung von Körperzonen und -teilen, der Dominanz-

---

[61] Jakobson, R.: Linguistik und Poetik, S. 94.

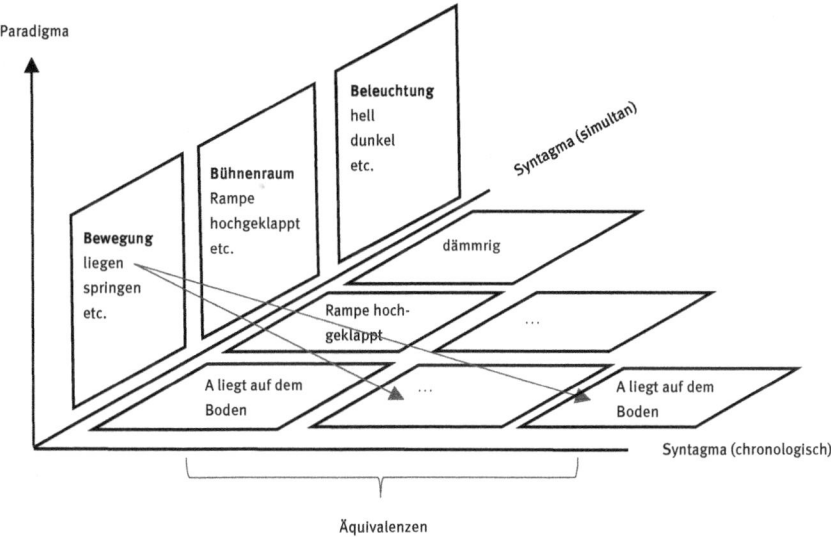

Abbildung 4: Die poetische Funktion in Acrobates

verteilung, des Komplexitätsgrads, der Nutzung und Funktion der eingesetzten Körperteile, dem Verhalten des Körperzentrums sowie der Verankerung und Stabilisierung des Körpers[62] ähneln sich die Elemente des Systems der Bewegungszeichen auf der syntagmatischen Achse. Sie weisen eine Fokussierung auf die Körperteile Nacken, Hüfte und Beine auf, die durch die Bewegungsinitiation dieser Partien erzeugt wird. Abwechselnd geben Nacken, Hüfte und Beine die Richtung der Körperbewegungen vor, die übrigen Körperteile folgen dieser initialen Verschiebung. Die Körperzeichen enthalten ein hohes Maß an Instabilität, da die Verschiebung des Körperzentrums in den Bewegungen nicht in einen Zustand der Balance zurückgeführt wird.

Hinsichtlich der „räumlichen Qualität"[63], die die Platzierung und Orientierung des Körpers im allgemeinen Bühnenraum beschreibt, sind Differenzen erkennbar. Es findet weder eine ähnliche Ausrichtung der „Kinesphäre"[64] noch

---

62 Vgl. Boenisch, P. M.: körPERformance 1.0, S. 154.
63 Ebd., S. 98.
64 „Jeder Körperteil hat seine ‚Normalzone', jenen Teil der Kinesphäre, den der betreffende Körperteil ohne zusätzliche Körperbewegung erreichen kann. Wird die Aktion dieser Körperpartie aber mit der Bewegung des Rumpfes kombiniert, erreicht der Körperteil eine zusätzlich erweiterte Zone, die ‚Superzone'". Ebd., S. 101.

eine dominante Nutzung bestimmter „Raumachsen"[65] statt. Somit kann das Fehlen einer räumlichen Struktur der Körperzeichen als ähnliches Element der einzelnen Abschnitte bezeichnet werden. Innerhalb dieser Äquivalenzstruktur ist eine Ausnahme erkennbar, die wiederholt auftritt. Mehrfach wird gezielt die Rampe einbezogen und ‚angesprungen' (*Acrobates* 1:17; 1:45; 2:34; 3:19). Neben der Platzierung und Orientierung des Körpers im Raum, betrachtet die Analyse der räumlichen Qualität der Körperzeichen die Nutzung der „Kinesphäre"[66]. Diese wird innerhalb des Solos in „maximale[r] Reichweite"[67] genutzt. Die Aktionen einzelner Körperpartien werden mit der Bewegung des Rumpfes kombiniert, d. h. die Körperteile erreichen die „Superzone"[68]. Außerdem verbindet das Charakteristikum der Streuung die Körperzeichen, die vom Körperzentrum zum Außenbereich ausgerichtet sind.

Der bereits beschriebene Bruch innerhalb der Bewegungen lässt sich mithilfe dieser Analyse der dynamischen Qualitäten präzisieren. Die in dem Ausschnitt aus *Acrobates* eingesetzten Körperzeichen sind dem Effortspektrum[69] (gebundener) Fluss[70] zuzuordnen, denn während der Bewegungen sind „die Gegenmuskeln [...] gespannt; dem Aktionsfluss wird ein Widerstand entgegengesetzt; die Aktion kann in jedem Moment angehalten oder abgebrochen werden."[71] Verbunden mit dem Effortspektrum Körperschwere[72], die als ‚fest' einzustufen ist, und dem plötzlichen Effortspektrum Zeit[73] wird dieser Eindruck noch verstärkt. Der Artist setzt seine Bewegungen „kraftvoll und auf Widerstand bedacht"[74] an und bricht diese mit plötzlicher Muskelfunktion ab. „Ein Körperzeichen kann im Bewusstsein der eigenen Position im Raum wie auch der Beschaffenheit der Umgebung ausgeführt werden"[75], so beschreibt Boenisch das Effortspektrum flexibler Raum[76]. Dieses

---

65 Ebd.
66 Ebd., S. 101.
67 Ebd.
68 Ebd.
69 „Gemäß dem Laban'schen Bewegungsverständnis zeichnet sich jedes Körperzeichen neben den Relationen zum Raum auch durch seine dynamischen Qualitäten aus. Deren räumlich ‚sekundäre Spurformen' [...] geben Laban zufolge Aufschluss über innere Einstellung der sich bewegenden Person zu den Antriebsfaktoren Körperschwere, Raum, Zeit und Fluss. Die jeweilige Kombination dieser Antriebselemente bezeichnet Laban als Bewegungsantrieb (Effort)." Ebd., S. 103.
70 Vgl. ebd., S. 104.
71 Ebd.
72 Vgl. ebd., S. 105.
73 Vgl. ebd.
74 Ebd., S. 105.
75 Ebd.
76 Vgl. ebd.

ist den Bewegungselementen des vorliegenden Solos gemeinsam. „Ein flexibles Körperzeichen [...] kann die Richtung ständig ändern; eine Reihe von sekundären Muskeln ist an seiner Ausführung beteiligt."[77]

Neben dem Einsatz äquivalenter Körperzeichen ist die regelmäßige Wiederholung von akustischen Zeichen ausgehend vom Artisten zentraler Bestandteil der Akrobatiknummer. Sein Schnaufen, Keuchen und Stöhnen ist deutlich hörbar, ebenso wie seine schweren Atemgeräusche, die sich zum Ende des Solos in der Häufigkeit des Auftretens und der Lautstärke steigern. Darüber hinaus wird der Aufprall auf den Boden durch aktives Schlagen der Arme des Artisten auf die Matten hörbar (z.B. *Acrobates* 1:34). Im Unterschied zu anderen Stücken, bei denen in der Regel „alle jene Geräusche, die auf der Bühne nicht als einkalkulierte, sondern unvermeidbare Folgen bestimmter Tätigkeiten entstehen [...] nicht als theatralische Zeichen aufgefasst und interpretiert werden"[78] dürfen, nutzt die beschriebene Akrobatik diese als zentralen Bestandteil der Bedeutungskonstitution.

Die Verbindung von dokumentarischen und akrobatischen Elementen zieht sich durch das gesamte Stück, so auch durch den beschriebenen Ausschnitt. Allerdings wird hier vollends auf den Einsatz von Videoprojektionen verzichtet. Lediglich ein Ausschnitt aus dem Tonmaterial der Dokumentaraufzeichnungen wird herausgegriffen und neu zusammengesetzt. Aus dem Off erklingt die Stimme Fabrices, der die bereits zu Beginn des Programms verlauteten Phrasen wiederholt: „J'peux plus marcher, j'peux plus monter les escaliers, avoir des orgasmes, me promener dans les près, nager dans les rivières dans les lacs... Cet été quand j'ai pensé à la rivière c'est ahhhh......... J'peux plus" (*Acrobates* 0:00–0:15). Auf der systemimmanenten Ebene sind zahlreiche Äquivalenzen erkennbar, die an dieser Stelle erläutert werden, bevor die Analyse der Ähnlichkeitsbeziehungen zwischen den Elementen verschiedener Zeichensysteme erfolgt. Innerhalb des Satzes „J'peux plus" ist die Dopplung des Plosives ‚P' auffallend, die durch die Wiederholung des Satzes rhythmisch wird. Der Wechsel von einer unbetonten zu zwei betonten Silben erinnert an einen Herzschlag. Dieser Eindruck wird durch die Auslassung des ersten Teils des Adverbs ‚ne...plus', das im Normalfall das Verb umklammert, ermöglicht. Das „J'peux plus" wird im Folgenden mit einer Aufzählung der Fähigkeiten kombiniert, zu denen der Sprecher nicht mehr in der Lage ist: „Ich kann keine Treppen mehr steigen, keine Orgasmen mehr bekommen, nicht mehr durch die Landschaft spazieren, in Flüssen, in Seen schwimmen." In der französischen Version bildet diese Auflistung einen Parallelismus: „Monter",

---

77 Ebd., S. 105.
78 Fischer-Lichte, E.: Semiotik des Theaters. Eine Einführung. Band 1, S. 164.

„avoir des orgasmes" und „nager". Es findet eine Steigerungsästhetik von unten nach oben, von innen nach außen und von der Kultur in die Natur statt. Darüber hinaus ist die Wiederholung der äquivalenten Naturbegriffe „rivière" und „lac" nennenswert, die das ‚ozeanische' Moment der Auflösung (Wasser erinnert an Tod) illustriert.

3.3.1.2 Die paradigmatische Struktur von *Acrobates*

Inwiefern ist die Kenntnis der systemimmanenten Äquivalenzen im Ausschnitt aus *Acrobates* in Bezug auf das Erkenntnisinteresse der Arbeit relevant? Jakobson geht in seinem Aufsatz *Linguistik und Poetik*[79] über eine bloße Strukturbestimmung von poetischen Texten hinaus, indem er den strukturellen Äquivalenzen Bedeutung auf der semantischen Ebene zuspricht. In Rekurs auf Hopkins, der alles Kunstwerk auf das Prinzip des Parallelismus zurückführt und dem strukturellen Parallelismus eine sinnstiftende Funktion zuschreibt, proklamiert Jakobson, dass

> Äquivalenz, die als konstitutives Prinzip auf die Sequenz projiziert wird, [...] unweigerlich semantische Äquivalenz nach sich [zieht] und [dass] auf jeder sprachlichen Ebene [...] jede Konstituente einer solchen Sequenz nach einer der beiden korrelativen Erfahrungen [ruft], die Hopkins treffend als ‚Vergleich um der Gleichheit willen' und ‚Vergleich um der Ungleichheit willen' definiert.[80]

Aus diesem Prinzip, das Jakobson in seinem Aufsatz aus produktionsästhetischer Sicht formuliert, lässt sich eine rezeptionsästhetische Analyseanleitung formulieren: Bei der Textanalyse ist es notwendig, wie an den obigen Beispielen bereits gezeigt, nach strukturellen Äquivalenzen und Oppositionen zu suchen, da diese auf mögliche semantische Äquivalenz verweisen. Die strukturelle Äquivalenz erlaubt, das Gemeinsame der Dinge zu identifizieren und das Paradigma zu entschlüsseln. Dabei wird das Äquivalenzprinzip gewissermaßen zurück auf die paradigmatische Achse projiziert. Die Differenz des Paradigmas des Textes zum codifizierten, kulturellen Paradigma wird in diesem Zusammenhang relevant.

Da ein Syntagma nur in Verbindung mit dem Paradigma verständlich ist, sind Kenntnisse der kulturellen Paradigmen außerhalb des Textes für dessen Analyse unerlässlich. Diese finden sich im Kontext des Textes.

---

79 Jakobson, R.: Linguistik und Poetik.
80 Ebd., S. 108.

> Texttheoretisch gesprochen gibt es einen Text ohne Kontext gar nicht, weil eben die paradigmatische Achse jedes Textes, also das, was die Sequenz erst lesbar macht, den kulturellen Kontext in den Text hineinholt.[81]

Oder mit anderen Worten: „Weil Texte eine paradigmatische Achse haben, sind sie nicht anders lesbar als vor dem Hintergrund einer Kultur."[82] Dies ist eine These, die zu einer Neubestimmung des Objektbereichs der Literaturwissenschaft führt.

> Die Bedeutung eines Textes erschließt sich nicht mehr als die Bedeutung einer Äußerung des Autors in einer Kommunikationssituation, sondern wird analysierbar in seiner Beziehung zu anderen Texten. [...] Die paradigmatische Achse des Textes ist also zugleich die Achse der Intertextualität und der kulturellen Kontextualisierung.[83]

Baßler unterscheidet in seinem Handbuchartikel zu Kontexten[84] zwei verschiedene Formen: den intratextuellen Kontext (Kotext) und den Kontext. Beide sollen im Folgenden im zeitgenössischen Zirkusstück *Acrobates* herausgearbeitet werden.

„Als ‚intratextuellen' Kontext bezeichnet man die Umgebung einer bestimmten Textstelle im Text."[85] Auf der Ebene der Körperaktionen findet eine Wiederholung der Elemente statt, die Instabilität, Bewegungsunfähigkeit und Orientierungslosigkeit vermitteln. Darüber hinaus ist der Bruch mit den gängigen, durch ein codifiziertes Aktionsvokabular beschreibbaren Bewegungsabläufen konstitutiv. Die vom Artisten ausgehenden akustischen Zeichen verweisen auf Schmerz und Anstrengung. Auf sprachlicher Ebene werden Leben (in Opposition zum Nicht-Leben) und Bewegungslosigkeit thematisiert. Bereits auf den ersten Blick zeigt sich, dass die systemimmanenten Äquivalenzen einem gemeinsamen Themenbereich entnommen sind: dem Paradigma ‚Trauer'. In Bezug zur Handlung des Stücks lässt sich dieses präzisieren: Die Äquivalenzen dienen zum einen der Visualisierung von Verzweiflung aufgrund von Querschnittslähmung und zum anderen der Darstellung der Reaktion auf die Todesnachricht. Abhängig von der Fokussierung einer der beiden paradigmatischen Hintergründe erhält das Solo seinen Stellenwert innerhalb des Programms. Die Stellung des Ausschnitts aus *Acrobates* im Gesamtstück wird in diesem Zusammenhang relevant:

---

81 Baßler, M.: Der Ort der Diegese und der Narration, S. 1.
82 Baßler, M.: [Art.] Kontexte, S. 364.
83 Ebd., S. 363.
84 Ebd.
85 Ebd., S. 360.

Nachdem der Rezipient durch akustische Zeichen aus den Dokumentarfilmaufnahmen vom Tod Fabrices erfährt, beginnt das Solo des zweiten Artisten (Alexandre Fournier), das die Worte „Je me suis senti nu..." veranschaulicht und die Hilflosigkeit der Figur in Bezug auf den Tod seines Kollegen ausdrückt. Auf Basis des Äquivalenzprinzips ist das anschließende Solo des Artisten Matias Pilets, das den Analyseschwerpunkt dieses Kapitels bildet, als dessen Reaktion auf die Todesnachricht zu verstehen. Im Rahmen dieses Verständnisses verweisen die Körperzeichen, die akustischen und sprachlichen Zeichen auf den Gefühlszustand nach der Todesnachricht.

In Rekurs auf das zu Beginn des Stücks gezeigte Video aber, bei dem Fabrice auf seinem Bett liegend versucht, seinen Oberkörper hin und her zu bewegen und bei dem erstmals die Worte „J'peux plus..." erklingen, wird das Paradigma ‚Querschnittslähmung' fokussiert. So stellt der Artist die Figur ‚Fabrice' dar, die seine Verzweiflung angesichts ihrer Bewegungsunfähigkeit ausdrückt. Die Fallbewegung als äquivalentes Prinzip aller Bewegungselemente verweist im Rahmen dieses Verständnisses auf den Sturz Fabrices vom Trapez. Die dominante Fokussierung der Körperteile Nacken, Hüfte und Beine spielt auf die Tetraplegie des ehemaligen Trapezartisten an. Innerhalb dieses Verständnisses wird ein Charakteristikum zirzensischer Zeichen deutlich: Wie in allen ästhetischen Systemen handelt es sich hier um „Zeichen von Zeichen"[86]. Diese weisen jedoch eine Besonderheit auf, die ihnen mit theatralischen Zeichen gemeinsam ist.

> Denn während beispielsweise die poetischen oder musikalischen Zeichen nur in ihrer Qualität als linguistische und musikalische Zeichen auf andere Zeichen zu verweisen vermögen – sich also von allen nicht-linguistischen bzw. nicht-musikalischen Zeichen, die sie bedeuten sollen, mit Notwendigkeit in ihrer Materialität unterscheiden müssen – vermögen die theatralen [und zirzensischen] Zeichen grundsätzlich in materieller Hinsicht dieselben Zeichen zu sein, wie diejenigen, die sie bedeuten sollen. [...] Jedes beliebige, in einer Kultur als Zeichen fungierende Objekt vermag ohne jegliche materielle Veränderung als theatralisches [oder zirzensisches] Zeichen für dasjenige Zeichen, das es selbst darstellt, zu fungieren.[87]

So enthalten beispielsweise die vom Artisten ausgehenden akustischen Zeichen innerhalb des paradigmatischen Hintergrunds ‚Querschnittslähmung' eine Doppeldeutigkeit hinsichtlich ihrer Materialität. Zum einen dienen sie der Visualisierung des Schmerzes und der Verzweiflung, zum anderen unterscheiden sie sich in materieller Hinsicht nicht von den Zeichen, die sie darstellen, nämlich

---
86 Fischer-Lichte, E.: Semiotik des Theaters. Eine Einführung. Band 1, S. 181.
87 Ebd.

Schnaufen, Stöhnen und lautes Atmen während der anstrengenden Versuche der Figur ‚Fabrice' ihren Körper zu kontrollieren.

Da die Paradigmen ‚Tod' und ‚Querschnittlähmung' innerhalb der Nummer mit denselben Syntagmen gefüllt werden, sind diese ebenfalls äquivalent. Die Gleichsetzung von Bewegungsunfähigkeit und Tod zieht sich durch das gesamte Programm und wird sprachlich besonders eindrücklich formuliert: „...parce que tu as peur de l'immobilité en fait. L'immobilité c'est la mort." In diesem Sinne wird auch die Verknüpfung von Bewegung und Natur (als Visualisierung von Leben) bedeutungsdifferent. Die Unfähigkeit in Seen und Flüssen zu schwimmen, visualisiert die Unfähigkeit zu leben.

Da die syntagmatische Füllung der Paradigmen ‚Querschnittslähmung' und ‚Tod' innerhalb des Solos in Übereinstimmung mit den kulturellen Vorstellungen erfolgt, scheint der Text leicht verständlich. Erst die Einbeziehung des Endes aus dem Ausschnitt von *Acrobates* zeigt, warum es sich im Sinne Viktor Schlowskis lohnt, länger beim Text zu verweilen und „die Wahrnehmung dem Automatismus zu entreißen"[88]. Die Äquivalenzen der Akrobatiknummer bauen über die kulturell gefestigten Vorstellungen hinaus ihr eigenes Paradigma. Das Solo schließt mit der Definition des Akrobaten auf sprachlicher Ebene: „On n'est pas acrobate parce qu'on sait sauter, qu'on sait bouger, qu'on sait faire des mouvements. Ce n'est pas que ça. C'est surtout l'esprit qui est enfermé dans le mouvement acrobatique, qui fait qu'on est acrobate." – „Man ist nicht Akrobat, weil man laufen kann, weil man sich bewegen kann, weil man weiß, wie man Bewegungen ausführt. Es ist nicht nur das. Es ist vielmehr die Seele in der akrobatischen Bewegung, die einen zum Akrobaten macht" (*Acrobates* 5:00). So wird innerhalb des Solos Bezug auf ein weiteres zentrales Paradigma genommen, das im Mittelpunkt des gesamten Stückes steht: der ‚Akrobat'. Begonnen beim Titel ‚Acrobates', der im ersten Teil der Performance auf die Leinwand projiziert wird, gefolgt von der elfmaligen Verwendung im gesamten Stück, ist er der häufigst genannte Begriff. Darüber hinaus kommt dem Terminus hinsichtlich seiner zeitlichen Position innerhalb des Ablaufs eine besondere Rolle zu, denn das Stück beginnt mit den Worten „Dans l'acrobatie on est perdu" und endet mit dem Satz „Pour l'instant c'est l'acrobate qui vit tout le temps." Die Performance *Acrobates* wird von den Begriffen ‚l'acrobatie' und ‚l'acrobate' gerahmt.

Der beschriebene Ausschnitt erhält in diesem Zusammenhang eine neue Bedeutung. Nicht die Paradigmen ‚Tod' und ‚Querschnittslähmung' sind zentral, sondern ‚der Akrobat/die Akrobatik'. Somit wird im Stück ein zirzensischer Meta-

---

[88] Schlovski, Viktor: Die Kunst als Verfahren. In: Die Erweckung des Wortes. Essays der russischen Formalen Schule. Hrsg. von Fritz Mierau. Leipzig: Reclam 1987, S. 11–32, hier S. 30.

diskurs etabliert. Der paradigmatische Hintergrund des Ausschnitts ist damit weitaus komplexer als auf den ersten Blick sichtbar. Nicht die Erzählung der Lebensgeschichte Fabrices, Matias' und Alexandres steht im Mittelpunkt, sondern die Definition des Akrobaten. Das Paradigma ‚Akrobat' wird innerhalb des Textes anhand der beschriebenen Äquivalenzen gefüllt und weist eine Differenz zum kulturell codifizierten Paradigma auf, das den (nachbarschaftlichen) Kontext des Stücks bestimmt. An dieser Stelle zeigt sich, was Baßler folgendermaßen fasst:

> Dass man einen Text ganz unterschiedlich lesen und verstehen kann, hat also seinen Grund in den unterschiedlichen Vergleichsgrößen, die jeweils herangezogen werden.[89]

In Analogie zu Baßlers *Wilhelm Meister-Beispiel*[90] wird ein unbedarfter Leser das Akrobatiksolo in die Paradigmen ‚Querschnittslähmung' und ‚Tod' einordnen – „die Auswahl [...] passt durchaus in die erzählte Welt und scheint zunächst wenig signifikant"[91]. Ein Rezipient, der mit dem Genre ‚Zirkus' vertraut ist, wird darüber hinaus erkennen, dass das vom Text etablierte Paradigma des Akrobaten deutlich von dem kulturell etablierten abweicht – das Paradigma „gewinnt seine besondere Bedeutung in dieser Opposition"[92]. Diese These sei im Folgenden erläutert.

Um den Metadiskurs in *Acrobates* in seinem historisch-kulturellen Kontext adäquat zu verstehen, gilt es, das textinterne Paradigma des Akrobaten mit dem kulturellen Paradigma, das im *Einblick in die Kulturgeschichte des Zirkus* zu Beginn der vorliegenden Arbeit beschrieben wurde, zu vergleichen: Das zeitgenössische Zirkusstück *Acrobates* nimmt die Bezeichnung der Akrobatik als ‚act of survival' wörtlich, indem es entgegen der traditionellen Definition die Möglichkeit des Scheiterns, des Fallens und damit des Sterbens des Artisten fokussiert. In Opposition zu Bouissacs These „an acrobat's survival demonstrates biological superiority"[93] wird die Menschlichkeit und Verletzlichkeit des Künstlers unterstrichen. Dadurch findet eine Umcodierung des Akrobaten statt. Was zum Ende der Nummer sprachlich gefasst wird „On n'est pas acrobate parce qu'on sait sauter, qu'on sait bouger, qu'on sait faire des mouvements" (*Acrobates* 5:00), wird auf der Ebene der Bewegung demonstriert. Nicht nur der Bruch mit konventionellen Bewegungsabläufen, sondern auch die Herstellung des Instabilitätseindrucks führen dazu, dass in der Nummer nicht einmal das grundlegende Merkmal der Akrobatik, die Wiederherstellung des Gleichgewichts, realisiert wird.

---

89 Baßler, M.: [Art.] Kontexte, S. 357.
90 Ebd.
91 Ebd.
92 Ebd.
93 Bouissac, P.: Circus and culture, S. 45.

> A partir des compétences corporelles de base que sont les appuis, propulsion, courses, sauts, fermetures et ouvertures, rotations dans les plans horizontal, frontal et sagittal, les acrobates développent des figures qui s'enchainent au sol ou en hauteur, sur des animaux ou des appareils, les agrès, grées au sol comme le sont des mâts sur la coque des bateaux.[94]

Auf Basis körperlicher Kompetenzen wie dem Stützen, Antreiben, Laufen, Springen, Öffnen, Schließen, horizontalem, frontalem und sagittalem Drehen entwickeln die Akrobaten Figuren, die sie am Boden oder in der Luft aneinanderreihen und auf Tieren, auf Sportgeräten oder am Boden durchführen. Das zentrale Prinzip aller akrobatischen Bewegungen ist nach Bouissac die Wiederherstellung der Balance des vor der kontrollierten Störung herrschenden Gleichgewichts. „An acrobatic act can be separated into a series of identical transformations: each is a controlled disturbance leading to the initial state of equilibrium."[95] Auch Philippe Goudard benennt das Spiel mit dem Gleichgewicht als wesentliches Merkmal der akrobatischen Bewegung:

> L'artiste de cirque rompt l'état stable statique ou dynamique en se plaçant volontairement dans une situation de déséquilibre qu'il résout par une figure ou une posture pour revenir ensuite à l'état stable.[96]

Durch die Fallbewegungen und die Fokussierung der zuvor genannten Körperteile ist das Risiko des Scheiterns kontinuierlich präsent. Die akustischen Zeichen unterstreichen die Verletzlichkeit des Artisten und stehen offensichtlich in Opposition zu dem Verhaltenskodex des Akrobaten. Geräusche als Folgen der Tätigkeit werden nicht vermieden, sondern durch mehrfache Wiederholung und Lautstärke bewusst in den Mittelpunkt gestellt. Sie verleihen dem Artisten animalische Züge, die Bouissac in der Regel den Clowns, d. h. den Gegenspielern der Akrobaten, zuschreibt: „He acts in an unrefined and animallike manner."[97] Durch die Wiederholung der sprachlichen Äquivalenzen „avoir des orgasmes, promener dans les prés, nager dans les rivières dans les lacs", die dem Paradigma ‚Natur' angehören, wird dieser Eindruck verstärkt. Die Darstellung des Akrobaten im beschriebenen Text steht damit dem Merkmal der „biological superiority"[98] oppositionell gegenüber. Die Oppositionen auf der Ebene der Körperaktionen

---

[94] Goudard, P.: Le cirque, entre l'élan et la chute, S. 33.
[95] Bouissac, P.: Circus and culture, S. 44.
[96] Goudard, P. u. P. Perrin: Encadrement médical des arts du cirque en France., S. 106.
[97] Bouissac, P.: Circus and culture, S. 49.
[98] Ebd., S. 45.

und akustischen Zeichen entziehen dem Rezipienten das Vertrauen in den grundlegenden zirzensischen Frame: die Notwendigkeit des Überlebens des Artisten.

3.3.2 Die Ebenen des zirzensischen Textes

Nun wurden bisher die Achsen des zirzensischen Textes betrachtet. Mit Blick auf das Verfahren des Solos aus *Acrobates* ist darüber hinaus die Analyse seiner Ebenen relevant. In seinem Werk *Deutsche Erzählprosa 1850 – 1950. Eine Geschichte literarischer Verfahren*[99] klassifiziert Baßler in Anlehnung an Staszak drei Ebenen des literarischen Textes:[100] die Textebene, die Darstellungsebene/Inhaltsebene und die Bedeutungsebene. Dieses Modell soll im Folgenden auf die Darbietungen des Zeitgenössischen Zirkus übertragen werden.[101]

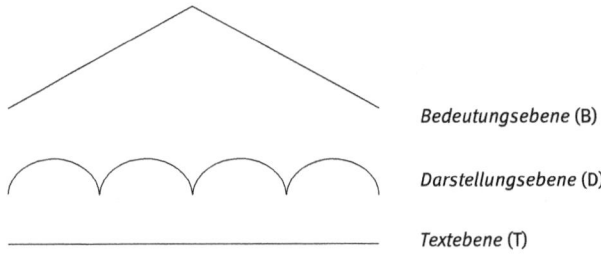

Abbildung 5: Die Ebenen eines literarischen Textes nach Baßler

Die erste Ebene eines literarischen Textes ist die „Ebene der konkreten syntagmatisch notierten Zeichen"[102], genannt Textebene. Zu dieser Ebene zählen „die grafischen, klanglichen, rhythmisch-metrischen, grammatischen und semantischen Beziehungen zwischen den notierten Zeichen"[103] – so auch in Zirkusdarbietungen. Hier werden neben linguistischen Zeichen paralinguistische, mimische, gestische und proxemische Zeichen, Geräusche, Musik, Maske, Frisur, Kostüm,

---

99 Baßler, Moritz: Deutsche Erzählprosa 1850 – 1950. Eine Geschichte literarischer Verfahren. Berlin: Erich Schmidt 2015.
100 Staszak, Heinz-Jürgen: Das literarische Zeichen. Vorlesung zur Einführung in die strukturalistische Gedichtanalyse. Würzburg: Königshausen und Neumann 2018.
101 Dieser Abschnitt beinhaltet in überarbeiteter Fassung Thesen des folgenden Aufsatzes: Conrad, Maren u. Franziska Trapp: Zirkus und Raum. Eine Semiotik der Performanz. In: Schriften zur Kultur- und Mediensemiotik Online (2018) H. 4, S. 223–240.
102 Baßler, M.: Deutsche Erzählprosa 1850 – 1950, S. 17.
103 Ebd.

Raumkonzeption, Dekoration, Beleuchtung[104] und Zeichen der Bewegung genutzt. Hinzu kommt in zirzensischen Texten auf dieser Ebene das Merkmal der leiblichen Präsenz von Akteuren und Zuschauern, das jeglicher Aufführungssituation inhärent ist.

> For it is always real spaces where performances take place, it is always real time that the performance consumes, and there are always real bodies which move in and through the real spaces.[105]

Es gelten in zirzensischen Texten damit

> offensichtlich ganz andere Bedingungen als bei der Produktion und Rezeption von [schriftlichen] Texten und Artefakten. Dort resultiert der Prozess der Produktion in einem Text oder Artefakt, der/das gesondert von seinem/n Urhebern vorliegt, d. h. nicht an deren leibliche Präsenz gebunden ist.[106]

Für Aufführungen gilt nach Fischer-Lichte, dass „der ‚produzierende' Künstler nicht von seinem Material abgelöst werden kann. Er bringt sein ‚Werk' [...] in und mit einem höchst eigenartigen, ja eigenwilligen Material hervor: mit seinem Körper"[107]. Mit Blick auf *Acrobates* ist auf der Textebene also neben der Akrobatiktechnik, den Lichteinstellungen, dem Ton etc. auch der Leib, der Artist selbst, zu verorten. Um die Differenz zwischen der literarischen Textebene und der ersten Ebene zirzensischer Texte auch sprachlich zu fassen, wird diese im weiteren Verlauf Performative Ebene genannt.

Darüber hinaus wird in Zirkusstücken eine Spektakuläre Ebene etabliert, eine Ebene, die besonders in traditionellen Zirkusstücken von großer Relevanz ist. Die Zeichen auf der Performativen Ebene führen in ihrer Kombination dazu, dass sie die Attraktivität und Spektakularität der Darbietung unterstreichen. Diese besteht Bouissac zufolge in Zirkusdarbietungen darin, dass die Übermenschlichkeit/die Außergewöhnlichkeit der Leistung hervorgehoben wird:

> An acrobat's survival demonstrates biological superiority. [...] An acrobat increases and accentuates the difference between his behavior and the norm by the name he chooses, the

---

104 Zu den theatralischen Zeichen Fischer-Lichte, E.: Semiotik des Theaters. Eine Einführung. Band 1, S. 28.
105 Fischer-Lichte, Erika: Reality and Fiction in Contemporary Theatre. In: Theatre Research International 33 (2008) H. 1, S. 84–96, hier S. 84.
106 Fischer-Lichte, E.: Theaterwissenschaft, S. 25.
107 Fischer-Lichte, Erika: Ästhetik des Performativen. Frankfurt am Main: Suhrkamp 2004, S. 129.

> costume he wears, and the smile of ease with which he ends his exercises. [...] The spectator grasps these 'values' so well that he spontaneously considers the acrobat 'another sort' of being.[108]

Der Einsatz von Trommelwirbeln, die einen schwierigen Trick ankündigen, der Schlag auf das Becken des Schlagzeugs, der das Gelingen markiert, sowie eine babylonische Struktur, die die Elemente nach Schwierigkeitsgrad staffelt[109], unterstreichen die Spektakularität jeglicher Aktion. Eine Besonderheit der Spektakulären Ebene im Zirkus besteht darin, dass sie stets auf die Performative Ebene zurückweist, oder genauer, auf die Phänomenalität der Performance und die leibliche Präsenz der Artist*innen. Dies liegt darin begründet, dass Zirkusdarbietungen einen besonders hohen Grad an Emergenz, d. h. „die Nichtvorhersagbarkeit neuer Erscheinungen"[110] aufweisen. Das Vorkommen emergierender Elemente unterstreicht Fischer-Lichte zufolge stets die Phänomenalität der Aufführung.

> Da es unvorhergesehen auftaucht, ist es für den Wahrnehmenden weder auf die vorhergehenden noch auf die zu antizipierenden Elemente zu beziehen. [...] Der Wahrnehmende wird daher seine Aufmerksamkeit auf die spezifische Phänomenalität des Elementes fokussieren; er nimmt es als das wahr, als was es in Erscheinung tritt.[111]

Emergent sind Zirkusdarbietungen auch insofern, als dass sie auf dem Prinzip des Risikos beruhen, sprich: Zirkusdarbietungen werden als risikoreich wahrgenommen. Diese Rezeption liegt in der oben erläuterten Inszenierungsstrategie des Traditionellen Zirkus begründet: „In their artistry, circus performers heighten the impression of danger"[112], lässt Peta Tait verlauten und verweist darauf, dass Zirkus im eigentlichen Sinne eine „performance of safety"[113] sei:

> Contrary to common expectations, serious accidents are more likely to be caused by problems with the rigged equipment, than due to performer error. This discussion is not intended to downplay in any way what could happen to performers, and the possibility of a serious

---

108 Bouissac, P.: Circus and culture, S. 45.
109 Guy, J.-M.: Introduction, S. 17.
110 Fischer-Lichte, Erika: [Art.] Emergenz. In: Metzler Lexikon Theatertheorie. Hrsg. von Erika Fischer-Lichte, Doris Kolesch u. Matthias Warstat. 2. Auflage. Stuttgart: Metzler 2014, S. 89–91, hier S. 90.
111 Ebd.
112 Tait, Peta: Risk, Danger and Other Paradoxes in Circus and Circus Oz Parody. In: The Routledge Circus Studies Reader. Hrsg. von Peta Tait u. Katie Lavers. New York, London: Routledge Taylor & Francis 2016, S. 528–545, hier S. 529.
113 Ebd.

accident increases over a twenty-five-to thirty-year career. Instead it is pointing out that the spectator perceives the illusions of circus performance rather than the reality of precise movement focused on the safe execution of the action.[114]

Erst die Inszenierung sorgt, so Tait, dafür, dass Zirkus als risikoreich wahrgenommen wird:

> The public perception of circus is that performers take risks – an impression heightened for audiences by the promotion, staging, music, ring person's delivery, and costumed identities of performers. These cumulative elements, and action that fakes failure on occasion, theatrically generate an impression of danger in performance and confirm the possibility of failure which enhances the contradictory tension for audiences between holding the expectation of an accident and wishing to avoid witnessing one.[115]

Risiko meint in diesem Zusammenhang nicht nur die Inszenierung von lebensbedrohlicher Gefahr, sondern auch das mögliche Misslingen von Tricks.[116] Die Kategorie von Gelingen/Misslingen wird in traditionellen Zirkusdarbietungen auch durch das Vortäuschen des Scheiterns, das mehrmalige Misslingen des Tricks vor dem Gelingen, unterstrichen. Einerseits betont dieses Verfahren erneut die übermenschliche Leistung des Artisten, andererseits legt es aber auch die Entstehungsbedingungen der Zeichen offen.

> The near miss charts his rise from ordinary (human) to extraordinary (superhuman) body. It also offers us a glimpse of another aspect of that performer body's training – its training for failure.[117]

Gleichzeitig wird die Phänomenalität der Aufführung, die Präsenz des verletzlichen Artisten, offengelegt. Der Rezipient verfolgt nicht nur die Ausführung des Tricks, sondern sorgt sich gleichzeitig auch um den Artisten selbst (hier spielt die Sorge um das Leben und die Sorge um das Scheitern eine gleichermaßen wichtige Rolle).

Im Traditionellen Zirkus wird das Risiko inszeniert, in neuen und zeitgenössischen Zirkusdarbietungen ist dies nicht länger konstitutiv. Dennoch, so lautet die zentrale These dieser Arbeit, ist die Ästhetik des Risikos nach wie vor zen-

---

114 Ebd., S. 532.
115 Ebd., S. 529.
116 Zur Vertiefung der verschiedenen Ausprägungen von Risiko im Zirkus siehe: Goudard, Philippe: Arts du cirque, arts du risque. Instabilité et déséquilibre dans et hors la piste. Montpellier: Anrt 2005. und Goudard, P.: Le cirque, entre l'élan et la chute.
117 Hurley, E.: The Multiple Bodies of Cirque de Soleil, S. 131.

trales Merkmal der Darbietungen. Ausschlaggebend ist hier nicht mehr, dass das Risiko inszeniert wird, sondern vielmehr der Glaube daran, dass Zirkus risikoreich ist. Tait fasst dieses Phänomen unter dem Begriff „public perception of circus"[118] zusammen: „the belief that circus performance is dangerous – or more dangerous than high-impact sports. [...] The actual physical risks are usually not apparent."[119] Innerhalb dieses Verständnisses ist relevant, dass eine Darbietung den kulturell etablierten Frame {Zirkus} auf Seiten der Rezipienten aktiviert. Diese erwarten im Zirkus risikoreiche Darbietungen, selbst wenn sie noch nie zuvor eine Zirkusaufführung besucht haben – man erinnere sich an die starke Ideologisierung des Zirkus, die in der Einleitung beschrieben wurde.

> Das liegt daran, dass wir die Informationen auf der Textebene mit denselben sprachlich-kulturellen Mustern erfolgreich deuten können, die wir auch sonst, im Alltag, beim Fernsehen oder bei der Zeitungslektüre ständig anwenden. [...] Wir verfügen kulturell über eine Menge von Frames und Skripten, und es reichen oft wenige tatsächlich notierte Informationen, um diese aufzurufen. Wir ergänzen dann die Angaben im Text automatisch um das, was nach Maßgabe solcher kulturellen Muster normalerweise dazugehört, und bilden dadurch unsere Vorstellung der erzählten Welt und auch unsere Erwartungen, was hier weiter geschehen könnte.[120]

Die „konventionalisierte Kombination[]"[121] (Zirkus und Risiko), die Roland Barthes[122] als ‚Code' bezeichnen würde, führt dazu, dass wir im Frame {Zirkus} jegliche Darbietung als risikohaft klassifizieren, was zu deren Emergenz führt und die Phänomenalität unterstreicht. Mit Blick auf *Acrobates* lässt sich an dieser Stelle in aller Kürze zusammenfassen: Man verfolgt nicht nur die akrobatischen Leistungen des Artisten Matias, sondern sorgt sich gleichzeitig um den Menschen.

In literarischen Texten dient die Textebene „als Grundlage für die Konstruktion einer [...] [weiteren] Ebene, auf der die Zeichen unter Hinzuziehung der paradigmatischen Achse verstanden wurden und einen Zusammenhang neuer Art bilden – den Inhalt des Textes"[123]. Die Zeichen der Textebene ergeben „auf Inhaltsebene die Darstellung einer Welt (Diegese) mit Raum, Zeit, bestimmten Gesetzen, topographischen Gegebenheiten und Figuren, die bestimmte Hand-

---

[118] Tait, P.: Risk, Danger and Other Paradoxes in Circus and Circus Oz Parody, S. 529.
[119] Ebd.
[120] Baßler, Moritz: Populärer Realismus. http://www.pop-zeitschrift.de/2012/10/23/popularer-realismusvon-moritz-basler23-10-2012/ (8.1.2018).
[121] Baßler, M.: [Art.] Kontexte, S. 361.
[122] Barthes, Roland: S/Z. Frankfurt am Main: Suhrkamp 1998, 24 f.
[123] Baßler, M.: Deutsche Erzählprosa 1850 – 1950, S. 19.

lungen ausführen"[124]. Diese Ebene wird in der Übertragung auf Zirkusstücke im Folgenden Diegetische Ebene genannt. Auf dieser Ebene wäre Erin Hurleys „character body"[125] anzusiedeln. Sie schreibt in ihrem Aufsatz *The Multiple Body of Cirque du Soleil*:

> It is not Isabelle Chassé performing an aerial fabric act but a character telling a story; she does not contort herself into a head-seat position to show how it is done, but to represent a difficult time in her character's mental journey.[126]

In *Acrobates* ist auf der Diegetischen Ebene die Figur ‚Matias'[127] zu verorten, die ihre Trauer über den Tod des Freundes zum Ausdruck bringt. Aufgrund der Mehrdeutigkeit der Textstelle ist eine zweite Lesart möglich: Man sieht auch die Figur ‚Fabrice' und ihre Bewegungsunfähigkeit. Fokussiert wird auf dieser Ebene also nicht der phänomenale Leib[128] des Artisten, sondern die repräsentierte Figur.

Eine weitere Ebene von literarischen Texten nennt Baßler die Bedeutungsebene. Lotman spricht in diesem Zusammenhang von Literatur als Zeichen zweiter Ordnung:

> Die Literatur spricht in einer besonderen Sprache, die als sekundäres System auf und über der natürlichen Sprache errichtet wird. Deshalb definiert man die Literatur als sekundäres modellbildendes System.[129]

Die Darstellungsebene in literarischen Texten bedeutet ihrerseits noch einmal etwas, d. h. auch sie ist zeichenhaft. Die Aesopsche Fabel vom Fuchs und Raben bedeutet z. B. nicht nur die Interaktion zwischen den beiden Protagonisten, sondern geht darüber hinaus. Diese Eigenschaft gilt Lotman zufolge nicht nur für literarische, sondern für alle künstlerischen Texte, d. h. auch für Zirkusaufführungen:

> Die Kunst ist ein sekundäres modellbildendes System. ‚Sekundär im Verhältnis zur (natürlichen) Sprache' ist nicht nur zu verstehen als ‚die natürliche Sprache als Material benutzend'. Wenn das der Inhalt des Terminus wäre, so wäre die Einbeziehung der nichtverbalen

---

124 Ebd., S. 18.
125 Hurley, E.: The Multiple Bodies of Cirque de Soleil, S. 124–127.
126 Ebd., S. 126.
127 Der Artist spielt in diesem biographischen Stück sich selbst. Dennoch ist hier zwischen Matias („phänomenaler Leib" nach Fischer-Lichte, E.: Ästhetik des Performativen.) und der Figur ‚Matias' zu unterscheiden, d. h. die Figur auf der Bühne ist inszeniert.
128 Ebd., S. 132.
129 Lotman, J. M.: Die Struktur literarischer Texte, S. 39.

Künste (Malerei, Musik u. a.) nicht gerechtfertigt. Die Relation ist hier vielmehr komplizierter: die natürliche Sprache ist nicht nur eins der ältesten, sie ist auch das mächtigste Kommunikationssystem im menschlichen Kollektiv. [...] Daher sind die sekundären modellbildenden Systeme (wie überhaupt alle semiotischen Systeme) nach dem Typ der Sprache gebaut. Die Kunst kann somit beschrieben werden als eine Art sekundärer Sprache, und das Kunstwerk folglich als ein Text in dieser Sprache.[130]

Auf dieser Bedeutungsebene ist in *Acrobates* der Diskurs rund um den Akrobaten zu verorten. Die Handlung des Stücks, die Erzählung des Schicksals Fabrices und die Trauer der hinterbliebenen Kollegen bedeuten ihrerseits also noch einmal etwas.

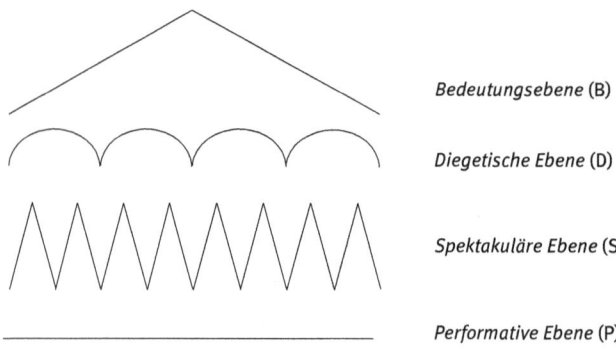

Abbildung 6: Erweiterung und Umbenennung der Baßler'schen Ebenen

3.4 Zirkusgeschichte als Verfahrensgeschichte

Nun wurden die grundlegenden Ebenen von Zirkusdarbietungen und ihre Merkmale herausgearbeitet. In einem weiteren Schritt gilt es, dieses Ebenenmodell zu spezifizieren. Ziel ist es dabei zum einen, das Verfahren der Bedeutungskonstitution in *Acrobates* detaillierter herauszuarbeiten, zum anderen liefert die Ausdifferenzierung des Ebenenmodells Aufschluss in Bezug auf das Verfahren zeitgenössischer Zirkusstücke im Allgemeinen und in Abgrenzung zu ihren Vorgängern, was die Möglichkeit einer Zirkusgeschichtsschreibung „der anderen Art"[131] eröff-

---

130 Ebd., S. 22.
131 Baßler, M.: Deutsche Erzählprosa 1850 – 1950, Klappentext.

net. In der zirzensischen Forschung werden der *Traditionelle Zirkus* und der *Neue Zirkus* und *Zeitgenössische Zirkus* als Gegenspieler definiert: „The traditional circus and the [new and] contemporary circus forms might appear to be set up in opposition to each other."[132] Die Differenzierung der Genres erfolgt aber in der Regel weniger durch den Verweis auf Veränderungen des Verfahrens, sondern vielmehr in Rekurs auf strukturelle und administrative Veränderungen wie beispielsweise die Abwesenheit von Tieren, die neue Generation von Artist*innen, oder einen generellen Verweis auf Narrativität.[133] Eben jenem fehlenden Fokus auf das künstlerische Verfahren kann die Analyse der Relation zwischen den Ebenen zirzensischer Texte Rechnung tragen und eine Zirkusgeschichtsschreibung in Analogie zur Kunstgeschichtsschreibung ermöglichen.

3.4.1 Die Ebenen der Darbietungen des Traditionellen Zirkus

Zur Ausdifferenzierung der Ebenen in traditionellen Zirkusdarbietungen soll im Folgenden die Pferdeakrobatiknummer der *Troupe Cavoli* des *Cirque Bouglione* exemplarisch herangezogen werden, die im Fernsehformat *Les Pistes aux Étoiles* am 09.03.1969 ausgestrahlt wurde:
Nach der Ankündigung der Nummer laufen acht Artist*innen der Gruppe in schillernden Kostümen in die Manege und präsentieren sich. Zwei Zweigespanne werden hereingeführt und nebeneinander positioniert. Drei Artisten besteigen die vier Pferde, die beginnen im Kreis zu laufen, und positionieren jeweils einen Fuß auf den Pferderücken. Drei Artistinnen mit kleinen Kronen auf den Köpfen folgen, nehmen grazil auf den Schultern der Männer Platz und präsentieren sich. Die Frauen nehmen auf den Schultern der Männer die Position der Fahne ein. Dann springen alle Artist*innen nacheinander vom Rücken der Tiere. Erneute Präsentation. Nach einem kurzen technischen Umbau werden drei der Pferde aus der Manege geführt.

---

132 Tait, Peta u. Katie Lavers: Introduction. Circus perspectives, precedents and presents. In: The Routledge Circus Studies Reader. Hrsg. von Peta Tait u. Katie Lavers. New York, London: Routledge Taylor & Francis 2016, S. 1–11, hier S. 5.
133 Eben jene Vernachlässigung des künstlerischen Verfahrens in der Geschichtsschreibung konstatiert Baßler auch für die Literaturwissenschaft: „In der Tat ist es in der Kunstgeschichte oder auch der Geschichte der Musik ganz selbstverständlich, über das künstlerische ‚Material' und die Verfahren seiner Verarbeitung und Verknüpfung zu sprechen und darüber – und weniger über Inhalte (wie Akte, Blumenvasen oder brennende Giraffen) – auch Epochen und Stilrichtungen zu unterscheiden. Man fragt sich, warum eine solche Konzentration auf künstlerische Verfahren ausgerechnet in der Literaturgeschichte bislang so wenig verbreitet ist." Baßler, M.: Deutsche Erzählprosa 1850 – 1950, S. 11.

Das verbleibende Pferd beginnt erneut im Kreis zu laufen, erhöht die Geschwindigkeit und beginnt zu galoppieren. Ein Artist springt auf den Pferderücken, fängt die vier Bälle, die ihm zugeworfen werden, und beginnt auf dem galoppierenden Pferd zu jonglieren. Es folgt selbiges mit drei Keulen (Troupe Cavoli 45:00).

Es sei darauf hingewiesen, dass diese kurze Sequenz nach dem Prinzip des babylonischen Aufbaus, der die Elemente nach Schwierigkeitsgrad staffelt, angeordnet ist. Nach der Ouvertüre in Form einer Menschenpyramide auf vier Pferden jongliert der männliche Artist zunächst mit Bällen, dann mit Keulen. Der Schlag auf das Becken des Schlagzeugs markiert das Gelingen des Tricks. In dieser traditionellen Zirkusnummer wird keine Diegetische Ebene etabliert. Die Zeichen der Performativen Ebene ergeben keine „Darstellung einer Welt (Diegese) mit Raum, Zeit, bestimmten Gesetzen, topographischen Gegebenheiten und Figuren, die bestimmte Handlungen ausführen"[134]. Durch den babylonischen Aufbau, den Einsatz von Beckenschlägen und Trommelwirbeln wird ausschließlich die Spektakuläre Ebene etabliert. Die Zeichen auf der Performativen Ebene werden nicht hinsichtlich ihrer Bedeutung ausgewählt, sondern aufgrund ihrer Attraktivität. Aufgrund der Ästhetik des Risikos weist diese Ebene stets auf die Performative Ebene zurück – sowohl mit Blick auf die notierten Zeichen (die technische Seite der Tricks auf dem Pferd) als auch hinsichtlich der phänomenalen Präsenz der Akteure. Dieses Charakteristikum traditioneller Zirkusdarbietungen lässt sich mit dem folgenden Modell visualisieren:

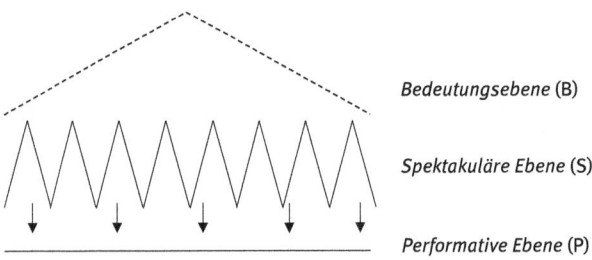

Abbildung 7: Die Ebenen traditioneller Zirkusdarbietungen

Nun mag es Einwände in Bezug auf das hier entwickelte Modell geben, die im Folgenden diskutiert werden sollen. Erstens ist es möglich, mit Verweis auf die an die oben beschriebene Szene anschließende Handlungssequenz einzuwenden,

---

134 Ebd., S. 18.

die Nummer etabliere offensichtlich auch eine Diegetische Ebene: *Ein Mann aus dem Publikum stolpert in die Manege, springt unbeholfen auf das Pferd und sorgt für Gelächter. Im weiteren Nummernverlauf zeigt sich, dass es sich bei diesem Mann nicht um einen Zuschauer handelt, sondern um einen Artisten aus der Gruppe. Der Mann ist in der Lage auf dem Pferd über eine Frau zu springen.* Dieser Einwand ist zurückzuweisen: Die Funktion dieser kurzen Sequenz ist nicht die Etablierung einer Diegese. Ihr Ziel ist es, die übermenschliche Leistung der Artisten – das Spektakuläre – abermals zu unterstreichen:

> The function of the clown in acrobatic acts is now clear. He represents a biologically inferior being, one who would not survive in many animal species because of his peers or predators, a being toward whom aggression is expressed. And laugher seems to be one of the expressions of aggression in the human species.[135]

Ein zweiter Einwand, der das Fehlen der Diegetischen Ebene bezweifeln könnte, bezieht sich auf die Kostümierung der Artisten. Die Kronen der Artistinnen, so könnte das Gegenargument lauten, würden doch offensichtlich zu der Etablierung einer Diegese beitragen. Auch diese Entgegnung kann nicht überzeugen. Die Kronen erinnern zwar an Prinzessinnen, dienen aber auch hier der Unterstreichung der Übermenschlichkeit, sprich, der Etablierung der Spektakulären Ebene, nicht der Etablierung einer Diegese.

Aufgrund der Dominanz der Performativen Ebene im Traditionellen Zirkus klassifiziert der Theaterwissenschaftler Hans-Thies Lehmann den Zirkus als Post-anthropozentrisches Theater, als eine Form des Postdramatischen Theaters:

> Post-anthropozentrisches Theater wäre ein treffender Name für eine bedeutende, freilich nicht die einzige Gestalt, die postdramatisches Theater annehmen kann. Darin kommen Theater der Objekte gänzlich ohne menschliche Akteure, Theater mit Technik und Maschinen („Survival Research laboratories") und solches Theater überein, dass die menschliche Gestalt als Element in landschaftsähnliche Raumstrukturen integriert. Es sind ästhetische Figurationen, die utopisch auf eine Alternative zum anthropozentrischen Ideal der Naturunterjochung hinweisen. Wenn die Menschenkörper gleichberechtigt mit Sachen, Tieren und Energielinien in eine einzige Wirklichkeit sich fügen (wie es auch im Zirkus der Fall zu sein scheint – daher die Tiefe des Vergnügens daran), macht Theater eine andere Realität als die des naturbeherrschenden Menschen vorstellbar.[136]

---

[135] Bouissac, P.: Circus and culture, S. 46.
[136] Lehmann, Hans-Thies: Postdramatisches Theater. 6. Auflage. Frankfurt am Main: Verlag der Autoren 2015, S. 138–139.

Der Traditionelle Zirkus, auf den Lehmann Bezug nimmt, thematisiert aber eben gerade die Naturbeherrschung des Menschen und inszeniert damit das anthropozentrische Ideal. Trotz dieses Einwands sind Lehmanns Forschungsergebnisse aufschlussreich, denn auch das Postdramatische Theater ist nach Lehmann von der Performativen Ebene dominiert. Lehmann verweist in diesem Zusammenhang auf Jean-F. Lyotards Konzept des energetischen Theaters[137], das kein Theater der Bedeutung ist, sondern der „Kräfte, Intensitäten, Affekte in ihrer Präsenz"[138]. Auch der Kulturwissenschaftler Dean MacCannell verweist in seinem Aufsatz *Sights and Spectacles*[139] auf die Affektivität von Shows:

> The link between spectacular action and emotional response is direct. Through conventional codes (burst of applause and laughter, coughing, foot stamping, cat-calls, hisses, coming forward to be saved, tearing down goal posts – this list can be extended) an audience transmits an attitude towards a performance.[140]

Nun ist man in der Forschung geneigt, aufgrund der Fokussierung der Performativen Ebene (zur Erinnerung: die Spektakuläre Ebene verweist stets auf diese zurück) dem Zirkus die Bedeutungsebene abzusprechen. Eine solche Tendenz ist auch bei Lehmann erkennbar, der das Postdramatische Theater (und den Zirkus) in Anlehnung an Lyotard als kein ‚Theater der Bedeutung'[141] beschreibt. In ähnlicher Weise argumentiert Dean MacCannell im folgenden Statement:

> It is precisely the moment when the feelings evoked by the iconic representation are replaced by an interpretative understanding of the difference between metonymic and metaphoric associations [...] that the icon ceases to be an icon and becomes a text.[142]

Auch Mary Wiegmans These zum Tanz, die Rudolf Bach in seinem Werk verschriftlicht, ist diesbezüglich aufschlussreich: „Tanz beginnt dort, wo das Wissen um die Dinge aufhört, wo nur das Erlebnis Gesetz ist, dort beginnt der Tanz."[143] Das Performative und das Semiotische werden in diesen Äußerungen als Gegenspieler verstanden. Dominiert die Performativität, so lauten die Statements, findet

---

137 Lyotard, Jean F.: Essays zu einer affirmativen Ästhetik. Berlin: Merve 1980.
138 Ebd., S. 21.
139 MacCannell, Dean: Sights and Spectacles. In: Inconicity. Essays on the nature of culture. Hrsg. von Paul Bouissac, Michael Herzog, Roland Posner. Tübingen: Stauffenburg 1986, S. 421–435.
140 Ebd., S. 424.
141 Lehmann, H.-T.: Postdramatisches Theater, 138 ff.
142 MacCannell, D.: Sights and Spectacles, S. 427.
143 Bach, Rudolf: Das Mary Wigman-Werk. Dresden: Carl Reissner Verlag 1933, o.S.

die Semiotizität kaum Berücksichtigung. Der vorliegenden Arbeit aber liegt, wie im Theoriekapitel bereits verlautet, ein anderes Verständnis zugrunde: Aufführungen, so die Annahme, basieren auf einer chiastischen Verschränkung von Performativität und Semiotizität: „In Aufführungen sind immer das Performative und das Semiotische gleichzeitig am Werk; allerdings können sie sich im Hinblick auf den Grad ihrer Performativität und Semiotizität erheblich unterscheiden."[144] Auch wenn der traditionelle Zirkus nach Lehmann kein ‚Theater der Bedeutung' ist, so gibt es dennoch eine Bedeutungsebene. Der Fokus auf die Fertigkeiten der Artisten ist nach Lievens beispielsweise Ausdruck eines Glaubens an die Überlegenheit des Menschen über die Natur:

> For most of its history the circus was occupied almost entirely with skill and technique, and thus with form. This does not mean that it had no content: in traditional circus, the mastering of physically demanding, dangerous techniques and the taming of wild animals can be seen as expressions of a belief in the supremacy of humankind over nature and over natural forces such as gravity.[145]

Diese Bedeutungsebene aber unterscheidet sich von der Bedeutungsebene literarischer Texte. Während die Diegetische Ebene in literarischen Texten eine denotative Funktion erfüllt, sprich auf die Bedeutungsebene weist, ist die Bedeutung traditioneller Zirkusdarbietungen nur post hoc zu entschlüsseln[146]. Sie wird von außen an das Genre herangetragen. Die traditionelle Zirkusshow dient nicht dazu, einen Diskurs zur Überlegenheit der Menschheit über Tiere und Naturgewalten anzuregen, sondern sie ist Attraktion um ihrer selbst willen.

3.4.2 Die Ebenen der Darbietungen des Neuen Zirkus

Im Neuen Zirkus gewinnt die Diegetische Ebene an Dominanz.

> As other scholars have noted, this stepping back from technique and record-breaking feats in the name of 'art' and 'character' marks [...] [New Circus'] difference from its predecessors, in which these elements formed the cornerstone.[147]

So wird beispielsweise schon bei der Vermarktung des Stücks des Neuen Zirkus *KOOZA* von *Cirque du Soleil* eine andere Strategie verfolgt, als in traditionellen

---

144 Fischer-Lichte, E.: [Art.] Performativität/performativ, S. 256–257.
145 Lievens, B.: Between Being and Imagining I.
146 Hurley, E.: The Multiple Bodies of Cirque de Soleil, S. 131.
147 Ebd., S. 127.

Programmen. „Cirque du Soleil presents *KOOZA*, the story of an innocent and charming clown who strives to find his own place in the world"[148], schreibt die weltbekannte Companie im Klappentext zum Video. Der Fokus wird also nicht auf die artistische Leistung gelegt, sondern auf die narrative Einheit des Stücks, die Diegetische Ebene.

KOOZA beginnt mit einer Szene, in der der Protagonist, ein Clown, seinen alten Drachen steigen lässt. Auf einem Fahrrad kommt ein Postbote in die Manege gefahren und übergibt dem Clown ein großes Paket aus dem ein buntes, clowneskes Fabelwesen springt. Mithilfe eines Zauberstabes wechselt dieser die Kleidung des kleinen Clowns und eröffnet ihm den Eingang in eine bunte Fabelwelt. Eine große Gruppe bunt gekleideter Artist*innen marschiert in die Manege, gefolgt von einem großen runden Gebäude, auf dem weitere Clowns und Musiker*innen platziert sind. Die Artistengruppe beginnt zu tanzen, verneigt sich vor dem Protagonisten und startet eine Gruppenakrobatiknummer.

Bereits diese Beschreibung lässt den Fokus des Stücks auf die Diegetische Ebene erkennen. Beschrieben wird nicht länger, was Baßler als „Textur" bezeichnen würde, sondern die „Struktur".

> Die Textstrukturen leiten das Verstehen, indem sie dem Aufbau einer Diegese mit Personen und nachvollziehbarer Handlung dienen, auch sind sie übertragbar (z. B. allegorisch, wie die Personenkonstellation und Handlung in einer Fabel). Eine gute Inhaltsangabe erfasst die wesentlichen Strukturen eines Textes.[149]

Die Möglichkeit der Paraphrasierung des Inhalts hängt mit dem Fokus des Stücks selbst zusammen:

> Cirque du Soleil's routines are generally pressed more into the service of narrative or thematic continuity than in that of thrilling an audience with their death-defying feats. Its acts emphasize story and character over display and demonstration.[150]

Welche Rolle aber spielen die technischen Darbietungen der Artist*innen, die akrobatischen Einlagen des bunten Fabelwesens und die Gruppenakrobatiknummer der bunten Garde? In beiden Fällen dient der Einsatz von Zirkustechniken der Etablierung der Diegetischen Ebene. Die artistischen Bewegungen des Protagonisten sind eine Charakteristik der dargestellten Figur, die Akrobat*innen Teil der

---

148 Cirque du Soleil: KOOZA. Klappentext. Video.: Cirque du Soleil 2007.
149 Baßler, M.: Deutsche Erzählprosa 1850 – 1950, S. 27.
150 Hurley, E.: The Multiple Bodies of Cirque de Soleil, S. 123.

phantastischen Diegese, in die das Fabelwesen einlädt. Ein solches Verfahren ist Hurley zufolge allen *Cirque du Soleil* Darbietungen inhärent:

> A house crew of acrobats also serves to unify the production. They literally paper over discontinuities in performance by dancing or tumbling during scene changes, assembling and disassembling stage equipement. [...] Working as an ensemble, they perform a combination of tumbling (often on trampolines or tracks set into the stage floor, as in KOOZA [...]), balancing stilt-walking, Chinese pole work, and teeterboard routines that highlight collective endeavour over individual talent.[151]

Obwohl der Fokus auf der Diegetischen Ebene liegt, präsentieren/verbeugen sich die Akrobat*innen (z. B. *KOOZA* 9:35) und das bunte Fabelwesen im Anschluss an ihre Tricks. Auch unterstreicht der Schlag auf das Becken das Gelingen derselben. Im Unterschied zur traditionellen Pferdeakrobatiknummer der *Troupe Cavoli* aber ist das Präsentieren Teil der Narration und der Diegese. Die Leistungen der Artist*innen werden in erster Linie nicht den phänomenalen Leibern[152] der Artist*innen zugeschrieben, sondern als Fähigkeiten der Fabelwesen rezipiert. Damit lässt sich auch die starke Dominanz phantastischer Diegesen in den Stücken von *Cirque du Soleil* erklären (*Saltimbanco*, *Alegria*, *Mystere*), in die sich die Leistungen der Artist*innen (die Nicht-Menschlichkeit) problemlos einfügen.

Auch in dieser Akrobatiknummer gibt es eine kurze Zwischensequenz mit einem Clown, der von zwei dunkel gekleideten Polizisten verfolgt wird. Im Unterschied zur Darbietung der *Troupe Cavoli* dient der kurze Einschub jedoch nicht der Unterstreichung der Übermenschlichkeit der Akrobaten, sondern der Weiterführung der Erzählung, die im Anschluss an die Nummer wieder aufgegriffen wird: *Die Artist*innen hüllen den kleinen Clown in das vorher genutzte Schwungtuch, dass zum Königsmantel wird und marschieren gardeartig ab, gefolgt von drei weiteren Clowns. Das bunte Wesen aus dem Paket schwingt erneut seinen Zauberstab und lockt drei Kontorsionist*innen auf einer runden Drehscheibe herein.*

Nun könnte man annehmen, Darbietungen des Neuen Zirkus seien mit den Stücken des dramatischen Theaters des 18. Jahrhunderts vergleichbar: „New circus remains closer to theatre in its aesthetic and thematic purpose and unity"[153], proklamiert beispielsweise Tait. Im Theater des 18. Jahrhunderts sollte, so Fischer-Lichte, der Schauspieler „seinen phänomenalen sinnlichen Leib so weit in einen

---

151 Ebd., S. 125.
152 Fischer-Lichte, E.: Ästhetik des Performativen, S. 132.
153 Tait, Peta: Circus Bodies. Cultural Identity in Aerial Performance. London, New York: Routledge 2005, S. 120.

semiotischen Körper transformieren, dass dieser instand gesetzt würde, für die sprachlich ausgedrückten Bedeutungen des Textes als ein neuer Zeichenträger, als materielles Zeichen zu dienen."[154] Die Einheit dieser beiden Elemente wird dabei durch ihre Störungsfreiheit gewährleistet, die erst die ästhetische Illusion und damit das Funktionieren des Theatralen garantiert. Scheitert dies und wird „die Aufmerksamkeit [des Rezipienten] auf die Körper der Schauspieler als deren phänomenale Leiber, ihr leibliches In-der-Welt sein gerichtet, so dass er sie nicht nur als Zeichen für den Seelen- oder Gemütszustand einer Figur wahrnimmt, [...] wird [er] genötigt die fiktive Welt des Stücks zu verlassen und sich in die Welt realer Leiblichkeit zu begeben."[155] Die Verschmelzung von Zeichen und Bezeichneten ist hier also essentiell. Ein solcher Vergleich ist sicher nicht zielführend und trifft nicht den Kern des Verfahrens neuer Zirkusstücke. Auch wird er der dem Zirkus inhärenten Emergenz nicht gerecht. Vielmehr zeichnen sich neue Zirkusstücke durch den kontinuierlichen Wechsel zwischen Spektakulärer Ebene und Diegetischer Ebene aus: In *KOOZA* unterstreichen die Kostüme[156] und die Schminke der Akrobat*innen die Zugehörigkeit der Akrobat*innen zur Diegese. Ihr Auftreten selbst ist nicht theatral und unterscheidet sich strenggenommen nicht von den Nummern des Traditionellen Zirkus. Der Fokus liegt auch hier auf der technischen Seite der Darbietung, die sich in die phantastische Diegese einfügt.

> In the moment of execution, the performer body captivates or absorbs attention into itself and as itself. The performer body is inherently interesting; it is interesting for itself, independent of its potential meanings.[157]

Einen solchen Fokuswechsel zwischen Spektakulärer Ebene und Diegetischer Ebene findet man auch in Filmen mit epischen Schlachtszenen. Auch diese fügen sich in die jeweiligen Diegesen ein. Fokussiert wird strenggenommen jedoch die technische Ausführung des Kampfes. Durch die Alternation zwischen Spektakulärer Ebene und Diegetischer Ebene ist es für Hurley in ihrem Aufsatz *The multiple bodies of Cirque du Soleil*[158] möglich, character-, performer- und fleshy bodies getrennt voneinander zu betrachten und die jeweiligen Nummern hinsichtlich ihrer Ausprägung zu kategorisieren.

---

154 Fischer-Lichte, E.: Ästhetik des Performativen, S. 132.
155 Ebd.
156 „Cirque du Soleil has become known and rewarded for its fantastical costumes that imprint on the spectators mind the fictional nature of the beings in the ring." Hurley, E.: The Multiple Bodies of Cirque de Soleil, S. 125.
157 Ebd., S. 131.
158 Ebd.

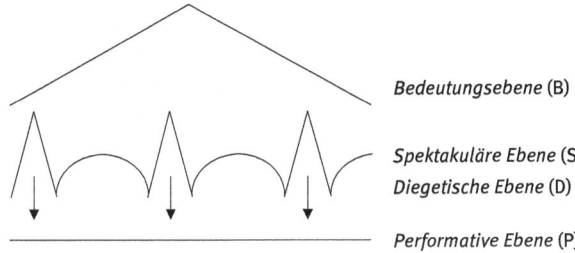

Abbildung 8: Die Ebenen von Darbietungen des Neuen Zirkus

3.4.3 Die Ebenen der Darbietungen des Zeitgenössischen Zirkus

Im Zeitgenössischen Zirkus werden die Performative Ebene, die Spektakuläre Ebene und die Diegetische Ebene zu einer interdependenten Funktionseinheit zusammengeführt. Zur Erläuterung dieser These wird im Folgenden erneut das Solo aus dem Stück *Acrobates* exemplarisch herangezogen. In dieser Performance erweist sich die Trennung von Hurleys „multiple Bodies"[159] als schwierig, sind diese doch stets durch das spezifische Textverfahren gleichzeitig präsent: Die Performative, die Spektakuläre und die Diegetische Ebene verschwimmen. Zwar ist auf Diegetischer Ebene die Figur ‚Matias' zu verorten, die ihre Trauer über den Tod des Freundes zum Ausdruck bringt, oder (im Sinne einer zweiten Lesart) die Figur ‚Fabrice' in ihrer Bewegungsunfähigkeit, gleichzeitig ist aber der Leib Matias' sichtbar, denn die Ästhetik des Risikos wird zum grundlegenden Prinzip des Textverfahrens, sie wird als fundamentales Element der Bedeutungskonstitution genutzt.

Bereits im Titel aktiviert *Acrobates* den Frame {Zirkus}. Der Rezipient antizipiert damit von vornherein das Dargebotene als risikohaft, unabhängig davon, ob das Risiko in der jeweiligen Performance bewusst inszeniert oder z. B. durch den Fokus auf fiktionale Figuren ausgeklammert wird. Das Ausgangsthema des Stücks, der Unfall Fabrices, der zu seiner Querschnittslähmung führt, verweist eindrücklich auf die Möglichkeit des Scheiterns des Artisten selbst. Durch die interne Umcodierung des Akrobaten und den Verlust der traditionellen Ideologien wird die Möglichkeit des Scheiterns während der aktuell stattfindenden Aufführung in Betracht gezogen, was durch das Stöhnen und die lauten Atemgeräusche unterstrichen wird. Die Rezipienten werden realiter mit der Möglich-

---

[159] Ebd.

keit des Scheiterns des Artisten konfrontiert. Dies hat während der Aufführung von *Acrobates* zur Folge, dass ungewöhnlich viele Zuschauer*innen beim Anblick des leidenden Artisten den Raum verlassen. Indem der Text sein Publikum mit dem eigenen Rezeptionsverhalten konfrontiert und das spezifische Merkmal jeglicher zirzensischer Darbietung – die Ästhetik des Risikos – selbst thematisiert, diese jedoch gleichzeitig infrage stellt, wird das Beobachten des sich in Gefahr bringenden Artisten unerträglich.

Hinzu kommt, dass der im Stück verwendete Bühnentypus den „Zuschauer zu einem indiskreten Beobachter, der mehr oder weniger unberechtigt in die Sphäre des Schauspielers eindringt"[160], degradiert. Die an die traditionelle Guckkastenbühne erinnernde rechteckige Bühnenform, die die vollkommene Trennung zwischen Zuschauerraum und Bühnenraum vollzieht[161], steht in Opposition zu dem Rund der zirzensischen Manege. Wie im griechischen Theater umschließen die Zuschauer*innen im Traditionellen Zirkus dreiviertel des kreisförmigen Raumabschnitts der Artist*innen. Dadurch sind die Zuschauer*innen sowohl dem agierenden Artisten als auch den am gegenüberliegenden Teil der Bühne befindlichen Rezipienten präsent. „Handelnde und Zuschauer sind dergestalt direkt aufeinander bezogen und bilden eine vollkommene Einheit."[162] Bei der Guckkastenbühne werden Zuschauer*innen und Artist*innen dagegen klar voneinander getrennt.

> Auf der einen Seite liegt der Zuschauerraum, der in tiefes Dunkel gehüllt ist. Daher vermag auch weder der einzelne Zuschauer einen anderen Zuschauer noch der Schauspieler das Publikum wahrzunehmen. Folgerichtig agiert der Schauspieler als wäre kein Publikum vorhanden.[163]

Der Zuschauerraum ist auf diese Weise als Platz der gesellschaftlichen Öffentlichkeit aufgehoben. Er wird „zum Projektionsraum für die Innerlichkeit der vereinzelten Zuschauer"[164]. Die Möglichkeit des Scheiterns des Akrobaten ist daher für jeden einzelnen Rezipienten präsent. Man sieht in *Acrobates* gleichzeitig die Figur ‚Matias' und den phänomenaler Leib[165] Matias; man verfolgt gleichzeitig die Handlung rund um die Figur ‚Matias' und sorgt sich um den Artisten. Ein solches Verfahren ist charakteristisch für zeitgenössische Zirkusdarbietungen im

---

160 Fischer-Lichte, E.: Semiotik des Theaters. Eine Einführung. Band 1, S. 141.
161 Ebd.
162 Ebd., S. 140.
163 Ebd., S. 141.
164 Ebd.
165 Fischer-Lichte, E.: Ästhetik des Performativen, S. 132.

Allgemeinen. In diesen wird die chiastische Verschränkung von Semiotizität und Performativität explizit vorgeführt.

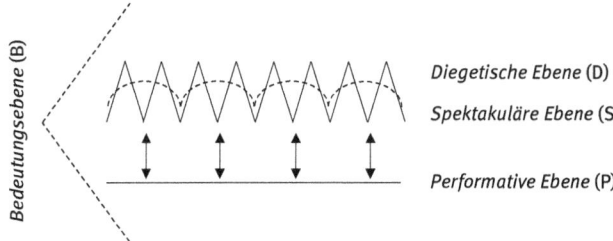

Abbildung 9: Die Ebenen von Darbietungen des Zeitgenössischen Zirkus

Die Verschmelzung von Performativer Ebene, Spektakulärer Ebene und Diegetischer Ebene zeichnet sich bereits im Proben- und Kreationsprozess ab. In der zeitgenössischen Zirkusszene sind technische und künstlerische Recherchen fundamental und werden durch künstlerische Residenzprogramme und durch Projekte wie *Circus Next*[166] oder die jüngst ins Leben gerufenen *Originale*[167] der *Berliner Festspiele* ermöglicht. Während einer Residenz, auf die sich Artist*innen mit ihrem Dossier und künstlerischen Forschungsvorhaben bewerben müssen, erhalten die Künstler*innen die Möglichkeit, ihre Stücke, die sich in der Phase der Kreation befinden, weiterzuentwickeln. Häufig unterstützen Dramaturg*innen und sogenannte Outside-Eyes diesen Prozess. Ziel ist hier nicht länger die Perfektionierung der Zirkustechnik, sondern vielmehr die Weiterentwicklung des technischen ‚Handwerkzeugs' in Abhängigkeit vom jeweils gewählten Kontext. Dieser Paradigmenwechsel ermöglicht es, dem Ziel, Bedeutung nicht länger (dominant) in Rückgriff auf theatrale (Hilfs-)Mittel wie Kostümierung oder Bühnenbild, sondern durch die Nutzung der systemeigenen Mittel, der Zirkustechnik selbst zu konstituieren, näher zu kommen.

---

166 Circus Next: Circus Next. http://www.circusnext.eu/ (17.10.2018).
167 Berliner Festspiele: Circus: Die Originale. https://www.berlinerfestspiele.de/de/aktuell/festivals/circus/archiv_circus/circus18_programm/circus18_veranstaltungsdetail_249430.php (17.10.2018).

3.5 Parameter einer text-kontext-orientierten Aufführungsanalyse des Zeitgenössischen Zirkus

Das vorliegende Stück *Acrobates*, das mit Blick auf die Erarbeitung eines Analysemodells als Repräsentant für zeitgenössische Zirkusstücke gilt, erfüllt die Merkmale eines Textes, nämlich die Speicherung und Lesbarkeit.

Obwohl es wie alle Aufführungen nicht über ein fixierbares und tradiertes materielles Artefakt verfügt, ist es im Gedächtnis speicherbar und darüber hinaus mithilfe von Transkriptionssystemen – in diesem Fall dem Aufführungsprotokoll[168] nach mehrmaliger Sichtung des Stücks – für die Analyse zugänglich. Aus erkenntnis- und wahrnehmungstheoretischer Sicht unterscheidet sich die Speicherung der Aufführung insofern von der Speicherung literarischer Texte, als dass sie immer erst im Forschungsprozess als Gestalt hergestellt wird. Damit kann ausschließlich der im Aufzeichnungssystem gespeicherte *Zeitgenössische Zirkus* untersucht werden. In diesem Sinne wirkt die Aufführungsanalyse des Zeitgenössischen Zirkus in besonderem Maße an der kulturellen Poiesis mit und hat nicht nur das Potential, das kulturelle Archiv zu verändern, sondern auch unmittelbar seine Erstellung mitzugestalten.

Acrobates ist nicht nur speicherbar, sondern auch lesbar: Zeitgenössische Zirkusstücke verfügen analog zu literarischen Texten über eine syntagmatische Achse, die manifesten Zeichen des Textes, und eine paradigmatische Achse, die kulturelle Kontextualisierung. Beim Lesen nimmt man auf syntagmatischer Achse einzelne Textelemente in ihrer Beziehung zu vorangehenden und nachfolgenden Textelementen wahr und vergleicht sie weiterhin auf paradigmatischer Achse mit Elementen, die stattdessen dastehen könnten.

Die syntagmatische Achse eines zirzensischen Textes weist grundlegende Unterschiede zu dem Syntagma literarischer Texte auf. Während literarische Texte sich ausschließlich des sprachlichen Zeichensystems bedienen, nutzen Zirkusaufführungen darüber hinaus die Bewegung, den Apparatus, Geräusche, Musik, Frisur, Kostüm, Raumkonzeption, Dekoration, Beleuchtung etc. Es findet eine Auswahl heterogener Elemente verschiedener Zeichensysteme statt, die im Syntagma miteinander verknüpft werden. Das Zwei-Achsenmodell literarischer Texte ist aus diesem Grund in die Dreidimensionalität zu übertragen. Aufführungen weisen auf Ebene des Syntagmas einen Doppelcharakter größerer Komplexität auf.

Bei der Analyse der syntagmatischen Achse ist es notwendig, nach strukturellen Äquivalenzen und Oppositionen zu suchen, da diese auf mögliche semanti-

---

[168] Siehe Kapitel 6.1. *Aufführungsprotokoll Acrobates*

sche Äquivalenz verweisen. In *Acrobates* findet auf der Ebene der Körperaktionen eine Wiederholung der Elemente statt, die Instabilität, Bewegungsunfähigkeit und Orientierungslosigkeit vermitteln. Darüber hinaus ist der Bruch mit den gängigen, durch ein codifiziertes Aktionsvokabular beschreibbaren Bewegungsabläufen konstitutiv. Die vom Artisten ausgehenden akustischen Zeichen verweisen auf Schmerz und Anstrengung. Auf sprachlicher Ebene werden Leben (in Opposition zum Nicht-Leben) und Bewegungslosigkeit thematisiert.

Mit Blick auf die Achse der kulturellen Kontextualisierung, die paradigmatische Achse, zeichnen sich zirzensische Texte als performative Texte durch einen hohen Grad an Mehrdeutigkeit aus. Performative Zeichen sind als Zeichen von Zeichen durch Mobilität gekennzeichnet. Sie vermögen gleichzeitig unterschiedliche Funktionen zu erfüllen und entsprechend unterschiedliche Bedeutungen hervorzubringen. Dies zeigt sich auch beim Lesen von *Acrobates*: Hinsichtlich des intratextuellen Kontextes, d. h. der Stellung des Ausschnitts im Gesamtprogramm, verweist die syntagmatische Struktur auf den Tod, die Trauer und die Querschnittslähmung. Der analysierte Ausschnitt folgt auf die Verkündung des Todes von Fabrice und die daran anschließende Darbietung Alexandre Fourniers. Aufgrund dieser Position liest der Rezipient das Solo von Matias Pilet in erster Linie als Reaktion der Figur ‚Matias' auf die Todesnachricht. Durch den O-Ton Fabrices aus dem Off, der seine Unfähigkeit sich zu bewegen beschreibt, versinnbildlicht das Solo gleichzeitig die Querschnittslähmung der Figur ‚Fabrice'. Darüber hinaus etabliert das Stück einen metazirzensischen Diskurs, der sich mithilfe der Paradigmen, Frames und Skripte des extratextuellen Kontextes entschlüsseln lässt. Hier steht das Paradigma des Akrobaten im Zentrum. Erst durch den Vergleich zwischen textuellem und historisch-kulturellem Paradigma ‚Akrobat' kann die Bedeutung des Textes erschlossen werden. *Acrobates* nimmt die Bezeichnung der Akrobatik als ‚act of survival' wörtlich, indem es entgegen der traditionellen Definition die Möglichkeit des Scheiterns, des Fallens und damit des Sterbens des Artisten fokussiert. In Opposition zur traditionellen Demonstration von Übermenschlichkeit veranschaulicht das Stück die Menschlichkeit und Verletzlichkeit des Künstlers und codiert den Akrobaten textintern um.

Mit Blick auf die Lesbarkeit zeitgenössischer Zirkusstücke sind nicht nur die Achsen des Textes zu betrachten, sondern auch die Ebenen. Wie literarische Texte weisen zeitgenössische Zirkustexte grundsätzlich verschiedene Ebenen auf: die Performative Ebene, die Spektakuläre Ebene, die Diegetische Ebene und die Bedeutungsebene. Die Performative Ebene eines Zirkusstücks ist sowohl die Ebene der konkret syntagmatisch notierten Zeichen als auch die Ebene der leiblichen Phänomenalität. Mit Blick auf *Acrobates* sind auf der Performativen Ebene neben der Akrobatiktechnik, den Lichteinstellungen, dem Ton etc. auch der phänomenale Leib[169], der Artist selbst, zu verorten. Zusätzlich wird in Zirkusstücken eine Spektakulären Ebene etabliert, auf der die akrobatische Leistung des Artisten fokussiert wird. Diese weist aufgrund der *Ästhetik des Risikos* stets auf die Performative Ebene zurück. Auf der Diegetischen Ebene bilden die Zeichen unter Hinzuziehung der paradigmatischen Achse einen Zusammenhang neuer Art, nämlich den Inhalt des Textes, die Diegese mit Raum, Zeit, bestimmten Gesetzen, topographischen Gegebenheiten und Figuren, die bestimmte Handlungen ausführen. In *Acrobates* ist auf dieser Ebene die Figur ‚Matias' zu verorten, die ihre Trauer über den Tod des Freundes zum Ausdruck bringt. Aufgrund der Mehrdeutigkeit der Textstelle ist eine zweite Lesart möglich: Man sieht auch die Figur ‚Fabrice' und ihre Bewegungsunfähigkeit. Fokussiert wird auf dieser Ebene also nicht der Leib des Artisten, sondern die repräsentierte Figur. Auf Bedeutungsebene bedeutet die Diegetische Ebene unter Hinzuziehung des kulturellen Wissens ihrerseits noch einmal etwas – im Falle von *Acrobates* ist hier der Metadiskurs rund um den Akrobaten zu verorten.

Im Zeitgenössischen Zirkus werden die Performative, die Spektakuläre und die Diegetische Ebene zu einer interdependenten Funktionseinheit zusammengeführt, beide Ebenen verschwimmen. Die Ästhetik des Risikos wird zum grundlegenden Prinzip des Textverfahrens, sie wird als fundamentales Element der Bedeutungskonstitution genutzt. Man sieht in *Acrobates* gleichzeitig die Figur ‚Matias' und den phänomenalen Leib[170] Matias'; man verfolgt gleichzeitig die Handlung rund um die Figur ‚Matias' auf Diegetischer Ebene und sorgt sich um den Artisten auf Performativer Ebene. Hier wird die chiastische Verschränkung von Semiotizität und Performanz explizit vorgeführt.

Bezüglich der Ebenen unterscheidet sich der zeitgenössische Zirkustext von seinen Vorgängern. Traditionelle Zirkusdarbietungen basieren fundamental auf der Etablierung einer Spektakulären Ebene, eine Diegetische Ebene wird nicht geschaffen, die Bedeutungsebene ist ausschließlich post hoc zu entschlüsseln. Dahingegen zeichnen sich Stücke des Neuen Zirkus durch den kontinuierlichen Wechsel zwischen Spektakulärer Ebene und Diegetischer Ebene aus. Aufgrund dieser Unterschiede lässt sich mit Fokus auf die Ebenen zirzensischer Texte die Zirkushistorie als Verfahrensgeschichte schreiben, die nicht länger in Rekurs auf strukturelle und administrative Veränderungen, wie beispielsweise die Abwesenheit von Tieren, die neue Generation von Artist*innen oder einen generellen Verweis auf Narrativität erfolgt, sondern in Analogie zur Kunstgeschichtsschreibung die Veränderungen des Verfahrens der Aufführungen fokussiert.

---

169 Fischer-Lichte, E.: Ästhetik des Performativen, S. 132.
170 Ebd.

4 Vertiefung – Modellanalysen

Diesen Grundüberlegungen folgt nun die detaillierte Erprobung des Lektüremodells an sechs ausgewählten zeitgenössischen Zirkusstücken von 2006 bis 2016. Angestrebt wird in einem ersten Schritt jeweils die Lektüre der Darbietungen. Im Anschluss erfolgt die Bearbeitung einer spezifischen Fragestellung, die im Rahmen der Prämisse von Text und Kontext zu weiteren methoden- und genrespezifischen Erkenntnissen führt.

4.1 Come wander with me: Zur Narration in *Fragments of a Mind* von *Squarehead Productions*

> Fragments of a Mind asks the audience to piece together a narrative / fill in the gaps / rearrange a timeline. [...] It is giving [...] [the recipients] a sort of detective-like role where, using the order of the scenes and the fragments of information they are given, they can piece together the story for themselves. I would like my audience to have more than Oohs and Aahs; I would like them to also have Ah-has and Mmms.[1]

Die Bühne und der Zuschauerraum liegen im Dunkeln. Ein Split Flap Display ist in etwa drei Metern Höhe am vorderen rechten Bühnenrand angebracht und deutlich erkennbar. Nach einigen Minuten der Stille beginnen sich die fünf kleinen Täfelchen hörbar zu drehen. Das Display stoppt: 90009. Stille. Die Täfelchen drehen sich erneut. Das Licht wird heller. Ein in dunklem Grau gekleideter männlicher Artist kniet auf dem mit schwarzem Tanzlinoleum ausgelegten Bühnenboden. Ein Rahmen aus weißem Klebeband markiert den Hauptaktionsplatz, nur dieser ist beleuchtet. Fünf weiße Jonglierbälle und ein alter, rechteckiger Kassettenrecorder sind vor dem in der rechten hinteren Bühnenecke knienden Protagonisten platziert. Er betätigt den Startknopf:

> He said
> Come wander with me love
> Come wander with me
> Away from this sad world
> Come wander with me
> He came from the sunset
> He came from the sea

---

[1] Ellingworth, John: CircusNext Shortlisted. Darragh McLoughlin. http://sideshow-circusmagazine.com/map/news/circusnext-shortlisted-darragh-mcloughlin (19.4.2018).

He came from my sorrow
*And can love only me.*²

Der Protagonist lauscht der Stimme der Sängerin, betätigt die Stopp-Taste – dann erneut „Play". Das Split Flap Display dreht von Eins auf Zwei. Dann auf Drei. Black. Selbige Szene wird wiederholt, das Display springt auf 25, dann 26, dann 27. Im folgenden Black bis auf 190. Der Artist kniet vor den fünf weißen Jonglierbällen und beginnt diese in verschiedene Formen zu legen, Fünfecke, Dreiecke, Parallelen und Diagonalen werden auf dem Boden platziert. Bevor die Stimme der Sängerin verstummt, drückt der Artist erneut auf „Play". ... He said, come wander ...

Fragments of a Mind ist ein fünfzig minütiges Solo des Artisten Darragh McLoughlin. Dieser gründete im Jahr 2012 gemeinsam mit Elena Lydia Kreusch die Companie *Squarehead Productions*, die in Irland ansässig ist und international tourt. Das Unternehmen arbeitet mit Partnern aus dem künstlerischen und akademischen Bereich zusammen und entwickelt eine Vielzahl unterschiedlicher Formate wie Performances, Vorträge, Laboratorien und Publikationen. Beide Künstler selbst sehen ihre Wurzeln zwar im Zeitgenössischen Zirkus, positionieren sich aber im breiteren Kontext der zeitgenössischen Kunst. Darüber hinaus bewegen sich die Arbeiten der Companie an der Schnittstelle zwischen künstlerischer Praxis und Wissensproduktion, was nicht zuletzt dadurch ermöglicht wird, dass Kreusch sowohl als künstlerische Leiterin, Kuratorin, Produzentin und Künstlerin tätig ist, als auch als Kulturwissenschaftlerin die Mobilität zeitgenössischer Zirkusartisten analysiert, also in der akademischen Forschung institutionell verankert ist.

Fragments of a Mind ist das zweite Solostück des Künstlers Darragh McLoughlin und wurde im Jahr 2014 von dem europäischen Förderprogramm *Circus Next* unterstützt und „in insgesamt zwanzig Residenzen (jeweils zwischen zwei und vier Wochen) in neun verschiedenen europäischen Ländern"³ (*Conflux's Pitch* (Edinburgh, UK), *KreativKultur AIR-Programme* (Wien, AT), *Maison des Jonglages* (Paris, FR), *De Kunstmaan* (Tilburg, NL), *Circus Space* (London, UK), *Cirko* (Helsinki, FI), *Cirkör LAB* (Norsborg, SE), *Theater op de Markt* (Dommelhoh, BE), *Espace Catastrophe* (Brussels, BE), *The Drill House* (Great Yarmouth, UK)) sorgfältig entwickelt. Seine Uraufführung fand im Jahr 2015 statt. Als Outside-Eye arbeiteten der Choreograph Fatou Traore, der Dramaturg Kristi Ulvestad und der Artist John-Paul Zaccarini an der Kreation mit.

---

2 Lyrics aus: Alexander, Jeff u. Anthony Wilson: Come Wander With Me 1964.
3 Kreusch, Elena: CircusNext. Europäisches Förderprogramm für ZirkusautorInnen. https://ig kultur.at/artikel/circusnext-europaeisches-foerderprogramm-fuer-zirkusautorinnen (19.4.2018).

Das Stück thematisiert den Prozess der Selbstfindung eines männlichen Protagonisten. Die Rezipienten werden mit einer unbestimmten Diegese konfrontiert, in der sich eine Figur mit ihrer eigenen Existenz auseinandersetzt und immer tiefer in die Dunkelheit versinkt. Zentrales Merkmal des Stücks ist, dass die fünf weißen Jonglagebälle nicht in ihrer klassischen Funktion genutzt werden, d. h. codifizierte Jonglagetechniken (Würfe) nur selten zum Einsatz kommen. Vielmehr besteht die Performance darin, dass die Bälle in vielen verschiedenen Formationen auf dem Boden und am Körper des Artisten positioniert werden. Ein rechteckiger Kassettenrekorder sowie ein Split Flap Display sind die einzigen Requisiten. Der Song *Come wander with me*, komponiert von Jeff Alexander und Anthony Wilson, interpretiert von Bonnie Beecher, wird über die gesamte Länge des Stücks kontinuierlich wiederholt.

Darragh McLoughlin selbst liefert in einem Interview mit dem *Sideshow Circus Magazine*[4], aus dem das Eingangszitat des Kapitels stammt, den Schlüssel für die Lektüre seines Stücks: In *Fragments of a Mind* wird eine Geschichte erzählt; die konsekutive und motivierte Folge von Befunden gilt es allerdings zu entschlüsseln und zu rekonstruieren. Dieses Unterfangen strebt das vorliegende Kapitel an, das die Frage nach der Narration des zeitgenössischen Zirkusstücks unter der Prämisse von Text und Kontext erörtert. In einem ersten Schritt gilt es, die grundlegende paradigmatische und syntagmatische Struktur von *Fragments of a Mind* herauszuarbeiten, um darauf aufbauend seine narrative Struktur auf Basis der Theorien von Jurij Lotman[5] und Gérard Genette[6] zu analysieren. Im Anschluss werden die Erkenntnisse der Erzähltextanalyse im Kontext der Debatte um die Narrativität von Zirkusstücken verortet und die Spezifik der narrativen Struktur zeitgenössischer Darbietungen herausgestellt.

4.1.1 Lektüre von Fragments of a Mind

Fragments of a Mind basiert auf drei grundlegenden Paradigmen: ‚Zeit', ‚Raum' und ‚Bewegung', die in Rückgriff auf verschiedene Zeichensysteme etabliert werden. Ein zentraler Referenzpunkt für die semantische Dekodierung des Stücks ist die Inszenierung einer endlos langsam verlaufenden Zeit. Das Split Flap Display zählt die Anzahl an Wiederholungen des Liedes. *Die Performance beginnt im Dunkeln. Nur das Display ist zu sehen. Die Täfelchen zeigen die Zahl*

---

4 Ellingworth, J.: CircusNext Shortlisted.
5 Lotman, J. M.: Die Struktur literarischer Texte.
6 Genette, G.: Die Erzählung.

90009. Das Licht wird heller. Das Display steht auf 0. Der Protagonist betätigt den Kassettenrecorder. Mit jeder Wiederholung läuft auch das Display um eine Ziffer weiter: 1, 2, 3. – 126, 127 – 131, 132.[7] Nachdem der Rezipient den Zusammenhang zwischen den Nummern auf dem Display und der Anzahl an Wiederholungen des Liedes erkannt hat, findet er sich inmitten einer Erzählung wieder (Dekodierung in der Schwerpunktanalyse). Aber nicht nur die Täfelchen lenken die Aufmerksamkeit auf die vergehende Zeit. Die rhythmische Wiederholung der Platzierungen der Bälle auf dem Boden erinnern an einen Sekundenzeiger und dies nicht nur visuell, sondern auch akustisch. Das Bild der Uhr wird innerhalb des Stücks mehrfach wiederholt: So verweist beispielsweise die Drehung des auf dem Boden liegenden Artisten um seine eigene Achse auf das Drehen des Uhrzeigers (*Fragments of a Mind* 12:27, 31:59). Auch innerhalb der Jonglage wird das Bild der runden Uhr als Symbol der vergehenden Zeit aufgegriffen. Im Unterschied zu ‚klassischen' Jonglagenummern basiert das vorliegende Stück grundsätzlich nicht auf dem Werfen der Bälle, sondern auf deren Positionierung im Raum. Diese werden in geraden Linien, Rechtecken und Quadern platziert – sowohl in Zwei- als auch in Dreidimensionalität (z. B. *Fragments of a Mind* 7:51, 9:45, 16:14, 17:14, 27:53). Das vereinzelte Werfen von ‚klassischen' Jonglagetricks (z. B. *Fragments of a Mind* 33:26, 36:12, 36:50, 37:30) wird dadurch insofern signifikant, als dass die Zirkularität der Ballbewegung hier heraussticht. Auf diese Weise erhalten beispielsweise Kaskaden eine semantische Relevanz.

Die Inszenierung von Rechtecken und Quadraten ist nicht nur mit Blick auf das Paradigma ‚Zeit' relevant, sondern auch hinsichtlich des Paradigmas ‚Raum'. Die Performance findet auf einer Bühne statt, deren Form durch das mit weißem Klebeband markierten Rechteck und dessen rechteckige Ausleuchtung noch verstärkt wird. Darüber hinaus wird ein rechteckiger Kassettenrecorder genutzt. Mithilfe der weißen Bälle kreiert der Protagonist rechteckige Räume, die in ihrer Größe variieren (z. B. *Fragments of a Mind* 23:02, 24:49). Der Protagonist kann sich ausschließlich in den markierten Räumen bewegen: Das Paradigma ‚Raum' fungiert daher als einschränkendes Mittel. Dieser Eindruck wird durch den paratextuellen Rahmen des Stücks verstärkt. Aufgrund des Titels *Fragments of a Mind* wird die Wiederholung der räumlichen Rechtecke semantisiert: Man sieht nicht nur den Protagonisten, der sich in den begrenzten Räumen bewegt, sondern gleichzeitig auf einer weiteren Ebene seinen ‚fragmented mind', seinen gespaltenen Geist, seine zersplitterte Seele. Innerhalb dieser Lesart bekommt auch die Guckkastenbühne eine neue Bedeutung, sie degradiert den Betrachter „zu einem

---

[7] Displayanzeige s. Anhang Kapitel 6.3 *Squarehead Productions: Fragments of a mind*.

indiskreten Beobachter, der mehr oder weniger unberechtigt in die Sphäre des Schauspielers eindringt"[8]. Dieser Eindruck wird auf der Bühne durch die Bälle, die den Raum verkleinern und vergrößern, wiederholt. Der Blick des Rezipienten wird gelenkt. Er schaut von außen auf das Innen dessen, was passiert. Darüber hinaus bestärkten die Lyrics von *Come wander with me* eine metaphorische Lesart. „Come wander with me away" unterstreicht die Begrenzung des Raumes, der als „sad world" beschrieben wird. An dieser Stelle ist auf die Tatsache hinzuweisen, dass auch der Songtext auf der Wiederholung von Elementen (Verben und Nomen) basiert, die dem Paradigma ‚Raum' angehören (wander, world, sunset, sea). Diese werden wiederum mit mentalen Verfassungen und Gefühlen kombiniert (sad, sorrow, love, dreams). Die Kernopposition von Innen und Außen wird also mithilfe verschiedener Zeichensysteme wiederholt.

Das Split Flap Display, das die Anzahl an Wiederholungen des Songs zählt, fungiert nicht nur als Anhaltspunkt für den zeitlichen Rahmen des Stücks, sondern verweist auch auf das Paradigma ‚Bewegung'. So wurde ein solches Display vor Beginn des digitalen Wandels auf Flughäfen und Bahnhöfen genutzt und wird es teilweise noch bis heute – z. B. auf dem Pariser *Gare du Nord*. Die Verknüpfung von Mobilität und Zug wird auch auf der Ebene der Körperzeichen und artistischen Mittel wiederholt: der Artist formt mithilfe der Bälle eine Linie. Indem er nach und nach den hinteren Ball nach vorne legt, entsteht das Bild einer Lokomotive, die Geschwindigkeit aufnimmt und sich durch den Raum bewegt (z. B. *Fragments of a Mind* 6:33, 6:42, 10:19, 10:52). Dieses Bild wird wiederholt: Der Protagonist stapelt die weißen Bälle pyramidenförmig aufeinander und schiebt diese langsam vorwärts (*Fragments of a Mind* 27:00). Nicht zuletzt sei auch noch einmal auf die Lyrics verwiesen, die das Paradigma sprachlich (wander, wanderer) manifestieren.

4.1.2 Analyseschwerpunkt: Narration

Fragments of a Mind weist nicht nur eine thematische Konsistenz auf, sondern kann darüber hinaus als ‚narrativ' klassifiziert werden. Mit anderen Worten: Die Performance erzählt. Die narrative Struktur des Stücks soll im Folgenden im Zentrum der vertiefenden Analyse stehen.

---

[8] Fischer-Lichte, E.: Semiotik des Theaters. Eine Einführung. Band 1, S. 141.

4.1.2.1 Zur narrativen Struktur von *Fragments of a Mind*

Der russische Literatur- und Kulturtheoretiker Jurij Lotman entwirft in seiner Monographie *Die Struktur literarischer Texte*[9] eine strukturalistische Narratologie, die im Rahmen dieses Kapitels der Analyse der Narration dienen soll.

> Grundvoraussetzung dafür, dass ein Text überhaupt eine narrative Struktur aufweist, ist die Existenz mindestens einer minimalen Erzählstruktur, die man sich als eine triadische Struktur denken kann, die aus den konstitutiven Einheiten ‚Ausgangssituation', ‚Veränderung/Transformation' und ‚Endsituation' besteht. Damit eine Geschichte, eine Erzählung vorliegt, muss es also mindestens zwei verschiedene sukzessive Zustände, einen Übergang zwischen ihnen und eine Größe, die diesen Übergang vornimmt, geben.[10]

Lotman nutzt für die Analyse dieser narrativen Struktur ein topologisches Beschreibungsverfahren, das zunächst auf der paradigmatischen Ebene die sujetlose Textschicht rekonstruiert und in einem weiteren Schritt auf der syntagmatischen Ebene die sujethafte Schicht des Textes untersucht. Diese Vorgehensweise wird im Folgenden übernommen.

Lotman bezeichnet Kunst als „ein sekundäres modellbildendes System"[11], das keinen Teil der realen Welt darstellen, sondern eine eigene, vollständige Welt im abgegrenzten Raum des Kunstwerkes schafft und nach einer Ordnung bestehend aus

> eine[m] semantische[n] Feld, das in zwei sich ergänzende Teilmengen gegliedert ist [und] ein[er] Grenze zwischen diesen Teilen, die unter normalen Umständen unüberschreitbar ist, sich jedoch im vorliegenden Fall […] für den Helden als Handlungsträger doch als überwindbar erweist[12],

organisiert ist. In *Fragments of a Mind* ist der semantische Raum in die zwei oppositionellen Felder ‚Freiheit' und ‚Begrenzung' unterteilt, die durch die oben erläuterten Paradigmen gebildet werden.

Beide Paradigmen, ‚Raum' und ‚Zeit', werden als begrenzend inszeniert. Der Raum der Begrenztheit ist durch die Merkmale Einsamkeit (die Figur trägt Spiele mit sich selbst aus (z. B. *Fragments of a Mind* 18:03)), Unsicherheit und Verlorensein (die Figur wechselt mehrfach die Bewegungsrichtung (z. B. *Fragments of a Mind* 11:00–12:00)) charakterisiert. Auch auf Ebene der sprachlichen Zeichen

---

9 Lotman, J. M.: Die Struktur literarischer Texte.
10 Krah, Hans: Einführung in die Literaturwissenschaft. Textanalyse. 2. Auflage. Kiel: Ludwig 2015, S. 294.
11 Lotman, J. M.: Die Struktur literarischer Texte, S. 22.
12 Ebd., S. 341.

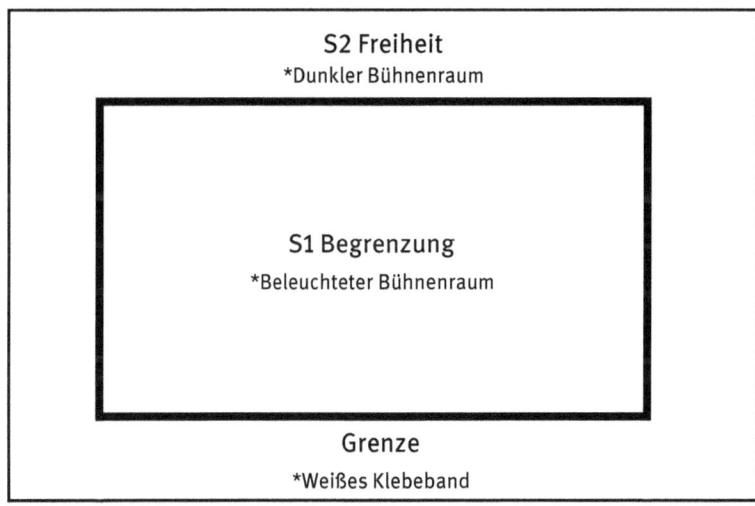

Abbildung 10: Sujetlose Textebene | Fragments of a Mind

werden die oppositionellen semantischen Räume etabliert: Die Zweiteilung „sad world" und „never be free" manifestiert sich in dem Lied *Come wander with me* von Bonnie Beecher.

Die Gegensätzlichkeit der beiden Teilräume ist nicht nur auf semantischer, sondern auch auf topographischer Ebene markiert, auf der der durch Licht und die weiße Linie markierte Raum im Gegensatz zu seiner Umgebung steht. Aufgrund der Beleuchtung ist der Rezipient nicht in der Lage zu sehen, was sich hinter dem markierten Raum befindet. Der Außenraum wird als das ‚Nichts' inszeniert. An dieser Stelle ist darauf hinzuweisen, dass die verschiedenen Räume auf topographischer Ebene nicht nur mithilfe des Bühnenbaus und der Bühnentechnik etabliert werden. Es ist die Bewegung des Artisten, die den Raum in zwei Teilräume teilt: Die Unmöglichkeit, das Equipment loszuwerden, die Bälle und die Musikanlage, die immer wieder von oben zurückkommen, sobald sie den markierten Raum verlassen (z. B. *Fragments of a Mind* 18:03, 44:27).

Auf topologischer Ebene sind die beiden Teilräume als einander umgebend arrangiert. Daher ist man mit einem ‚Innenraum' und einem ‚Außenraum' konfrontiert. Auf semantischer Ebene verweist dies auf das Innenleben der Figur. Damit wird der Titel der Performance *Fragments of a Mind* visualisiert. Der Innenraum, der semantische Raum der Begrenzung, kann als ‚Geist/Verstand' der Figur gelesen werden. Bereits auf der sujetlosen Ebene der Performance wird also auf die Möglichkeit einer zweifachen Lesart verwiesen. Es ergibt sich zusammenfassend folgende Struktur der sujetlosen Textebene:

Topologischer Raum	Innen	Außen
Topographischer Raum	Beleuchtetes Rechteck	Umgebung
Semantischer Raum	Begrenzung Einsamkeit Unsicherheit Verlorensein (= etabliert durch Körperbewegung)	Freiheit

Abbildung 11: Sujetlose Textebene | Fragments of a Mind

Zentrales Merkmal des semantischen Feldes ist nach Lotman die „Grenze zwischen diesen Teilen"[13]. In *Fragments of a Mind* wird diese (unsichtbare) Grenze deutlich inszeniert. Szenen, in denen die Figur die Unüberschreitbarkeit der Grenze überprüft, werden mehrfach wiederholt: Beim ersten Mal überschreitet der Ball zufällig die topographische Grenze, fällt dann aber aus dem Dunkel von der Bühnendecke hinunter in ihre Mitte (*Fragments of a Mind* 18:03). Dieser Moment wird zu einem Spiel, das die Figur mit sich selbst austrägt: *Die Figur nimmt einen Ball in die Hand. Nach einem kurzen Moment des Zögerns rollt sie diesen aus dem begrenzten Raum, in genau die Richtung, in die der vorherige Ball zufällig verschwunden ist. Ein anderer Ball fällt von der Decke und trifft beinahe den Protagonisten.* Dieses Vorgehen wird mit der Musikanlage, die über die topographische Grenze geworfen wird, wiederholt: Der Kassettenrekorder fällt in die Mitte des Raumes und bricht in Stücke (*Fragments of a Mind* 44:27). Durch die Wiederholung von ‚aus dem Raum werfen' und ‚zurückkommen' markiert die Performance ihre grundlegende diegetische Ordnung, aus der es kein Entrinnen gibt.

Dennoch überschreitet der Protagonist die Grenze (*Fragments of a Mind* 46:33), was dazu führt, dass die Bedingung für das Vorherrschen einer Narration erfüllt ist: „Die Bewegung des Sujets, das *Ereignis* ist die Überwindung jener Verbotsgrenze, die von der sujetlosen Struktur festgelegt ist."[14]

Die Zerstörung der Musikanlage durch den Protagonisten führt dazu, dass das Split Flap Display sich nicht weiterdreht. Zum ersten Mal erklingt während der Performance die Stimme des Artisten, der *Come wander with me* von Bonnie Beecher summt (*Fragments of a Mind* 45:36). *Der Protagonist bewegt vorsichtig einen Fuß über die Grenze zwischen Licht und Dunkelheit und verlässt die Bühne.*

---

13 Krah, H.: Einführung in die Literaturwissenschaft, S. 341.
14 Lotman, J. M.: Die Struktur literarischer Texte, S. 338.

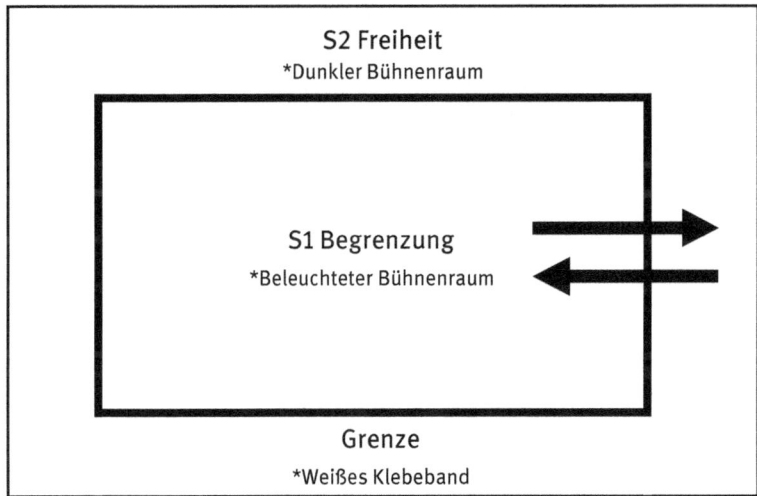

Abbildung 12: Grenzüberschreitung | Fragments of a Mind

Diese Grenzüberschreitung wurde durch das Paradigma ‚Bewegung' im Verlauf des Stücks vorbereitet.

Im Sinne des Konsistenzprinzips, das besagt, dass die „inkonsistente Situation wieder in konsistente Situationen überführt werden müssen"[15], erfolgt im Anschluss an die Grenzüberschreitung eine Ereignistilgung: „Die Größe, deren Situierung das Ereignis bedingt, wird wieder in den früheren Zustand zurückversetzt, damit ist der ereignisreiche Zustand beendet."[16] In *Fragments of a Mind* kehrt der Protagonist in die Ausgangswelt zurück und bringt eine Maske mit, die dazu führt, dass der Protagonist gesichtslos erscheint – sowohl wortwörtlich, als auch im metaphorischen Sinne (*Fragments of a Mind* 39:28, 50:25). Das Stück folgt damit dem sogenannten Beuteholerschema:

> [Dieses] ist dadurch gekennzeichnet, dass bei der Rückkehr in den Ausgangsraum ein Element des Gegenraums mitgenommen wird (durchaus auch unbemerkt).[17]

Hier eröffnet die Performance zwei verschiedene Lesarten: Die Tatsache, dass die Figur mit einer Maske zurückkehrt, muss nicht zwangsweise als relevantes Ereig-

---

15 Krah, H.: Einführung in die Literaturwissenschaft, S. 211.
16 Ebd., S. 212.
17 Ebd., S. 218.

nis gewertet werden.[18] Es kann in der Hierarchie sehr weit hinten angeordnet sein: Dies liegt darin begründet, dass die Figur auch ohne die Maske stets in Distanz zum Rezipienten inszeniert wurde. Es war auch vorher nur schwer möglich, sich mit der Figur zu identifizieren, bleibt sie doch weitestgehend charakterlos. Innerhalb dieser Lesart wird die narrative Struktur, die Grenzüberschreitung, genutzt, um die bereits im sujetlosen Textteil angelegte Ordnung zu unterstreichen: die Unmöglichkeit aus der begrenzten Diegese zu entrinnen. Eine zweite Lesart würde suggerieren, dass die Maske aus der Außenwelt in die Innenwelt geholt wurde. Innerhalb dieser Interpretation würde der semantische Raum der Freiheit noch stärker als unerreichbar inszeniert. Indem der Protagonist gesichtslos zurückkommt, verweist die narrative Struktur darauf, dass der semantische Raum der Freiheit nirgendwo existiert: Diese Lesart wird durch den Vers „could never be free" des Liedes unterstrichen. In beiden Fällen verliert die Grenze durch die Rückkehr in den Ausgangsraum ihren Status als Grenze.[19] Aus diesem Grund ist die Tilgung strenggenommen als Metatilgung zu verstehen, die nicht revolutionär ist, sondern die vom Text etablierte Ordnung ideologisch festigt. Somit liegt ein „restitutiv[er]"[20] Text vor, der die klassifikatorische Ordnung der erzählten Welt bestätigt.

Nun lässt sich mithilfe des topologischen Beschreibungsinventars Lotmans die *histoire* des Textes dokumentieren. In Bezug auf das Verfahren von *Fragments of a Mind* ist darüber hinaus der *discours* des Textes interessant, für dessen Analyse im Folgenden die Kernparameter Gérard Genettes[21] ‚Zeit', ‚Modus' und ‚Stimme' fokussiert werden.

Fragments of a Mind dominiert eine narrative Anachronie, „also eine[] Umstellung der chronologischen Ordnung einer Ereignisfolge"[22]. Mithilfe des Split Flap Displays etabliert die Performance Analepsen und Prolepsen[23]. Da

---

18 „Wie radikal die Veränderung zu bewerten ist (als revolutionär oder nur als ‚Reform' oder gar nur als semantisch irrelevant), hängt von der Qualität und dem Stellenwert des Merkmals ab, das sich transformiert; hier bedarf es der Interpretation vor dem Hintergrund des jeweiligen Gesamtmodells." Ebd., S. 214.
19 Im Sinne von: ‚Der oppositionelle semantische Raum der Freiheit unterscheidet sich strenggenommen nicht von dem Raum der Begrenztheit' oder: ‚Den oppositionellen Raum der Freiheit gibt es gar nicht'.
20 Martínez, Matías u. Michael Scheffel: Einführung in die Erzähltheorie. 9. Auflage. München: C.H. Beck 2012, S. 158.
21 Genette, G.: Die Erzählung.
22 Martínez, M. u. M. Scheffel: Einführung in die Erzähltheorie, S. 35.
23 Auflösung der narrativen Anachrony mithilfe des Displays s. Kapitel 6.3 *Squarehead Productions: Fragments of a mind* Abbildung 34.

die Handlungen, die zwischen diesen Zeitsprüngen stattfinden, nicht eindeutig von den übrigen Aktionen getrennt werden können, entsteht der Eindruck eines unendlichen Zeitverlaufs. Darüber hinaus wird die Prolepse der finalen Szene der Performance mehrfach wiederholt. Man kennt das Ende der Performance bereits an ihrem Anfang. Dieser Zeitsprung wird nicht nur durch das Split Flap Display verdeutlicht, sondern auch durch das Licht, das nach und nach dunkler wird. Am Ende – und während der Prolepse – erreicht es seinen dunkelsten Punkt. Da der Ausgang der Handlung bereits zu Beginn des Stücks feststeht, sind wir an den Ereignissen interessiert, die zu diesem Ende führen. Darüber hinaus unterstreicht die Wiederholung der Abschlussszene die Relevanz der Grenzüberschreitung.

Es ist sinnvoll, nicht nur einen Blick auf die Reihenfolge zu werfen, sondern auch auf die Dauer, das Verhältnis der Dauer von Erzählzeit und erzählter Zeit. Insgesamt ist die erzählte Zeit deutlich länger als die Erzählzeit. Die erzählte Zeit beträgt 90009 mal 20 Sekunden (die Zeit, der ersten Strophe des Songs), d. h. mehr als 500 Stunden, also mehr als 20 Tage.

An einigen Stellen sind die erzählte Zeit und die Erzählzeit identisch. Zu Beginn der Performance wird ein zeitdeckendes Erzählen genutzt, um die Verbindung zwischen Split Flap Display und der Wiederholung des Songs aufzuzeigen. Am Ende des Stücks, im Moment der Grenzüberschreitung, wird dieses Mittel genutzt, um Spannung zu erzeugen. Darüber hinaus unterstreicht die Übereinstimmung von erzählter Zeit und Erzählzeit die Relevanz des Verses „Never be free".

Die Stimme, die im Folgenden analysiert werden soll, ist nach Genette „der Akt des Erzählens, der das Verhältnis von erzählendem Subjekt und dem Erzählten, sowie das Verhältnis von erzählendem Subjekt und Leser umfasst"[24]. Die Frage nach der Existenz eines Erzählers im Film, Tanz oder anderen nicht-literarischen Texten ist kontrovers – auch in dieser Arbeit liegt keineswegs ein Verständnis von Narrativität zugrunde, dass „Texten ohne manifeste Erzählinstanz auf Krampf einen personenförmigen Erzähler zuordnen [...] [muss], der jederzeit ‚ich' sagen kann. Ein Text kann narrativ sein, ohne einen solchen Erzähler zu fingieren"[25]. Dennoch ist die Frage nach der Erzählinstanz hinsichtlich der Komplexität der narrativen Struktur von *Fragments of a Mind* interessant. Mit Blick auf die Frage nach dem Erzähler eröffnet die Performance erneut zwei verschiedene Lesarten. Bei einem Fokus auf das Lied erweist sich die weibliche Stimme als intradiegetische, homodiegetische Erzählerin, die ihre Geschichte erzählt, jedoch

---

24 Martínez, M. u. M. Scheffel: Einführung in die Erzähltheorie, S. 32.
25 Baßler, M.: Der Ort der Diegese und der Narration, S. 8.

nie tatsächlich auf die Bühne tritt. Innerhalb dieser Lesart fungiert die männliche Figur als Protagonist ihrer Erzählung. Dies wird deutlich, wenn man einen Blick auf das Ende der Performance wirft: Indem die Lyrics „Where is the wanderer" mit der Abwesenheit der männlichen Figur kombiniert werden (*Fragments of a Mind* 48:00), kann die männliche Figur als der ‚wanderer' identifiziert werden, der durch das Personalpronomen ‚he' angesprochen wird. Diese Lesart ermöglicht eine weitere Information: ‚He came from my sorrow' eröffnet die Möglichkeit, den Protagonisten als Produkt der Imagination der Frau zu kategorisieren. In dem Stück observiert der Rezipient also den ‚fragmented mind' der weiblichen Erzählerin. Leugnet man die Existenz eines anthropomorphen Erzählers, ist die Erzählstruktur weniger komplex. In diesem Fall liegt der Fokus weniger intensiv auf den Lyrics des Songs. Trotz Konfrontation mit einer weiblichen Stimme würde das Pronomen ‚me' mit der männlichen Figur zusammengebracht werden. Die Lyrics wären in diesem Zusammenhang dann als Einladung an den männlichen Protagonisten sein beengtes Leben zu verlassen, zu lesen. Innerhalb dieser Lesart läge der Fokus auf dem Wunsch auszubrechen.

In beiden Fällen ist die Erzählung extern fokalisiert, da man keine weiteren Informationen über die Gefühls- oder Gedankenwelt der Figuren – sei es die der Frau oder die des Mannes – erhält. Der Rezipient wird daher nicht nur mithilfe der Guckkastenbühne, sondern auch durch die narrative Struktur als Beobachter marginalisiert.

Nun gilt es in einem weiteren Schritt diese exemplarische Erzählanalyse im Kontext der Debatte um die Narrativität von Zirkusstücken zu verorten und die Spezifik der narrativen Struktur zeitgenössischer Darbietungen herauszustellen.

4.1.2.2 Zur Narrations-Debatte in der zirzensischen Forschung

In der Diskussion zur Ästhetik des Zirkus sorgt wohl kein Thema so sehr für Uneinigkeit wie die Frage nach der Narrativität der Darbietungen. Neben dem Verzicht auf Tiernummern gilt die Narrativität als unterscheidendes Merkmal von Traditionellem und Neuem Zirkus, was in Kurzdefinitionen wie „circus – in its contemporary narrative-driven, animal-free form"[26] zum Ausdruck kommt. „The vision of man expressed by traditional circus is [in the New Circus] *seemingly* exchanged for something else: the dramatic personae and the linear story"[27], erläutert die Dramaturgin Bauke Lievens. Bereits im Jahr 1996 stand der Zusammenhang von

---

[26] Leroux, Louis Patrick: Contemporary circus research in Québec. Building and negotiating an emerging interdisciplinary field. In: The Routledge Circus Studies Reader. Hrsg. von Peta Tait u. Katie Lavers. New York, London: Routledge Taylor & Francis 2016, S. 560–571, hier S. 560.
[27] Lievens, B.: Between Being and Imagining I.

Zirkus und Narration innerhalb der Szene auch im Zentrum öffentlicher Diskussionen. So widmete sich die Tagung *Convention des metteurs en scène de cirque* beim *Festival Mondial du Cirque de Demain* der Frage: „Peut-on raconter une histoire dans un numéro ou un spectacle de cirque?"[28] Die Ergebnisse der Diskussion blieben unveröffentlicht.

Nicht nur bei der Abgrenzung des Neuen Zirkus von seinem traditionellen Vorgänger, sondern auch in der Unterscheidung desselben vom nachfolgenden Zeitgenössischen Zirkus ist das Merkmal der Narrativität richtungweisend: Der Zeitgenössische Zirkus wird nicht länger mithilfe des Merkmals der Narrativität definiert, sondern durch seinen (erneuten) Fokus auf Zirkustechniken: „Many artists have placed a renewed focus on technical skill."[29] Zeitgenössische Zirkusstücke können den Definitionen zufolge zwar narrativ sein, folgen jedoch in der Regel weniger einer linearen Struktur.

> Contemporary circus performances can also be classified according to their content and structure and can contain dramatic stories and narratives. These are not necessarily linear narratives. The drama may be fragmented and the stories can be extremely changeable.[30]

Die Narrativität von Darbietungen als divergierendes Merkmal gerät in der Diskussion an ihre Grenzen, proklamiert der Semiotiker Paul Bouissac doch bereits für traditionelle Nummern und Programme eine narrative Struktur:

> [The] fundamental narrative structure which generates all circus acts is what ultimately accounts for their meaning, or, rather, articulates this meaning through a multimodal signifying discourse.[31]

Auch für Artisten scheint das Merkmal der Narrativität seit der Entstehung des Neuen Zirkus immer stärker in den Fokus zu rücken: „On s'est donc battus pour raconter une histoire"[32] erklärt beispielsweise die Companie *Les Sept Doigts de la Main* in einem Interview zu ihrem Stück *La vie*. Louis Patrick Leroux sieht einen

---

28 Festival Mondial du Cirque de Demain: Peut-on raconter une histoire dans un numéro ou un spectacle de cirque? Convention des metteurs en scène de cirque beim Festival Mondial du Cirque de Demain 1996.
29 Lievens, B.: Between Being and Imagining I.
30 Puurovaara, Tomi: Contemporary Nordic Circus. In: The Routledge Circus Studies Reader. Hrsg. von Peta Tait u. Katie Lavers. New York, London: Routledge Taylor & Francis 2016, S. 553.
31 Bouissac, P.: The staging of actions, S. 39.
32 Blais, Marie-Christine: Les 7 doigts de la main. La vie avant La vie. http://www.lapresse.ca/arts/spectacles-et-theatre/humour-et-varietes/200809/20/01-21831-les-7-doigts-de-la-main-la-vie-avant-la-vie.php (11.4.2018).

engen Zusammenhang zwischen dem aufkommenden Interesse an Narrativität und dem Einzug von Theaterschauspielern, Regisseuren und Dramaturgen in die Zirkusszene:

> We're still quite far away from circus-theatre or even extensive playwriting being applied to the circus, but one does sense a growing concern and, indeed, a desire in the Cirque artists to build a story which goes beyond the Cirque's own proverbial and well-worn ‚collective transformation' trope. The fact that the Cirque has been integrating theatre-folk [...] probably has something to do with the progressive more from its funfair (‚théâtre forain') and circus origins to its current theatre-driven spectacles which weave circus acts into a basic, sustained, narrative.[33]

Neben dem Interesse an narrativen Handlungsabfolgen gibt es aber auch Stimmen, die die Narrativität von Zirkusdarbietungen kritisieren. So klassifiziert die Dramaturgin Bauke Lievens in ihrem *First open Letter to the Circus*[34] die Kombination von Realität und Fiktion als Fehler des Neuen Zirkus:

> The failure of nouveau cirque was in trying to combine real presence with make-believe at exactly the moment when the innate qualities of circus resonated with the emergence of post-dramatic theatre. This is why, in the nouveau cirque, circus acts always interrupt the narrative. It is simply not possible to combine the two in one smooth whole. At the moment of physical danger (of presence), the story (the re-presentation) simply stops.[35]

Lievens fordert aus diesem Grund ein ästhetisches Umdenken bei der Produktion von Zirkusstücken:

> Let us search for countless different answers to the questions of why we want to do circus, how we want to do circus, and what we (can possibly) express by doing circus.[36]

Aufgrund der Divergenzen in der Diskussion ist es vonnöten, sich im vorliegenden Kapitel der Frage nach der Narrativität zeitgenössischer Zirkusperformances unter der Prämisse von Text und Kontext ausführlich zu nähern und die Analyseergebnisse aus *Fragments of a Mind* innerhalb der Debatte zu positionieren. Was zeichnet die narrative Struktur von *Fragment of a mind* aus? Inwiefern unterscheidet sie sich von Bouissacs deklarierter narrativer Struktur traditioneller Zirkusstücke?

---

33 Leroux, Louis Patrick: The Cirque du Soleil in Las Vegas. An American srip-tease. In: The Routledge Circus Studies Reader. Hrsg. von Peta Tait u. Katie Lavers. New York, London: Routledge Taylor & Francis 2016, S. 546–552, hier S. 547.
34 Lievens, B.: Between Being and Imagining I.
35 Ebd.
36 Ebd.

Wodurch unterscheiden sich Narrationen des Zeitgenössischen Zirkus von denen des Neuen? Und welche Rolle spielen dabei die von Lievens angeführten Parameter wie „physical danger (of presence)" und „the story (the re-presentation)"[37]?

4.1.2.3 Narration in der Zirkushistorie unter der Prämisse von Text und Kontext

Bevor diese Fragen im Detail diskutiert werden, ist es notwendig unter der Prämisse von Text und Kontext – im Rahmen der Lektüretheorie – über Narration nachzudenken. In seinem unveröffentlichten Aufsatz *Der Ort der Diegese und der Narration. Versuch einer Neubestimmung*[38] unternimmt Baßler eben jenes Unterfangen und erläutert:

> Narrationen haben in diesem Modell die Form paradigmatischer Syntagmen. Anders als die syntagmatischen Paradigmen der poetischen Funktion nach Jakobson, die sich textimmanent als Äquivalenzstrukturen in der Sequenz darstellen, setzt eine Narration voraus, dass eine konsekutive und motivierte Folge von Befunden der Sequenz erkannt wird aufgrund von kulturell verfügbaren Mustern, die bereits in der Lektüre von anderen Texten oder auch in der lebensweltlichen Erfahrung von Vorgängen erworben wurden. Nur im vergleichenden Bezug auf solche Skripte können wir Befunde eines statischen Textes als Handlungen rekonstruieren gemäß dem, was Roland Barthes in S/Z als proairetischen oder Handlungs-Code bezeichnet hat.[39]

In dieser Definition zeigt sich der kulturpoetische Chiasmus der Kulturalität der Texte und der Textualität der Kultur. Baßlers Narrations-Verständnis basiert auf der Prämisse, dass es keine Texte ohne Kontexte gibt: Nur in paradigmatischem Abgleich mit vertrauten Erzählmustern erkennt man Handlungen in Texten. Er verweist darauf, dass dieser Abgleich nicht bewusst und explizit sein muss, sondern oft intuitiv erfolgt. Auch ist darauf hinzuweisen, dass „die Narration [...] keineswegs vollständig im manifesten Syntagma durchgeführt sein [muss]"[40], werden bei der Lektüre unvollständige Sequenzen doch aus dem topischen Vorrat der kulturellen Muster ergänzt.

Im Folgenden soll Bouissacs These, traditionelle Zirkusnummern seien narrativ strukturiert, vor dem Hintergrund der Argumentation Baßlers diskutiert werden. Bouissac erläutert:

---

37 Ebd.
38 Baßler, M.: Der Ort der Diegese und der Narration.
39 Ebd., S. 2.
40 Ebd.

> As an act unfolds, we can identify progressive stages that closely resemble the pattern of successive transformations that occur in folktales. The principle stages [...] are:
> 1. Identification of the hero, who incidentally is often introduced as a non-autochthon.
> 2. Qualifying test, which the artist considers a warm-up exercise.
> 3. Main test, which can consist of several tests presented in a variety of sequences.
> 4. Glorifying test, which is usually precedent by a special announcement and accompanied by a drum roll.
> 5. Public acknowledgment of the fulfillment of the task.
>
> The preceding is always true of any basic act. But there are more-sophisticated patterns in which we see at work a transformation or a series of transformations by inversion [...] as is often the case in folktales.[41]

Auch Bouissac, dessen Argumentation auf den Theorien von Greimas und Propp basiert, lässt sich mithilfe der Definition von Narration als paradigmatisches Syntagma erläutern: Das Wiedererkennen von narrativen Strukturen in traditionellen Zirkusnummern basiert auf dem Vergleich mit den im kulturellen Kontext konkret vorfindlichen Geschichten – nämlich Märchen. Diese narrativen Strukturen[42] sind im Traditionellen Zirkus jedoch nicht auf Diegetischer Ebene zu verorten, da diese Ebene, wie in Kapitel 3.4 *Zirkusgeschichte als Verfahrensgeschichte* erläutert wurde, im Traditionellen Zirkus nicht etabliert wird.

Baßler zufolge ist aber die Etablierung der Diegetischen Ebene für die Narration notwendige Voraussetzung:

> Narrative Skripte sind, mit anderen Worten, eng mit der Ausbildung einer Diegese verbunden. Handlungen lassen sich bekanntlich nicht außerhalb einer raum-zeitlichen Ordnung denken – jede Erzählung einer Handlung setzt daher zugleich auch die Diegese mit. Ein Text, der auf eine vorstellbare Welt hin transparent ist, ist aber tendenziell ein realistischer. Deshalb wird ein Text, sobald man ihn narrativ zu lesen beginnt, realistisch im Sinne von: diegetisch. (Es versteht sich am Rande, dass ‚realistisch' hier nicht als Opposition von ‚fan-

---

41 Bouissac, P.: Circus and culture, S. 25.
42 Pantomimen werden hier ausgeklammert: „In the circus, pantomimes were performed on stage or in the ring and could be spoken, danced, sung, played out on horseback, and even swum in establishments equipped with a pool for aquatic acrobatics. They served to link performances. They sometimes involved several characters and often incorporated elements of set design. The stories could be quite simple, of course, but more elaborate narratives were sometimes presented. In particular, some farcical pantomimes with complex stories required performances by the clowns and sometimes included other artists in the troupe." Boudreault, Julie: Are Quebec Circuses of Foreign Origin? In: Cirque global. Quebec's expanding circus boundaries. Hrsg. von Louis Patrick Leroux u. Charles Batson. Montreal: McGill-Queen's University Press 2016, S. 55–68, hier S. 58.

tastisch' zu verstehen ist – gerade fantastische Texte müssen bekanntlich realistisch verfahren, um ihre ungewöhnliche Diegese zu beglaubigen.)[43]

Folgt man dieser Argumentation, können traditionelle Zirkusnummern aufgrund der fehlenden Diegetischen Ebene strenggenommen nicht erzählen. Die von Bouissac deklarierte narrative Struktur traditioneller Zirkusnummern dient der Unterstreichung der Übermenschlichkeit der Artisten und damit der Fokussierung der Spektakulären Ebene. Sie ist nicht auf Diegetischer Ebene, sondern auf der Spektakulären Ebene zu verorten. Aus diesem Grund verzichtet die vorliegende Arbeit darauf, im Falle des Traditionellen Zirkus von einer narrativen Textstruktur zu sprechen.[44] Treffender scheint der von Jean-Michel Guy geprägte Begriff des babylonischen Aufbaus, „la dramaturgie fondée sur la succession de numéros sans lien ‚logique' entre eux, la structure babélienne du numéro"[45], dessen Definition dem Bouissac'schen Schema entspricht.

In Stücken des Neuen Zirkus, so wurde im ersten Kapitel gezeigt, gewinnt die Diegetische Ebene an Dominanz und damit, sofern man der These der Relevanz der Diegetizität folgt, auch die Narrativität. In *Cirque du Soleils KOOZA*[46] wird mithilfe eines aufwändigen Bühnenbildes und theatralen Figuren eine phantastische Diegese geschaffen, in die sich die zirzensischen Darbietungen einfügen. Trotz dieser Textwelt verfährt das Stück realistisch im Sinne von diegetisch. Der Übergang von der Performativen Ebene zur Diegetischen Ebene, von der „Ebene

---

[43] Baßler, M.: Der Ort der Diegese und der Narration, S. 3–4.
[44] Dies bedeutet nicht, dass es im Traditionellen Zirkus keine Programme mit narrativen Strukturen gibt. Als Ausnahme ist beispielsweise das Stück *La perle du bengale – Operette à grand spectacle féerique et nautique* des *Cirque Bouglione* zu nennen. „The second part of the program was the story of a British lady kidnapped by a fierce Hindu prince. During a dance she was seized by a rushing elephant and transported in a palace where she was kept prisoner. Then there was the quest to save her. Horsemen were battling, slaves were thrown to the snakes, acrobatics and clowning were made a part of the story, etc., etc. At the end, she was reunited with her British officer lover. Many regular acts were framed by this story line and the performers were dressed in appropriate style. The following year, it was the story of Davy Crockett and the setting was the American conquest of the Wild West. One again circus acts were staged as part of the unfolding story." Bouissac, Paul: Circus and Narrative Structures: Mailverkehr zwischen Franziska Trapp und Paul Bouissac 2015. Diese Programme bilden eine Ausnahme und würden in dem hier vorgeschlagenen Modell trotz zeitlicher Diskrepanz aufgrund ihres Verfahrens unter den Neuen Zirkus fallen. An dieser Stelle ist darauf hinzuweisen, dass es nicht Ziel dieser Arbeit ist, ein Modell zu schaffen, in das die Performances eingeordnet werden, sondern vielmehr Aufklärung über die spezifischen Verfahrensweisen der repräsentativen Stücke der jeweiligen Genres zu erhalten.
[45] Guy, J.-M.: Introduction, S. 17.
[46] Cirque du Soleil: KOOZA. Video trailer and Show Info. https://www.cirquedusoleil.com/kooza (5.7.2018).

der Zeichen zur Diegese erfolgt automatisch."[47] Eben jenes Verfahren wird von Lievens kritisiert:

> Unfortunately, the decision to combine a narrative with circus arts is not limited to a handful of obscure performances from the early days of nouveau cirque. The majority of the circus performances that we make today still function like this – which is to say that they don't function at all.[48]

Nun weist Lievens Argumentation Schwächen auf: Zum einen ist sie insofern nicht zirkusspezifisch, als dass eben jene Spannung zwischen „presence" und „the story (the re-presentation)"[49] allen Live-Performances zugrunde liegt. Diesbezüglich äußert Fischer-Lichte: „Whenever and wherever theatre happens, it is characterized by a tension between reality and fiction, between the real and the fictional."[50] Würde man Lievens Argumentation folgen, funktionieren strenggenommen Theateraufführungen und Performances nie. Nun wäre Lievens zugute zu halten, dass ihre These auf der Prämisse der Ästhetik des Risikos beruht, die zu einer starken Emergenz führt und damit auch zu einer Fokussierung der Phänomenalität. Diese risikobedingte Emergenz führt aber nicht zu einer Dysfunktionalität der neuen Zirkusdarbietungen, deren Selbstverständnis, so wurde in Kapitel 3.3.2 *Die Ebenen der Darbietungen des Neuen Zirkus* gezeigt, nicht mit den Prämissen des dramatischen Theaters des 18. Jahrhunderts vergleichbar ist. Im Neuen Zirkus wird keineswegs die Transformation der phänomenalen Leiber der Artisten in semiotische Körper angestrebt. Lievens Kritik gründet also auf einer unzulänglichen Prämisse. Wie im vorigen Kapitel gezeigt werden konnte, basiert das Verfahren des Neuen Zirkus auf der Alternation zwischen der Spektakulären Ebene und der Diegetischen Ebenen und damit auf der Alternation zwischen Artistik und Narration. Dieses Verfahren wird im Moment des tatsächlichen Risikos zwar offengelegt, führt aber nicht zu dem Misslingen des Gesamtstücks, basiert die Rezeption doch von vornherein auf der Oszillation zwischen beiden Ebenen.

Im Zeitgenössischen Zirkus werden die Performative Ebene, die Spektakuläre Ebene und die Diegetische Ebene zu einer interdependenten Funktionseinheit zusammengeführt, d.h. es findet keine Alternation von narrativer Handlungsstruktur und spektakulärer Artistik statt. Vielmehr entspricht die Artistik auf syntagmatischer Achse der narrativen Handlung auf Diegetischer Ebene: In *Frag-*

---

47 Baßler, M.: Deutsche Erzählprosa 1850 – 1950, S. 22.
48 Lievens, B.: Between Being and Imagining I.
49 Ebd.
50 Fischer-Lichte, E.: Reality and Fiction in Contemporary Theatre, S. 84.

ments of a Mind stimmt das Positionieren der Bälle in Rechtecken und das Hinauswerfen derselben mit der Grenzüberschreitung aus dem Raum der Begrenzung in den Raum der (vermeintlichen Freiheit), sprich der narrativen Handlung überein. Sowohl die Etablierung der sujetlosen Ordnung, als auch der narrativen Grenzüberschreitung basiert damit auf zirzensischen Mitteln. Im Verlauf der Sequenz verweist das hohe Aufkommen von Äquivalenzen mithilfe der Zeichennutzung aus verschiedenen Systemen (Objektmanipulation, Bühnenbau, Beleuchtung etc.) auf die Paradigmen ‚endlose Zeit' und ‚begrenzter Raum'. Eben jene oppositionelle Ordnung der *histoire* wird durch die narrative Struktur des Stücks auf topographischer, topologischer und semantischer Ebene wiederholt. Die Grenzüberschreitung und die anschließende Metatilgung, durch die die betreffende Grenze als Grenze ihren Status verliert, führen dazu, dass die textuelle Ordnung bestätigt, nicht aber revolutioniert wird.

Auf Ebene des *discours* lässt sich die narrative Anachrony von *Fragments of a Mind* mithilfe der Anzeige des Split Flap Displays und der Beleuchtung entschlüsseln. Je nachdem, ob man die Existenz eines anthropomorphen Erzählers annimmt oder verneint, eröffnet das Stück zwei verschiedene Lesarten: Die erste könnte die Existenz einer intradiegetisch, homodiegetischen Erzählerin annehmen, in der die männliche Figur die Rolle des Protagonisten einnimmt. In der zweiten wird diese negiert, die Erzählstruktur ist damit weniger komplex. Hier zeigt sich zum einen die Polyfunktionalität zirzensischer Zeichen, die unterschiedliche Funktionen erfüllen können und entsprechend verschiedene Bedeutungen hervorbringen. Zum anderen ist die Möglichkeit divergierender Lektüren aber auch der Tatsache geschuldet, dass die Narration nicht vollständig im manifesten Syntagma durchgeführt ist und die narrative Anachrony zusätzlich für eine generelle Unverständlichkeit sorgt, d. h. das Erkennen einer integralen Gesamtbedeutung ist erschwert. Umso stärker wird hier nach der Ergänzung aus dem topischen Vorrat der kulturellen Muster verlangt. Die konsekutive und motivierte Folge von Befunden, die raum-zeitliche Ordnung, ist im Syntagma von zeitgenössischen Zirkustexten nicht vollständig manifestiert. Es gilt diese zu rekonstruieren und zu entschlüsseln oder wie Darragh McLoughlin es selbst formuliert: „Fragments of a Mind asks the audience to piece together a narrative / fill in the gaps / rearrange a timeline."[51]

---

51 Ellingworth, J.: CircusNext Shortlisted.

4.2 Metonymische und metaphorische Lektüren: Zur Mehrdeutigkeit in *I am (k)not* von Ana Jordão

Stille. Die von schwarzen Wänden umrahmte Bühne ist nur spärlich ausgeleuchtet; am Boden liegt schwarzes Tanzlinoleum. Ein schwarzes Seil im Umfang eines Armes hängt von der Decke. Seine grob geflochtene Struktur ist deutlich erkennbar. Das Ende des Seils formt einen Knoten um das rechte Handgelenk der kleinen, schwarz bekleideten, lockenköpfigen Artistin, die in der linken Ecke der Bühne steht. Sie bewegt ihren Arm ruckartig auf und ab. Das Seil formt Wellen, die sich aufwärtsbewegen. Die Artistin hebt ruckartig beide Arme und lässt sie fallen. Das Seil schwingt parabelförmig nach. Der artistische Körper übernimmt diese Seilbewegungen. Nach einem kurzen Innehalten schiebt die Artistin den Knoten von ihrem Handgelenk auf ihren rechten Fuß. Sie hebt den linken Fuß über das Seil und läuft vorsichtig, langsam wenige Schritte vorwärts. Sie schlägt ein Rad. Das Seil schlägt peitschenartig nach. Die Artistin greift es auf Hüfthöhe mit ihrer linken Hand. Sie löst den Knoten und wirft sich das schwarze Ende um den Hals – ein Schal – eine Fessel. Ein zweiter Versuch. Sie wirft das Seil erneut um ihren Hals, nimmt die Drehbewegung kunstvoll auf. In mehreren Lagen schmiegt sich das schwarze Ende um den Hals. Die Artistin läuft ein paar Schritte vorwärts, gerade so weit, wie ihre Fessel es zulässt und kniet vor einer kleinen Kiste am Boden nieder. Ohne ihren Kopf zu senken, hebt sie den Deckel und entnimmt dem Pappkarton eine Schere, die sie sich in einer ruckartigen Bewegung in den Mund schiebt. Black. Die Artistin läuft, mit der Schere zwischen den Zähnen, entschlossen auf das von der Decke hängende, leicht schwingende Seil zu, hält einen Moment inne und klettert leichtfüßig hinauf. Oben angekommen, blickt sie ins Publikum, die Spitze der Schere in Richtung Boden weisend. Sie öffnet die Schere. Das Seil dreht sich mit der Artistin um die eigene Achse. Black. Die Artistin zerschneidet über ihrem Kopf das Seil und fällt. Für einige Minuten schwebt sie waagerecht im leeren Raum. Durch das Flutlicht aus dem Bühnenhintergrund sind ihre Umrisse nur schemenhaft erkennbar. Füße und Arme bewegen sich langsam, fließend. Während sie sich wie in Zeitlupe dem Boden nähert, wird das Licht dunkler. Black. Im Lichtkreis liegt die Artistin auf dem Rücken am Boden. Ihr rechtes Bein ist angewinkelt, der rechte Arm zur Seite gestreckt. Der Kopf ist leicht zur Seite geneigt. Neben ihr ein Knäuel aus Seil.

Diese Szene stammt aus dem zeitgenössischen Zirkusstück *I am (k)not* der portugiesischen Vertikalseilartistin Ana Jordão, die ihre Arbeiten an der Schnittstelle zwischen Zeitgenössischem Zirkus, Tanz und Improvisation einordnet. Nach ihrem Abschluss in Medien- und Kulturwissenschaften in Edinburgh im Jahr 2006 absolvierte Jordão 2011 die Berliner Artistenschule *Etage – Schule für darstellende und bildende Künste* und tourt seither vor allem im europäischen Raum. Jordãos Stücke wurden von zeitgenössischen Dramaturg*innen und Artist*innen wie

Sharon Fridman (*Companía de danza contemporanéa Sharon Fridman*), Ricardo de Paula (Tanzperformer und Choreograph), Jozef Frucek (Cie *Root less ROOT*), Bruno Caverna (*Play Fight*), Alexandre Fray (Cie *Un loup pour l'homme*), Aragorn Boulanger (Cie *14:20*), Bauke Lievens (Belgische Dramaturgin und Verfasserin der *Open letters to the circus*[52]) und Jean-Michel Guy (Soziologe und Dramaturg) beeinflusst, mit denen sie in diversen Masterclasses zusammenarbeitete.

Mit *I am (k)not* positioniert sich die Künstlerin erstmals als Regisseurin und Dramaturgin. Da Jordão das Stück in einer fünfjährigen künstlerischen Forschungsphase entwickelte, in der zahlreiche Residenzen durchgeführt wurden[53], befand sich das Stück kontinuierlich im Prozess. Von einem ‚Endprodukt' im eigentlichen Sinne kann daher nicht gesprochen werden. Im vorliegenden Kapitel wird die halbstündige Präsentation von *I am (k)not* während der Künstlerresidenz im *Espace Périphérique* (Frankreich) als Analysegrundlage gewählt.

Zentrales Merkmal des Stücks ist die spezifische Nutzung eines schwarzen Vertikalseils, das nur zu Beginn der Performance in seiner ursprünglichen zirzensischen Funktion – von der Decke hängend – gebraucht wird. Nachdem die Künstlerin das Seil zerschneidet (s. Beschreibung), wird es nur noch als Objekt am Boden eingesetzt. Es wird zu Wellen und Schlaufen geformt, es gleitet durch die Füße der im Handstand stehenden Artistin oder formt die Umrisse der auf dem Boden liegenden Artistin nach. Ernsthafte Szenen und spielerische Elemente, in denen die Artistin sich beispielsweise in ein brabbelndes Monster verwandelt, einen Origamifisch aus dem aus dem Seil gelegten Brunnen fischt, Schokolade verteilt und Zucker verschüttet, wechseln einander ab. Ebenso Szenen, in denen Musik[54] eingesetzt wird und Sequenzen der Stille.

Jordão beschreibt ihr Stück auf ihrer Homepage mit folgenden Worten:

> The vertical rope is used both in the air and on the ground, and is explored as an object that gives rise to a multitude of forms, symbols and situations that convey the emotions, memories and dreams of a character who wanders eternally in the world of thought. Only to be surprised, repeatedly, by the pleasures and joys of Live ... like chocolates![55]

---

52 Lievens, B.: Between Being and Imagining I. und Lievens, Bauke: Between Being and Imagining II. Second Open Letter to the Circus. http://sideshow-circusmagazine.com/being-imaging/letter-myth (29.09.17).
53 U. a. Espace Périphérique (FR), Berlin Circus Productions (DE), Espace Catastrophe (BE), Espaço do Tempo (PT), Latitude 50 (BE), CIRQUEON (CZ), Initiative Neuer Zirkus e.V. (DE), Circus Next: Labs (FR), Nunart (ES), Katakomben Center for Performing Arts (DE), Jackson's Lane (UK).
54 Musik von Max Richter, Lula Pena, Slowblow und Antonio Sanchez
55 Jordão, A.: Ana Jordão.

Damit legt die Artistin selbst bereits im Paratext nahe, dass das Stück nicht eine einzige, stringente Lektüre erfordert, sondern auf zahlreichen Mehrdeutigkeiten basiert – ein Umstand, der auch im Titel zur Geltung kommt. Das Merkmal der Ambivalenz betrifft nicht nur *I am (k)not*, sondern ist für alle Zirkusdarbietungen grundlegend. Zirzensische Zeichen sind wie theatrale Zeichen durch ihre „Polyfunktionalität"[56] bestimmt. „Jedes theatrale [und zirzensische] Zeichen vermag unterschiedliche Funktionen zu erfüllen und entsprechend die unterschiedlichsten Bedeutungen hervorzubringen."[57] Oder mit anderen Worten:

> Dass man einen Text ganz unterschiedlich lesen und verstehen kann, hat also seinen Grund in den unterschiedlichen Vergleichsgrößen, die jeweils herangezogen werden.[58]

Die verschiedenen Lesarten von *I am (k)not* sollen im vorliegenden Kapitel herausgearbeitet werden. Als methodische Grundlage für die Analyse dient die Theorie Roman Jakobsons, der in seinem Aufsatz *Zwei Seiten der Sprache und zwei Typen aphatischer Störungen*[59] zwei Verknüpfungsmöglichkeiten unterscheidet, die er zwar für die Sprache ausarbeitet, die aber ihm zufolge auch in nicht-sprachlichen Zeichensystemen auftreten.[60] Eine Rede kann entweder mithilfe von Äquivalenz in einen anderen Gegenstand überführt werden und somit den metaphorischen Weg einschlagen oder mithilfe von Kontiguität den metonymischen Weg. Im Fall der Metapher findet die Ersetzung eines Elements durch ein anderes aus einem fremden Frame statt, während im Fall der Metonymie ein Element durch etwas Benachbartes aus demselben Frame ersetzt wird. Beide Wege sollen im Folgenden in *I am (k)not* im Detail betrachtet werden.

Wie im vorangehenden Kapitel erfolgt zunächst eine Analyse der grundlegenden syntagmatischen und paradigmatischen Struktur des eingangs beschriebenen Ausschnitts (*I am (k)not* 4:18–7:35), der den Wendepunkt des Stücks darstellt, in dem das Seil auf den Boden fällt und fortan nicht länger als Vertikalseil genutzt wird. In einem zweiten Schritt wird sowohl eine metonymische als auch eine metaphorische Lesart vorgeschlagen. Das Kapitel mündet in der Erläuterung der These, dass das Spiel mit Framebrüchen als grundlegendes Verfahren zeitgenössischer Zirkusstücke klassifiziert werden kann.

---

56 Fischer-Lichte, Erika: [Art.] Semiotik. In: Metzler Lexikon Theatertheorie. Hrsg. von Erika Fischer-Lichte, Doris Kolesch u. Matthias Warstat. 2. Auflage. Stuttgart: Metzler 2014, S. 322.
57 Ebd.
58 Baßler, M.: [Art.] Kontexte, S. 357.
59 Jakobson, R.: Zwei Seiten der Sprache und zwei Typen aphatischer Störungen.
60 Ebd., S. 135.

4.2.1 Lektüre von *I am (k)not*

In dem vorliegendnen Ausschnitt aus *I am (k)not* dominieren äquivalente Elemente, die Performance weist damit ein hohes Maß an formaler Selbstähnlichkeit auf:

Erstens wird die Farbe ‚Schwarz' dominant genutzt. Der Bühnenboden, die Bühnenwände, die Kleidung der Artistin, ihre 7/8 Hose, ihr hochgeschlossenes Top, ihr gelocktes Haar und das Vertikalseil sind dunkel. Zusätzlich sind die schwarzen Schatten von Seil und Artistin durch die grelle Dusche, die einen weißen Lichtkegel auf den schwarzen Bühnenboden wirft, deutlich sichtbar. Auch sind durch das Gegenlicht, das die Zuschauer im Schwebemoment nach dem Zerschneiden des Seils anstrahlt, nur die schwarzen Umrisse der Figur zu erkennen (*I am (k)not* 7:21). Hier zeigt sich erneut, dass die Äquivalenzen in einer Auswahl von heterogenen Elementen verschiedener semantischer Systeme zu finden sind. Es genügt nicht, nur offensichtliche Systeme wie Kleidung und Bühnenbau bei der Suche nach Äquivalenzen – in diesem Fall die Farbe ‚Schwarz' – zu betrachten. Auch Parameter wie die Beleuchtung müssen berücksichtigt werden, da in Zirkusstücken immer eine Auswahl von heterogenen Elementen verschiedener semantischer Systeme stattfindet, die simultan und chronologisch miteinander verknüpft werden. Grundsätzlich ist jedes Zeichen eines Zeichensystems mit jedem anderen desselben oder eines beliebigen anderen Zeichensystems sowohl in der Simultanität als auch in der Sukzession kombinierbar.[61]

Zweitens fällt die Häufung von Knoten oder Knäulen in Opposition zu der Vertikalität des Seils auf. Zuallererst ist darauf hinzuweisen, dass das Vertikalseil, das in der Nummer genutzt wird, besonderes grob geflochten ist. Es gibt auch feinmaschigere Vertikalseile oder solche, die mit einem Baumwollstoff bezogen sind. Bereits beim Vertikalseil findet also eine Selektion aus verschiedenen Möglichkeiten statt. Im Vergleich „mit Elementen, die stattdessen dastehen könnten"[62] konstituiert sich die Bedeutung des Stücks. Darüber hinaus werden Knoten direkt eingesetzt: So knotet die Artistin während der kurzen Sequenz das Seil um ihre Hand- und Fußgelenke und legt es um ihren Hals (*I am (k)not* 4:18, 4:24, 4:29, 4:34, 4:45, 5:14, 5:34). Im Anschluss an das Zerschneiden liegt das Seil in einem Knäuel auf dem Boden (*I am (k)not* 7:30). Auch beim Hinaufklettern am Seil werden Knoten/Schlaufen genutzt. Durchgeführt wird der „Russische[] Aufgang"[63], bei

---
61 Fischer-Lichte, E.: Semiotik des Theaters. Eine Einführung. Band 3, S. 88.
62 Baßler, M.: [Art.] Kontexte, S. 357.
63 Davis, Jeff: Statisches Trapez, Vertikalseil und Vertikaltuch 2007 (6.8.2018).

dem im Unterschied zu dem „Einfache[n] Aufgang"[64] zusätzlich eine Schlaufe um den Fuß gelegt wird (*I am (k)not* 6:10). An diesem Beispiel wird deutlich, dass

> ein Zeichen [...] pointiert ausgedrückt [bedeutet], was die anderen Zeichen des Systems ihm an Bedeutung übriglassen. Dies aber ist nur im Vergleich mit diesen anderen Zeichen bestimmbar.[65]

Im Vergleich mit anderen möglichen Aufgängen (z. B. Einfacher Aufgang, Zehenaufgang, Gedrehter Grätschenaufgang, Aufgang mit gestreckten Beinen) wird die Selektion ‚Russischer Aufgang' in Kombination mit dem vermehrten Aufkommen an Knoten signifikant. Auch fällt eine Häufung an Drehungen und wellenförmigen Bewegungen auf. Der Knoten/das Knäuel wird also auch mithilfe der Körperzeichen wiederholt: Die Artistin dreht sich um die eigene Achse, sie schlägt ein Rad (*I am (k)not* 5:28, 6:31). Wellenbewegungen des Seils werden vom Körper aufgegriffen und vice versa. Zusätzlich ist der Knoten namengebend für das Stück, ist damit auch im sprachlichen Zeichensystem präsent: *I am (k)not*.

Drittens liegt eine Häufung von spielerischen Elementen vor, die in dem kurzen Ausschnitt aus *I am (k)not* insbesondere mithilfe des spezifischen „Bewegungsantrieb[s]"[66] etabliert werden. Die Körperzeichen sind leicht und unbefangen (Effortspektrum Fluss: frei). Sie werden „im Bewusstsein der eigenen Position im Raum wie auch der Beschaffenheit der Umgebung ausgeführt"[67] (Effortspektrum Raum: flexibel). Darüber hinaus fügen sie sich „in die Körperschwere ein [...] und die Aktion [wird] mit entspannten Muskeln nicht noch durch Muskelkraft verstärk[t]"[68]. Die Bewegungen wirken damit entsprechend zart und feinfühlig (Effortspektrum Körperschwere: zart). Eben jene spezifischen Charakteristika der Körperzeichen führen zu dem Eindruck von Leichtigkeit. Es ist also nicht, wie vielleicht anzunehmen, die Mimik der Artistin, die das ‚Spiel' aufruft, sondern die Bewegungsqualität. Was in der kurzen Sequenz eher unterschwellig anklingt, wird im Verlauf des Stücks durch spielerische Szenen deutlicher ausgearbeitet: So wird die Figur mit dem Seil um den Kopf zu einem brabbelnden, lustigen Monster (*I am (k)not* 12:23), aus dem aus Seil geformten Brunnen angelt sie einen Papierfisch (*I am (k)not* 16:25–16:48). Später legt sie am Bühnenrand Schokoladenbonbons aus (*I am (k)not* 20:50). Auch im System der sprachlichen Zeichen wird dieses Paradigma etabliert: Von einem weißen Stück Papier liest die Artistin die

---

64 Ebd.
65 Baßler, M.: [Art.] Kontexte, S. 358.
66 Boenisch, P. M.: körPERformance 1.0, S. 102.
67 Ebd., S. 105.
68 Ebd.

Aufforderung „Mangez" – „Esst" ab. Diese Szene wird in den Ankündigungen auf der Homepage auch sprachlich aufgegriffen: „Only to be surprised, repeatedly, by the pleasures and joys of Live ... like chocolates! ..."[69]

Zuletzt sei darauf verwiesen, dass auch der Umgang mit dem Seil zentral für die Äquivalenzbildung ist. Seil und Artistin werden nicht als zwei getrennte Entitäten inszeniert, sondern bilden eine Symbiose. Bewegungen des Seils werden von dem menschlichen Körper aufgegriffen, Bewegungen des Seils als Folge der Körperbewegungen werden in den Fokus gerückt. Auch hier ist also der Vergleich mit Elementen, die stattdessen dastehen könnten, ausschlaggebend für die Lektüre.

4.2.2 Analyseschwerpunkt: Metonymische und metaphorische Lektüren

Der folgende Teil der Analyse fokussiert die Frage nach den verschiedenen Lesarten, die das Stück fordert. Der Fokus liegt hier auf der metaphorischen und der metonymischen Lesart. Jakobson zufolge ist die Struktur von semiotischen Systemen bipolar[70]:

> Eine Rede kann sich in zwei verschiedene semantische Richtungen entwickeln: der Gegenstand der Rede kann sowohl durch die Similaritätsoperation als auch durch die Kontiguitätsoperation in einen anderen Gegenstand überführt werden. Den ersten Weg könnte man als den METAPHORISCHEN, den zweiten als den METONYMISCHEN Weg bezeichnen, da diese Wege durch die Metapher bzw. die Metonymie am besten zum Ausdruck kommen.[71]

Der Formalist visualisiert in seinem Aufsatz *Zwei Seiten der Sprache und zwei Typen aphatischer Störungen*[72] seine These anhand des folgenden Beispiels:

> Auf das Stichwort hut (Hütte) antwortet das Kind mit burnt out (ist abgebrannt) und ein anderes Kind mit is a poor little house (ist ein ärmliches kleines Haus). Beide Reaktionen sind prädikativ; aber die erste Reaktion bildet einen rein erzählenden Kontext, während die zweite eine doppelte Verbindung mit dem Subjekt hut herstellt: einerseits eine Stellungs-Kontiguität (also eine reine syntaktische Kontiguität) und andererseits eine semantische Similarität.[73]

---

69 Jordão, A.: Ana Jordão.
70 Jakobson, R.: Zwei Seiten der Sprache und zwei Typen aphatischer Störungen, S. 136.
71 Ebd., S. 134.
72 Ebd.
73 Ebd., S. 134.

Die erste Reaktion zeichnet sich Jakobson zufolge durch die Kontiguität (Metonymie) aus, die zweite durch die Similarität (Metapher). Beide verschiedenen Arten von Verbindungen kommen in verschiedenen literarischen Strömungen besonders zum Ausdruck:

> Das Primat des metaphorischen Prozesses in den literarischen Schulen der Romantik und des Symbolismus ist schon mehrfach anerkannt worden. Dagegen wurde noch ungenügend auf die tonangebende Rolle der Metonymie für die sogenannte ‚realistische' Literaturrichtung verwiesen, welche eine Zwischenstellung zwischen der ausgehenden Romantik und dem entstehenden Symbolismus einnimmt und beiden gegenübertritt. Den Prinzipien der Kontiguitätsrelation folgend, geht der realistische Autor nach den Regeln der Metonymie von der Handlung zum Hintergrund und von den Personen zur räumlichen und zeitlichen Darstellung über. Er ersetzt Teile fürs Ganze.[74]

Baßler führt in seiner Monographie *Deutsche Erzählprosa 1850 – 1950: Eine Geschichte literarischer Verfahren*[75] diese Argumentation weiter aus, überprüft sie anhand von zwei augewählten Textausschnitten aus dem Poetischen Realismus (Theodor Storm) und dem Expressionismus (Henriette Hardenberg) und zeigt auf, inwiefern sich literarische Texte über ihr je spezifisches Verhältnis von Metonymie und Metapher kategorisieren lassen. Folgt man Jakobsons Argumentation, ist die Dominanz des einen oder anderen Prozesses aber nicht nur auf literarische Prozesse beschränkt, sondern tritt „auch in nicht-sprachlichen Zeichensystemen auf"[76]. Aus diesem Grund kann Jakobsons Theorie auch für die Analyse von zeitgenössischen Zirkusstücken fruchtbar gemacht werden.

Bevor im Folgenden die Lektüre von *I am (k)not* mit einem metonymischen Schwerpunkt und einem metaphorischen Schwerpunkt erfolgt[77], sei an dieser Stelle in Kürze darauf hingewiesen, dass auch die Tanzwissenschaftlerin Foster die Metapher und die Metonymie nutzt, um Tanz zu klassifizieren. In dem Kapitel *Reading Choreography* unterscheidet sie vier verschiedene Modi *resemblance, imitiation, replication* and *reflection*[78], die zwar in Darbietungen in der Regel gleichzeitig auftreten, von denen aber ein Modus jeweils dominiert. Foster ordnet die

---

74 Ebd., S. 135.
75 Baßler, M.: Deutsche Erzählprosa 1850 – 1950.
76 Jakobson, R.: Zwei Seiten der Sprache und zwei Typen aphatischer Störungen, S. 135.
77 Es ist darauf hinzuweisen, dass die Lektüre im Folgenden bewusst sehr eindeutig erfolgt, auch wenn sich sowohl in der metonymischen als auch in der metaphorischen Lektüre aufgrund der Polyfunktionalität der zirzensischen Zeichen verschiedene Deutungsmöglichkeiten anbieten. Dieses Vorgehen ist dem Umstand geschuldet, dass im vorliegenden Kapitel der Unterschied zwischen metonymischer und metaphorischer Lektüre fokussiert werden soll. Die zwei vorgeschlagenen Lektüren sind daher bewusst provokant.
78 Foster, S. D.: Reading dancing, S. 65.

metonymische Form des Tanzes dem Modus der *imitation* zu, die metaphorische Form dem Modus der *resemblance*. Sie erläutert:

> A metonymic form of dance (substituion of cause for effect, part for a whole, etc.) improves upon, as it replaces, the world to which it refers. The body substitutes for the subject, offering the best version of the subject it can. The choreographer decides how to "make the world over" into the image of the dance, just as viewers must discern and evaluate the selections made by the choreographer and the technical perfection of the results.[79]
> In a dance where the trope of metaphor predominates (changing a word from its literal meaning to one analogous to it), the dance functions as an analogy to the world, and the dancer's body is likewise seen as analogous to his or her sense of self, or subject.[80]

Für beide Modi führt Foster Beispiele an:

> If the choreography imitates the river, it produces a schematized version of the river's appearance. Imitation depends on a spatial and a temporal conformity between represented entity and danced step. Thus the curves, width, speed, color, and texture of the river are carefully appraised and reproduced in the movement. [...] Imitative representation leaves little doubt about the referent of the movement.[81]

In dieser Ausführung liegt Foster zufolge eine Metonymie vor. Auch den metaphorischen Tanz erläutert Foster anhand des Flusses:

> The choreography can resemble the river if it focuses on a certain quality or attribute of the river, perhaps its winding path, and repeats that quality in the dance movement.[82]

Es bleibt offen, ob der Unterschied zwischen einer „schematized version of the river's appearance" und „a certain quality or attribute of the river" im Rezeptionsprozess tatsächlich differenzierbar ist. Dennoch ist Fosters Anliegen, mithilfe der Metonymie und der Metapher die Frage nach „the mode of representation – the way the dance refers to the world"[83] zu beantworten, auch mit Blick auf den Zeitgenössischen Zirkus äußerst interessant.

Im vorliegenden Kapitel aber soll die Zeichenverkettung im Mittelpunkt der Diskussion um die metonymische und die metaphorische Lesart stehen, nicht die Art des Zeichens und dessen Verhältnis zur Welt. Aus diesem Grund wird im weiteren Textverlauf mit der Theorie Jakobsons gearbeitet, der die Metonymie

---

79 Ebd., S. 235.
80 Ebd.
81 Ebd., S. 65–66.
82 Ebd., S. 65.
83 Ebd., S. 59.

und Metapher als „zwei Arten von Verbindungen (Similarität und Kontiguität)"[84] definiert.

4.2.2.1 Die metonymische Lesart

Liest man den kurzen Abschnitt aus *I am (k)not* metonymisch, aktiviert die Sequenz den Frame {Suizid} und ruft das Weltwissen über den Akt des Erhängens ab; der Zusammenhang der Handlung ist kulturell vorgeformt. Die wenigen Zeichen auf der syntagmatischen Achse, die Äquivalenzen bilden (Schwarz, Knoten (um den Hals), Stille) führen dazu, dass man ein ganzes Arsenal aufrufen kann, das dem Weltwissen über Suizide entspricht. Im Falle der beschriebenen Sequenz liegt darüber hinaus auch der Verweis auf den gesamten Handlungscode (Vollzug eines Suizids), d.h. das Skript, vor: Figur hängt im Seil > Figur zerschneidet das Seil > Figur fällt auf den Boden. Hier wird zum einen auf den Suizid durch Erhängen, zum anderen auf einen Suizid durch einen Sprung angespielt – je nachdem, welche Zeichen dominant fokussiert werden („Seil um den Hals' oder ‚Fallen durch das Zerschneiden des Seiles'). Nun wurden bereits die Kernelemente, die für die Aktivierung der Frames verantwortlich sind, genannt. Im Folgenden gilt es aufzuzeigen, durch welche Parameter die Frames und Skripte im Detail aktiviert werden.

Eine dominante Rolle ist in diesem Zusammenhang dem Apparatus zuzuweisen. Bouissac stellt in seiner Monographie *Circus and Culture*[85] die Signifikanz des Objektes bei der Jonglage heraus. Beim sogenannten „fantasy juggling"[86] – er führt die Jonglage mit Küchenutensilien als Beispiel an – gibt das Material der Nummer den thematischen Rahmen. Dies gilt auch für andere zirzensische Disziplinen: Die Wahl des Jonglageobjektes oder des Apparatus im Allgemeinen ist signifikant, da diese stets auf den kulturellen Status des Materials verweisen und somit Frames und Skripte aktivieren – auch ohne, dass die klassischen Objekte verändert werden. Beim „fantasy juggling"[87] wird an Stelle von Bällen mit z.B. Küchenutensilien jongliert. In *I am (k)not* reicht allein das Vertikalseil, um die Lektüre der Rezipienten zu lenken. Dies liegt auch daran, dass ein sehr grob geflochtenes Seil, oder mit anderen Worten: ein ‚seiliges' Seil verwendet wird. Die spezifische Beschaffenheit des Vertikalseils unterstreicht die Charakteristika des Objektes:

---

84 Jakobson, R.: Zwei Seiten der Sprache und zwei Typen aphatischer Störungen, S. 134.
85 Bouissac, P.: Circus and culture, S. 64–89.
86 Ebd., S. 80.
87 Ebd.

Seil, biegeelastisches Faser- oder Drahterzeugnis (Drahtseil) zum Übertragen von Zugkräften, gewonnen durch Zusammendrehen (Zwirnen) und Verseilen oder durch Verflechten.[88]

I am (k)not repräsentiert eine Möglichkeit der Seilnutzung: „Erhängen, Todesart, bei der eine durch das eigene Körpergewicht zusammengezogene Halsschlinge ein Abdrücken der Hals- und Wirbelsäulenschlagader bewirkt."[89] Der Suizid ist aufgrund der kulturellen Konnotation zu ‚Seil' bereits in dem Objekt angelegt.

Wirft man einen Blick auf andere Zirkusdisziplinen, fällt auf, dass die alltäglichen kulturellen Konnotationen, die mit den Objekten und Disziplinen verbunden sind, bei der Bedeutungskonstitution häufig eine relevante Rolle spielen. So ist es nicht verwunderlich, dass die Mehrzahl der zweigeschlechtlichen Duo-Akrobatik-Nummern Liebeszenen und menschliche Beziehungsgefüge thematisiert. Eine der bekanntesten Nummern, die dieses Prinzip nutzt, ist die Nummer von Émilie Bonnavaud und Sébastien Soldevilla der Companie *Les sept doigts de la main*[90], die mit weit mehr als fünfhunderttausend Aufrufen bei Youtube ein enorm großes Publikum erreichte. Auch der Ausschnitt aus *Noos*[91] von Justine Berthillot und Frederik Vernier, der kürzlich die sozialen Medien eroberte, basiert auf dem Prinzip der expliziten Nutzung der kulturellen Konnotation zur zweigeschlechtlichen Akrobatik – auch, wenn diese mit dem kommerziellen Code ‚Liebespaar' bricht.

Nicht nur der Apparatus an sich, sondern auch seine Form in ihrer kulturellen Bedeutung wird bei der Kreation von Zirkusdarbietungen genutzt. So wird das Cyr-Wheel im Stück *Cirkopolis*[92] von *Cirque Eloize* durch die Projektion von Zahnrädern auf dem Bühnenhintergrund selbst zu einem Rad in der Maschinerie. Aufgrund der Nutzung von Objekten aus dem kulturellen Umfeld[93] im Zirkus bezeich-

---

88 Brockhaus: [Art.] Seil. In: Brockhaus Enzyklopädie Online. München: Brockhaus 2018.
89 Brockhaus: [Art.] Erhängen. In: Brockhaus Enzyklopädie Online. München: Brockhaus 2018.
90 Soldevilla, Sebastian u. Émilie Bonnavaud: Main à main médaille d'Or Cirque de demain. Youtube. https://www.youtube.com/watch?v=ISFmWpexS5g (25.9.2018).
91 Berthillot, Justine u. Frédéri Vernier: NOOS Teaser. Youtube. https://www.youtube.com/watch?v=ptuk_-Z6fEQ (28.9.2018).
92 Cirque Éloize: Cirkropolis. YouTube. https://www.youtube.com/watch?v=36EgQ2hkBeA (28.9.2018).
93 „By 'cultural environment' I mean the totality of one's social experience and one's interpretation of the world; this includes not only material objects but also systems of relations between these objects, i. e. what some ethnologists call cultural units, units of world view, or folk ideas, such as the compartibility or incompartibility of certain situations and certain behavior, zoological classifications like wild vs. domesticated animals, repulsive vs. attractive animals, humans vs. animals; or categories of styles such as exotic, primitive, historical, futuristic, and so on, each contrasting category being embodied in concrete signs that symbolize it." Bouissac, P.: Circus and culture, S. 7.

net der Semiotiker Paul Bouissac die Zirkusdarbietungen als Repräsentationen der Kultur:

> A circus performance tends to represent the totality of our popular system of the world, i. e. it actualizes in one way or another all the fundamental categories through which we perceive our universe as a meaningful system. According to this cosmological view of circus, the constituents of the acts are symbols or token of their class, and their identification by the audience constitutes an important part of the decoding process. A circus performance is easily understood because in a way, it is redundant with respect to our culture; and it is gratifying because it enables us to grasp its totality in a limited time and space.[94]

Bouissac zufolge sind (traditionelle) Zirkusperformances leicht zu verstehen – was sich mithilfe der kulturpoetischen Terminologie durch die dominante Nutzung konventioneller Frames und Skripte erklären lässt.

Da Alltagsobjekte im Zirkus häufig auch unabhängig von ihrem ursprünglichen Gebrauch verwendet werden, mag es an dieser Stelle Einwände geben. Auch Bouissac verweist auf die veränderte Nutzung von Alltagsgegenständen im Zirkus:

> Some of the cultural elements are combined differently in the system of the circus than in the corresponding everyday instances. The rules of compartibility are transformed and often even inverted: at the level of the decoding process, a horse makes a fool of his trainer; a tiger rides an elephant (supposedly incompatible animals, predator and prey, or irreconcilable enemies are presented in immediate conjunction), an elephant uses the telephone, plays music, or, like man, eats dinner at a table; a clown produces incongruous sequences of objects and behaviour. Even the basic rules of balance are seemingly defied or denied.[95]

Er definiert Zirkusdarbietungen als metakulturelle Diskurse, die den kulturellen Konsens umkehren. An dieser Stelle ist zu unterstreichen, dass trotz der Umkehrung alltäglicher Ordnungen eine metonymische Lesart beibehalten wird. „An elephant uses the telephone" ist beispielsweise nur in Rückgriff auf das kulturelle Wissen zu dekodieren: Elefanten benutzen keine Telefone; Menschen nutzen Telefone. Der Elefant wird also vermenschlicht.

Nun kann der kulturelle Status des Objektes nicht die einzige Ursache für die Aktivierung eines kulturellen Frames oder Skriptes darstellen, sonst würden sich alle Stücke denselben Themen widmen. In *I am (k)not* werden Skript und Frame auch durch die Körperaktionen aufgerufen: besonders auffallend ist hier die eingangs beschriebene Wiederholung von Knoten und Schlaufen. Darüber

---

94 Ebd.
95 Ebd., S. 7–8.

hinaus fällt der Fokus auf Kopf, Hals, Handgelenk und Fußknöchel auf. Diese „Dominanzverteilung"[96] ist insofern relevant, als dass die beim Erhängen zentralen Körperteile ins Zentrum gerückt werden:

> Das typische Erhängen ist durch eine Verknotung der Strangwerkzeuge im Nacken, beiderseits symmetrisch von vorn zum Nacken ansteigende Strangmarke und fehlenden Bodenkontakt des Körpers, besonders der Füße, charakterisiert.[97]

Auch im weiteren Verlauf des Stücks gibt es Elemente, die den Frame {Suizid} aktivieren: Das Seil wird um den Körper der auf dem Boden liegenden Artistin gelegt, die daraufhin den Rahmen verlässt (*I am (k)not* 22:49). Zurück bleibt das Seil, das die Umrisse des Körpers auf den Bühnenboden zeichnet und an die Markierung von Unfallspuren[98] mit tödlich verletzten Personen erinnert.

Zusätzlich spielen bei der metonymischen Lesart Kostüm, Licht und Musik eine wichtige Rolle. Die schwarze Kleidung (Trauerkleidung) in *I am (k)not* unterstützt ebenso wie die Stille („In stiller Trauer") und der differenzierte Schattenwurf (Trauer als dunkle Zeit) die Aktivierung des Frames {Suizid}.

Nicht zuletzt sei auf die Relevanz der Paratexte hingewiesen. Auf der einen Seite legitimiert der Titel die selbstzerstörerische Lesart (,I am not' – Ich bin nicht), die durch den Verweis auf das Gedicht von Álvaro de Campos weiter unterstrichen wird.

> I am nothing,
> I will never be anything,
> I cannot wish to be anything.[99]

Auf der anderen Seite aber enthält der Titel ,I am knot' und der vierte Vers des Gedichtes – „Aside from that, I have, in me, all the dreams of the world"[100] – bereits den Hinweis der Notwendigkeit einer zweiten Lesart, die der dystopischen Lektüre entgegenwirkt.

---

96 Boenisch, P. M.: körPERformance 1.0, S. 99.
97 Brockhaus: [Art.] Erhängen.
98 In der Realität erfolgt diese Markierung zum Zwecke des Opferschutzes weniger figurativ. (Borst, Jochen: Polizeirepetitorium. http://www.polizei-repetitorium.de/VSA/VSA_Training/VSA_Unfall/ (27.7.2018))
99 Jordão, A.: Ana Jordão.
100 Ebd.

4.2.2.2 Die metaphorische Lesart

Obwohl der kurze Ausschnitt aus *I am (k)not* den Frame {Suizid} aktiviert, gibt es Zeichen, die die metonymische Lesart infrage stellen: Zwar ist das Stück insgesamt düster (schwarze Kleidung, wenig Licht, schwarzes Seil, melancholische Musik), jedoch ist der Umgang der Protagonistin mit dem Seil spielerisch. Auch ist anzumerken, dass das Stück nach dem Fall auf den Boden nicht zu Ende ist; der Tod der Protagonistin wird nicht inszeniert, die Artistin führt ihre Aktionen weiter fort. Die metonymische Lesart ließe sich daher nur aufrechterhalten, würde man davon ausgehen, dass ein positives Jenseitsbild transportiert wird. Für eine solch christliche Interpretation gibt das vorliegende Stück jedoch keine weiteren Anzeichen. Aus diesen Gründen ist anzunehmen, dass das Stück auch eine metaphorische Lesart erfordert. Das Seil ist innerhalb dieser nicht länger Hilfsmittel für den suizidalen Akt, sondern vielmehr eine Metapher, z. B. für das Leben oder den Lebensabschnitt, der durch den Akt des Zerschneidens beendet oder verändert wird. Metaphorisch ist dies insofern, als dass der Frame {Leben} durch ein Element aus einem anderen Frame {Seil} ersetzt wird. Wir lesen also nicht wörtlich, sondern stellen auf den „Lektüremodus der Allegorese"[101] um. Eine weitere metaphorische Lesart wird in den Paratexten zum Stück vorgeschlagen: Das Seil ist eine Metapher für den Gedankengang

> of a character who wanders eternally in the world of thought. Only to be surprised, repeatedly, by the pleasures and joys of Live ... like chocolates! A knot. A thread unraveled. A line transforming. A trace fleeting. A body. A shadow. A home... A rope follows a character in what could be an instant or an eternity of thoughts...[102]

Auch hier erfolgt die Lektüre nicht wörtlich, sondern allegorisch, der Frame {Gedanken} wird durch das Element {Seil} aus einem anderen Frame ersetzt. Diese Lesart wird nicht nur durch die Paratexte etabliert, sondern setzt sich im Laufe der Performance z. B. durch die ständige Nähe von Seil/Seilknäul und Kopf (z. B. *I am (k)not* 8:48; 9:02; 10:54; 12:35; 17:16; 27:03) immer wieder durch.

Nun ist aber darauf hinzuweisen, dass eine metaphorische Lektüre von *I am (k)not* nur dekodierbar ist, da erstens im Paratext der entsprechende Lektüreschlüssel geliefert wird und zweitens die genutzten Metaphern in den kulturellen Frames bereits verankert sind, d. h. es handelt sich um konventionelle Metaphern. Die Metapher des Lebensfadens aus *I am (k)not* und die damit verbundene Allegorie sind kulturell bereits etabliert, verweist die Sequenz doch auf den Mythos

---

101 Baßler, M.: Deutsche Erzählprosa 1850 – 1950, S. 25.
102 Jordão, A.: Ana Jordão.

der Moiren[103] der antiken Mythologie, jene „göttliche[n] Wesen, die den Ablauf der Ereignisse im menschlichen Leben bestimmen"[104]. Diese Göttinnen werden häufig mit Seil und Schere dargestellt:

> Die Metapher des Spinnens, die von Homer wiederholt gebraucht wird, wenn er von den Göttern spricht, die den Menschen Schicksale zuteilen, scheint [...] für viele spätere Darstellungen der Frauen den Anlaß gegeben zu haben: sie spinnen den Lebensfaden, messen ihn und schneiden ihn ab.[105]

Eben jene Darstellung greift *I am (k)not* explizit auf. Die Moiren verweisen sowohl auf den Anfang als auch auf das Ende des Lebens.[106] Auch die zweite metaphorische Lesart des Seils als Gedankenstrang, als ‚line of thougts', als ‚roter Faden' ist in unserem Sprachgebrauch etabliert. Die genutzen Metaphern sind aus diesem Grund illustrativ auf ein eigentliches Gemeintes zurückzuführen. Damit ist das Verfahren hier strenggenommen nicht metaphorisch, sondern metonymisch im Sinne von: es „bewegt sich im Rahmen unseres kulturellen Codes"[107]. In den Frames {Lebensfaden} oder {Gedankenstrang} ist das Seil bereits vorhanden. Man könnte also soweit gehen, hier von metonymischen Metaphern zu sprechen.

Der Dramaturg Sebastian Kann übt Kritik an dieser Konventionalität der Metaphern in der aktuellen Kreationspraxis: „In such context, specific circus tricks tend to become interchangeable, generalized, and ultimately devalued."[108] Kann führt als Erläuterung das zeitgenössische Zirkusstück *Le Vide*[109] von Fragan Gehlker, Alexis Auffrau und Maroussia Diaz Verbèke an, das seit 2011 tourt. Die Performance thematisiert Albert Camus' *Der Mythos des Sisyphos*[110]. In dieser verbringt der Artist Fragan Gehlker das gesamte Stück damit, Vertikalseile hinaufzuklettern, die von der Decke fallen. Nur um dann erneut den Weg nach oben an einem weiteren Seil anzustreben. Ohne an dieser Stelle ins Detail zu gehen ist offensichtlich, dass sich dieser Teil der Performance im Rahmen der kulturellen Codes bewegt. Die Sisyphosarbeit oder die Sisyphosaufgabe ist Teil unseres alltäglichen Wortschatzes. Kann kritisiert diesbezüglich, dass

---

103 „Moirai war ihr Name bei den Griechen, bei den Römern heißen sie Fata oder Parcae." Tripp, Edward u. Rainer Rauthe: Reclams Lexikon der antiken Mythologie. 7. Auflage. Stuttgart: Reclam 2001, S. 350.
104 Ebd.
105 Ebd., S. 351.
106 Ebd.
107 Baßler, M.: Deutsche Erzählprosa 1850 – 1950, S. 22.
108 Kann: Taking back the technical, keine Angabe (Abstract).
109 Gelker, Fraghan: Le Vide. http://www.levide.fr/ (28.9.2018).
110 Camus, Albert: Der Mythos des Sisyphos. 21. Auflage. Reinbek bei Hamburg: Rowohlt 2016.

the full range of vertical rope technique, the diverse lexicon of drops, knots, climbs developed since the institutionalization of the discipline, is almost absent from Le Vide. Indeed, tricks seem out of place when they do appear.[111]

Die technische Varianz geht Kann zufolge in *Le Vide* also verloren. Ihm ist insofern zuzustimmen, als dass der einzelne Trick durch seine illustrative Funktion an Relevanz verliert und austauschbar wird. Allerdings ist analog zu seiner Kritik – „To what does a star-drop or a hip-key refer?"[112] – zu fragen, ob ein Rezipient die technischen Unterschiede erkennen würde. Bedeutung generiert im Zeitgenössischen Zirkus nicht der einzelne Trick, sondern die Kombination verschiedener Tricks, die in ihrer Häufung eine formale Ähnlichkeit aufweisen (z. B. Bewegungsqualität), die zu semantischer Ähnlichkeit führt: „Äquivalenz, die als konstitutives Prinzip auf die Sequenz projiziert wird, zieht unweigerlich semantische Äquivalenz nach sich."[113] Im Sinne der poetischen Funktion, die „das Prinzip der Äquivalenz von der Achse der Selektion auf die Achse der Kombination"[114] projiziert, weisen zeitgenössische Zirkusstücke Selbstähnlichkeit auf – auch mit Blick auf die Bewegungen. Dies bedeutet jedoch nicht, dass stets derselbe Trick wiederholt wird, sondern verschiedene Tricks mit ähnlichen Qualitäten. In diesem Verständnis sind die technische Qualität und Varianz in zeitgenössischen Zirkusstücken relevant.

Kanns Kritik ist aber auch insofern interessant, als dass sie dem Barthes'schen Vorwurf ähnelt, Texte, die auf diese Weise verfahren, blieben hinter ihren produktiven Möglichkeiten zurück.[115] Verfahrensanalytisch gesprochen meint dies: man vergisst die Textur[116] (die Zirkustechnik) zugunsten des Inhalts.

4.2.3 Zur Dominanz des metaphorischen Verfahrens in zeitgenössischen Zirkusstücken

Sieht man sich zeitgenössische Zirkusstücke genauer an, wird deutlich, dass diese, obwohl sie sich teilweise im Rahmen der kulturellen Codes bewegen, keineswegs metonymisch verfahren. So gibt es sowohl in der metonymischen als auch in der

---

111 Kann: Taking back the technical, S. 1.
112 Ebd.
113 Jakobson, R.: Linguistik und Poetik, S. 108.
114 Ebd., S. 94.
115 Barthes, R.: S/Z, 110.
116 Baßler, Moritz: Die Entdeckung der Textur. Unverständlichkeit in der Kurzprosa der emphatischen Moderne 1910–1916. Tübingen: Niemeyer 1994.

metaphorischen Lesart Befunde, die die beschriebene Semiose infrage stellen. In *I am (k)not* stellen sich beispielsweise die folgenden Fragen: Was haben die Moiren mit Schokoladenbonbons zu tun? Wie ist der Fisch zu verorten, den die Protagonistin aus dem aus dem Seil gelegten Brunnen angelt?

Während sich der Suizid in der metonymischen Lesart noch gut mit dem Lebensfaden in der metaphorischen Lesart zusammenbringen lässt, irritieren die Schokoladen- und Fisch-Sequenzen, die hier exemplarisch herausgegriffen wurden, den Rahmen erheblich. *I am (k)not* tendiert dazu, die Erschließung einer integralen Gesamtbedeutung zu verhindern. Es werden zwar Anhaltspunkte sowohl für eine metonymische als auch für eine metaphorische Lesart geliefert, indem das Stück „immer wieder [...] [Zeichen] einführt, die ‚zueinander passen', also bestimmte Frames zu stabilisieren schein[t]"[117], jedoch wird diesen im Verlauf der Performance der Boden wieder entzogen. Diese asyndische Struktur bezeichnet Barthes als Tmesis.[118] Gerade darin liegt nach Baßler der Reiz der Semiose solch unverständlicher Texte:

> In der Lektüre [versucht man] immer wieder [...] und [meint] zeitweise auch [...], übergreifende Strukturmuster zu erkennen, eine Diegese, eine allegorische Struktur, irgendwelche konsistenten Frames, in denen sich die Textdetails sinnvoll ordnen lassen.[119]

Diese Organisation der Sequenz in *I am (k)not*, die die kulturellen Frames und Skripte unterbricht, würde Jakobson als metaphorisches Phänomen[120] bezeichnen. Im Unterschied aber zu den modernen literarischen Grenztexten, die Baßler in seinen Ausführungen zu Jakobsons Metaphern-Verständnis anführt, besteht in zeitgenössischen Zirkusstücken nicht grundlegend der Bedarf, die Metaphern aufzulösen. Es besteht kein Bedürfnis nach Einheit. Dies liegt daran, dass im Moment der Unverständlichkeit das Augenmerk auf die Performativität und Spektakularität des Dargebotenen gelegt wird, oder wie Hurley es ausdrückt:

> In the moment of execution, the performer body captivates or absorbs attention into itself and as itself. The performer body is inherently interesting; it is interesting for itself, independent of its potential meanings.[121]

---

117 Baßler, M.: Deutsche Erzählprosa 1850 – 1950, S. 28.
118 Barthes, Roland u. Ottmar Ette: Die Lust am Text. Berlin: Suhrkamp 2010, S. 18–20.
119 Baßler, M.: Deutsche Erzählprosa 1850 – 1950, S. 28.
120 Müller, Wolfgang G.: [Art.] Tropen. In: Metzler Lexikon Literatur- und Kulturtheorie. Ansätze – Personen – Grundbegriffe. Hrsg. von Ansgar Nünning. 5. Auflage. Stuttgart, Weimar: Metzler 2013, S. 767–768, hier S. 767.
121 Hurley, E.: The Multiple Bodies of Cirque de Soleil, S. 131.

Im Unterschied zum Neuen Zirkus aber wird der Fokus auf die Performativität und Spektakularität in der Performance nicht durch die Alternation zwischen Spektakulärer und Diegetischer Ebene ermöglicht, sondern durch das spezifische metaphorische Verfahren im Sinne Jakobsons. Die Semiose und damit die Bedeutungssuche des Rezipienten setzt zwischen der Performativen, der Spektakulären und der Diegetischen Ebene ein. Die Performative Ebene dient nicht nur der Ausstellung einer Diegese, sondern stellt ihre eigenen Zeichenverhältnisse, die Zirkustechnik, aus und zur Deutung.[122] Die metaphorische Organisation der Sequenz sorgt dafür, dass das Verfahren auffällig bleibt. Für die Interdependenz von Performativer, Spektakulärer und Diegetischer Ebene in zeitgenössischen Zirkusdarbietungen ist daher nicht nur die Nutzung der Ästhetik des Risikos als zentrales Textprinzip verantwortlich, sondern auch die metaphorische Organisation der Stücke.

4.3 Ein Balanceakt zwischen Roman und Zirkusstück: Intertextualität und Intermedialität in *Le fil sous la neige* von *Les Colporteurs*

> Schreiben bedeutet, auf dem Seil der Schönheit, dem Seil eines Gedichtes, eines Kunstwerkes, das auf einem Blatt Seidenpergament niedergelegt ist, Schritt für Schritt voranzuschreiten.[123]

Diese Zeilen stammen aus Maxence Fermines Erstlingsroman *Schnee*. Im Japan des 19. Jahrhunderts spielend, beschreibt dieser in drei Teilen die Wanderjahre des jungen Haiku[124]-Dichters Yuko Akita auf der Suche nach der Vollendung seiner Kunstform in den schneebedeckten Bergen. Dreh- und Angelpunkt ist der tragische Tod der Ehefrau seines Meisters und ehemaligen Samurai Soseki, die während der Seiltanz-Vorführung ihr Leben verlor. In dem „geradezu archetypisch angelegten Bildungs- und Entwicklungsroman"[125] wird das Balancieren auf dem Seil

---

122 Baßler formuliert für literarische Texte: „Die Textebene dient hier nicht oder nicht nur der Ausstellung einer Diegese, sondern stellt gewissermaßen ihre eigenen Zeichenverhältnisse aus und zur Deutung." Baßler, M.: Deutsche Erzählprosa 1850 – 1950, S. 30.
123 Fermine, Marxence: Schnee. Zürich: Unionsverlag 2016, S. 88–89.
124 Japanische Lyrik, die aus siebzehn Silben in drei Zeilen besteht.
125 Wolfzettel, Friedrich: „Se forger une légende". Biographisches Erzählen und Mythos bei Marxence Fermine. In: Literatur als Lebensgeschichte. Biographisches Erzählen von der Moderne bis zur Gegenwart. Hrsg. von Peter Braun. Bielefeld: transcript 2014, S. 227–243, hier S. 240.

zur poetologischen Metapher mit ganzheitlicher Dimension [...]. Die Hochseilartistik [wird] zum Inbegriff überwundener Erdenschwere und deutet so zugleich auf die magischen Qualitäten der Kunst und künstlerischen Äußerungen.[126]

Verfolgt wird „das Ziel eines verdichteten symbolischen, fast gleichnishaften Stils"[127]. Das „romantische[] Motiv der *recherche de l'absolu*"[128] aufgreifend, wird „die Hochseilartistik [...] zum symbolischen Äquivalent einer *écriture*"[129]. Mit anderen Worten: Der Seiltanz dient im Roman[130] „als ästhetisches Modell"[131].

Eben jenen literarischen Text nutzt die Companie *Les Colporteurs* als Ausgangspunkt für die Kreation ihres neunzigminütigen Stücks *Le fil sous la neige*, das unter der Regie von Antoine Rigot im Jahr 2006 erstaufgeführt wird. Die Companie wird im Jahr 1996 von Agathe Olivier (Seiltänzerin) und Antoine Rigot (Schauspieler, Musiker und Stunt-Man) gegründet. Im Mai 2000 hat Antoine Rigot einen schweren Unfall, der dazu führt, dass er fortan nicht mehr auf dem Seil laufen kann. Seine Arbeit als Schauspieler und Musiker nimmt der Künstler allerdings wieder auf. Auch beginnt er erfolgreich als Choreograph und Dramaturg zu arbeiten.

Le fil sous la neige ist das erste monodisziplinäre Seiltanzstück der Companie. Zentrales Merkmal der Performance, die über zweihundertsiebzig Mal in Frankreich und in fünfzehn weiteren Ländern aufgeführt wurde, ist ihr außergewöhnlicher technischer Aufbau. Sieben Drahtseile sind kreuz und quer auf verschiede-

---

126 Wolfzettel, Friedrich: Paradigmatisches Erzählen: Zu Maxence Fermine. In: Observatoire de l'extrême contemporain. Studien zur französischsprachigen Gegenwartsliteratur. Hrsg. von Roswitha Böhm. Tübingen: Narr 2009, S. 395–404, hier S. 397–398.
127 Wolfzettel, Friedrich: „Rien que du blanc à songer". Die Leerstelle als Emblem des Anderen in den Porträts von Maxence Fermine. In: Charakterbilder. Zur Poetik des literarischen Porträts. Festschrift für Helmut Meter. Hrsg. von Angela Fabris u. Willi Jung. Göttingen: V & R Unipress 2012, S. 683–695, hier S. 685.
128 Wolfzettel, F.: Paradigmatisches Erzählen: Zu Maxence Fermine, S. 398–399.
129 Wolfzettel, F.: „Se forger une légende", S. 240.
130 Es ist darauf hinzuweisen, dass Fermines Seiltanzmetaphorik auf einer langen Tradition basiert: „Seiltänzer also war in der deutschen Literatur etwas mehr als die bloße Bezeichnung eines pejorativ belegen unehrlichen Berufes. Mit dem Bild wurde das waghalsige und riskante Spiel charakterisiert, das sich im intellektuellen Bereich des Schöpferischen, also in der Kunst ereignete." Kunicki, Wojciech: Über den Seiltänzer. In: Nietzsche und Schopenhauer. Rezeptionsphänomene der Wendezeiten. Hrsg. von Marta Kopij. Leipzig: Leipziger Universitäts-Verlag 2006, S. 223–236, hier S. 227.
131 Fuchs, Magarete, Anna-Sophie Jürgens u. Jörg Schuster: Literarische Manegenkünste. Zirkus als ästhetisches Modell. Internationale Tagung an der Philipps-Universität Marburg. 17.-19.11.2016. Tagungsprogramm. https://www.uni-marburg.de/de/fb09/neuere-deutsche-literatur/ institut/personen/fuchs/manegenkuenste-1.pdf (22.2.2018).

nen Höhen, zwischen einem und drei Metern über dem weinroten Manegenboden gespannt.

> La scénographie du „Fil sous la neige" s'appuie essentiellement sur la présence de ces agrès : 7 fils traversent le chapiteau. Il y a des fils parallèles, croisés, superposés, isolés. Ce circuit s'inscrit sur différentes hauteurs, de 1 à 3 mètres du sol. Un tel dispositif réunissant un si grand nombre de fils dans un même espace est unique. C'est la première fois que sept fildeféristes évoluent simultanément en l'air sur un dispositif croisé et que le fil tienne la vedette pendant une heure et demi (même si Antoine Rigot et Agathe Olivier ont exploré cette voie depuis le début de leur recherche).[132]

Auf diesen sieben Stahlseilen bewegen sich sieben Seiltänzer*innen, die bunte Alltagskleidung tragen und von der Live-Musik des *Wildmimi Antigroove Syndicate* begleitet werden. *Le fil sous la neige* thematisiert die Herausforderungen des menschlichen Lebens – das Leben als Balanceakt. Das Stück ist von der Biographie Rigots gerahmt. Dieser betritt zu Beginn und zum Ende der Performance die Manege und berichtet von seinem Unfall und dessen Folgen. Im weiteren Verlauf wird dieser Erzählstrang nicht fortgeführt. Vielmehr werden allgemeinere Themen wie Liebe, Streit, Schmerz, Verletzlichkeit, Wut, und Zerbrechlichkeit, die mit Rigots Erfahrungen in Verbindung stehen, auf den Drahtseilen inszeniert. Szenen, in denen alle sieben Artist*innen gleichzeitig auf den Seilen zu sehen sind, wechseln sich mit Solo- und Duo-Sequenzen ab.

Im Folgenden soll die Relation zwischen dem Roman *Schnee* und dem Stück *Le fil sous la neige* – das Verhältnis zwischen Zirkus-Metapher und Zirkusperformance – im Zentrum der Analyse stehen. Ziel ist es, die Frage nach der allegorischen Lektüre von zeitgenössischen Zirkusdarbietungen, die im vorangehenden Kapitel bereits gestellt wurde, zu vertiefen. Ausgehend vom Seiltanzstück *Le fil sous la neige* stellt das vorliegende Kapitel zur Diskussion, was geschieht, wenn Zirkus-Metaphern ‚zurück in den Zirkus kommen'. Als theoretische Grundlage für die Analyse von Intertextualität und Intermedialität werden die Parameter der Literaturwissenschaftlerin Irina Rajewsky[133] herangezogen. Analog zu den vorherigen Kapiteln erfolgt zunächst eine kurze allgemeine Lektüre von *Le fil sous la neige* unter Herausarbeitung der paradigmatischen und syntagmatischen Struktur. Im Anschluss wird die intermediale Bezugnahme zum Roman *Schnee* fokussiert.

---

132 CRDP de l'académie de Paris, Scéren u. Le Parc la Villette: Les Colporteurs. Le fil sous la neige. In: Pièce (dé)montée (2008) H. 66, S. 1–41, hier S. 14.
133 Rajewsky, I.: Intermedialität.

4.3.1 Lektüre von Le fil sous la neige

Der außergewöhnliche Bühnenbau des Stücks ist für die paradigmatische Struktur von *Les fil sous la neige* zentral. Die sieben kreuz und quer gespannten Drahtseile und die sieben SeiltänzerInnnen sorgen für die Wiederholung von äquivalenten Elementen, die in der Sequenz simultan und chronologisch miteinander verknüpft werden. Durch die große Anzahl von Artisten*innen auf verschiedenen Drahtseilen wird die spezifische Konstitution der Körperzeichen beim Seiltanzen unterstrichen. Mithilfe der Parameter Boenischs[134] lässt sich diese folgendermaßen beschreiben: In der „Dominanzverteilung"[135] fallen beim Seiltanzen sowohl die untere Körperhälfte (Beine und Füße), als auch die obere Körperhälfte (Arme und Hände) auf. Dies liegt darin begründet, dass Arme und Beine für die Wiederherstellung der Balance verantwortlich sind. Das „Körperzentrum[]"[136] (Kopf, oberer Teil des Rumpfes und unterer Teil des Rumpfes) bleibt stabil, während Arme und Beine in Bewegung sind. Nicht nur in Bezug auf die Basiskonstitution der Körperzeichen lässt sich die Spezifik des Seiltanzen herausarbeiten, sondern auch hinsichtlich der „räumliche[n] Qualität"[137]: Die „Platzierung des Körpers des Akteurs im Bühnenraum"[138], die „Orientierung der bewegenden Figur im Raum"[139], die „Raumrichtung und Raumveränderung der jeweils beteiligten Körperteile"[140] und die Raumachsen aus Körperhöhe, -breite und -tiefe[141] sind abhängig von der Ausrichtung der Drahtseile, die die Künstler*innen selten verlassen. Während die Rezipienten in klassischen Seiltanzdarbietungen abhängig von ihrem Sitzplatz jeweils nur eine Perspektive beobachten können (Horizontale oder Diagonale), ermöglicht der Aufbau mit sieben Seilen eine größere Varianz – dennoch: Die Körperzeichen erfolgen auf geraden Linien. Die „Raumhöhe, [...] ein weiteres räumliches Attribut [...], welches sich gleichermaßen auf die Orientierung im Raum wie die Nutzung der Kinesphäre bezieht"[142], ist variabel. Der Referenzpunkt ist in diesem Fall das Seil, nicht der Manegenboden. Die „Kinesphäre"[143] wird in maximaler Reichweite genutzt, da die Arme beim Seiltanzen

---
134 Boenisch, P. M.: körPERformance 1.0.
135 Ebd., S. 99.
136 Ebd.
137 Ebd.
138 Ebd., S. 100.
139 Ebd.
140 Ebd.
141 Ebd.
142 Ebd.
143 Ebd., S. 101.

in der Regel vom Körper weggestreckt werden, um die Balance zu halten. Die Basiskonstitution und die „räumliche[] Qualität"[144] der Körperzeichen beim Seiltanzen sind vergleichsweise konstant. Variiert wird in der Regel vor allem die „dynamische[] Qualität"[145]. Folgt die Konstitution von Körperzeichen nicht dem oben beschriebenen generellen Aufbau, ist die Abweichung als semantisch signifikant einzustufen. So zeichnet sich in *Les fil sous la neige* beispielsweise der Seiltanz des Artisten Florent Blondeau (s. z. B. *Le fil sous la neige* 16:44–25:41) durch die Instabilität des Körperzentrums aus, mithilfe derer die burleske Figur, die Blondeau verkörpert, inszeniert wird:

> Florent Blondeau, c'est le cascadeur burlesque, le clown du spectacle, par son costume plus coloré, ses chaussures rouges (comme le clown porte son nez rouge) et sa posture en déséquilibre (ou sa recherche d'équilibre), il se distingue des autres funambules.[146]

Im vorliegenden Stück werden die Charakteristika des Seiltanzens über die Multiplizierung der Seile und Akteure hinaus durch den Einsatz von Schirmen und die Nutzung verschiedener Fußbekleidungen (Seiltanzschuhe, High-Heels, Barfuß etc. (insbesondere *Le fil sous la neige* 49:00- 53:22)) zusätzlich unterstrichen. Auch dies führt zu einer Fokussierung der Arme und Füße. Mithilfe dieser Wiederholungen wird das Paradigma ‚Seiltanz' etabliert, das auch im sprachlichen Zeichensystem, im Prolog des Stücks, vorzufinden ist: „Ça faisait vingt ans que je courais sur les fils...Ça faisait vingt ans que j'étais funambule...."[147] Durch das hohe Aufkommen an Äquivalenzen wird das Paradigma ‚Hochseilartistik' als zentrale Vergleichsgröße für die Lektüre vorgeschlagen.

Als zweites zentrales Paradigma in *Le fil sous la neige* ist das ‚Leben' zu nennen. Anstelle der Präsentation von Tricks auf den Drahtseilen werden im vorliegen Zirkusstück Lebensmomente auf dem Seil inszeniert und zwar erstens mithilfe von alltäglichen Gesten beim Überqueren des Drahtseiles, wie z. B. dem Binden und Lösen eines Pferdeschwanzes (Solo Sanja Kosonen *Le fil sous la neige* 7:40, 1:15:00–1:17:00), und zweitens durch die Visualisierung von Lebensthematiken (u. a. Beziehung (z. B. Duo Ulla Tikka und Andreas Muntwyler *Le fil sous la neige* 23:12–30:35, 13:00–14:47, 1:19:00–1:20:00), Eifersucht (z. B. Trio Forent Blondeau, Molly Saudek, Julien Posada *Le fil sous la neige* 18:00–25:41), Trauer und Schmerz (z. B. Solo Andreas Muntwyler *Le fil sous la neige* 30:45–34:24), körper-

---

144 Ebd., S. 98.
145 Ebd.
146 CRDP de l'académie de Paris, Scéren u. Le Parc la Villette: Les Colporteurs. Le fil sous la neige, S. 13.
147 Ebd., S. 24.

liche und seelische Verletzung (z. B. Solo Molly Saudek *Le fil sous la neige* 53:22-1:00:00) und Leidenschaft (z. B. Duo Molly Saudek und Julien Posada *Le fil sous la neige* 5:30- 6:45, 15:14–16:38, 1:00:00–1:04:00)). Im Prolog und Epilog wird das Paradigma ‚Leben' auch sprachlich gefasst:

> Y'a six ans j'ai hésité avec la vie.... (*Le fil sous la neige* 00:00)

> Tu sais, je crois que je suis remonté sur mon fil...Enfin, je veux dire sur le fil de la vie...Sur le fil de ma vie.... (*Le fil sous la neige* 1:25:30)

Durch die sprachliche Rahmung des Stücks wird die Metapher des Lebensweges/ Balanceakt des Lebens etabliert, sprich „das eigentlich Gemeinte [wird] durch einen Begriff aus einem anderen Frame"[148] ersetzt. Auch im weiteren Verlauf des Stücks werden die Paradigmen ‚Seiltanz' und ‚Leben' äquivalent gesetzt.

Auf Basis dieser Grundstruktur sei im Folgenden die Rolle des Romans für die Bedeutungskonstitution des Stücks herausgestellt. Diese wird mit Blick auf den Medienwechsel und die intermediale Bezugnahme herausgearbeitet.

4.3.2 Analyseschwerpunkt: Intertextualität und Intermedialität

Betritt man das Zelt der Companie *Les Colporteurs*, fällt der Blick auf die sieben kreuz und quer in unterschiedlichen Höhen gespannten Stahlseile. Der Manegenboden ist von einem weinroten Teppich bedeckt. Sichtbar ist nur der technische Aufbau, kein Bühnenbild, keine Requisiten, keine Dekoration. Man kann erahnen, dass die künstliche, aber geschlossene Welt des Romans *Schnee*, seine Diegese, nicht übernommen wird. Vielmehr verweist die Reduzierung des Bühnenbaus auf die Zugehörigkeit des Stücks zum Zeitgenössischen Zirkus und seinen Fokus auf formale, technische, künstlerische Recherche. Der Beginn der Performance bestätigt diesen ersten Eindruck:

Die Manege im Zelt der Seiltanzcompanie Les Colporteurs liegt im Dunkeln. Aus dem Off ertönt die tiefe Stimme des Regisseurs Antoine Rigot, der von einem schweren Unfall berichtet, der sechs Jahre zuvor zu seiner Querschnittslähmung führte.

> Y'a six ans j'ai hésité avec la vie...[...]
> On s'amusait sur une plage, à moitié dans l'eau, on faisait de l'acrobatie, et puis voilà, un mauvais réflexe je tombe sur la tête [...];
> et sous mes épaules, mon corps avait disparu...

---

[148] Baßler, M.: Deutsche Erzählprosa 1850 – 1950, S. 23.

Je ne sentais plus rien... [...]
Ça faisait vingt ans que je courais sur les fils...
Ça faisait vingt ans que j'étais funambule....

Das Licht in der Manege wird heller. Antoine Rigot durchquert unterhalb eines gespannten Drahtseils die Manege. Seine Bewegungen sind unbeholfen, er ringt mit dem Gleichgewicht. Ein dumpfes Grollen wird langsam lauter. Zwei Artist*innen betreten eines der sieben Drahtseile. Die Eine ist von einer Bandage umgeben, die sich während ihrer Drehungen auf dem Seil langsam entrollt. Die zweite Artistin folgt der ersten, während sie das hautfarbene Tuch in ihren Armen aufnimmt. Nach ihrer Befreiung beginnt die entfesselt Artistin auf dem Seil zur Musik der Live-Band Wildmimi Antigroove Syndicate zu tanzen. Weitere Seiltänzer*innen folgen, bis schließlich alle vier Artist*innen und drei Artisten in bunter (Alltags-)Kleidung die sieben Drahtseile bespielen.

Auch im weiteren Verlauf des Stücks wird die Diegese, in der die Geschichte des jungen Haiku-Dichters auf der Suche nach der absoluten Kunst verortet ist, nicht inszeniert – weiter noch: Nicht einmal die grundlegende Handlung wird übernommen. Dennoch verweisen die Paratexte, das Programmheft sowie die Ankündigungen explizit auf den Einsatz des Romans im Produktionsprozess des Stücks. So schreibt beispielsweise die *European Cultural News*:

> Rigot inszenierte das Stück ‚Le fil sous la neige' unter dem Eindruck des gleichnamigen Romans von Maxence Fermine, in dem es um die Kunst des Haiku, einer japanischen Gedichtform, ebenso geht wie um die tragische Geschichte einer jungen Seiltänzerin.[149]

Auch im Interview mit *Theatre Online*, das ebenfalls exemplarisch herangezogen werden kann, verweist Rigot auf die Beziehung zwischen Roman und Zirkusstück:

> Cette démarche et les textes qui en découlent sont l'un des liens avec Neige, le roman de Maxence Fermine dans lequel l'auteur choisit l'exercice du funambule comme métaphore à la quête du poète. Ce roman nous a servi d'appui et de déclencheur.[150]

Basierend auf der Lektüre des gesamten Romans wurden zu Beginn der Produktion einzelne Ausschnitte und Kernthemen herausgearbeitet, auf deren Basis die

---

[149] Preiner, Michaela: Das Leben ist ein Hochseilakt. Les Colporteurs. Le fil sous la neige. Drahtseilakrobatik im Le-Maillon in Straßburg. Antoine Rigot. https://www.european-cultural-news.com/das-leben-ist-ein-hochseilakt/2304/ (12.10.2017), S. 1.
[150] Theatre Online: Les Colporteurs. Le fil sous la neige. https://www.theatreonline.com/Spectacle/Les-Colporteurs-Le-fil-sous-la-neige/60175 (13.10.2017).

sieben Artist*innen ihre eigenen Assoziationen entwickeln sollten. Aus diesen Assoziationsketten schrieben die Künstler*innen Haikus, die auch die Grundstruktur des Romans ausmachen. Diese wiederum wurden als Ausgangspunkt für Improvisationen auf dem Seil genutzt.[151]

> Imaginons que nous soyons en train de travailler sur le doute. Je demande quatre mots à chacun. Ils sont mis en commun. A partir de tous les mots récoltés, nous imaginons des phrases, des poèmes proches des haikus.[152]

Da die Kreation des Stücks *Le fil sous la neige* also auf einem „Prozess der Transformation eines medienspezifisch fixierten Prä‚textes' bzw. ‚Text'substrats in ein anderes Medium, d. h. aus einem semiotischen System in ein anderes"[153] basiert, kann die Performance als „Medienwechsel"[154] bezeichnet werden, bei dem „die Qualität des Intermedialen [...] den Produktionsprozess des medialen Produktes [betrifft]"[155]. Der Wechsel von Roman zum zeitgenössischen Zirkusstück weist im vorliegenden Fall allerdings eine Besonderheit auf: Der Ursprungsroman thematisiert seinerseits bereits die Disziplin des Seiltanzens, in die der Roman in *Les fil sous la neige* transformiert wird. Eben jene Interdependenz soll im Folgenden im Zentrum der Analyse stehen. Dabei wird erstens auf Basis der Analyse von Intertextualität (im engen Sinne) und Intermedialiät erörtert, was geschieht, wenn die metaphorische Lesart der Disziplin ‚zurück in den Zirkus' kommt. Das zweite Anliegen besteht darin, Aufschluss über die spezifischen Charakteristika der Disziplin ‚Seiltanz' zu erlangen. Dieses Erkenntnisinteresse basiert auf der Annahme, dass sowohl bei einem Medienwechsel, als auch bei intermedialen Bezügen jeweils nur ein Medium materiell präsent ist. Der Medienwechsel zeichnet sich durch die „Transformation eines medienspezifisch fixierten Produkts bzw. Produkt-Substrats in ein anderes, konventionell als distinkt wahrgenommenes Medium"[156] aus. Unter intermedialen Bezügen versteht man ein

> Verfahren der Bedeutungskonstitution eines medialen Produkts durch Bezugnahme auf ein Produkt (Einzelreferenz) oder das semiotische System bzw. bestimmte Subsysteme (Systemreferenz) eines konventionell als distinkt wahrgenommenen Mediums.[157]

---

151 Vgl. CRDP de l'académie de Paris, Scéren u. Le Parc la Villette: Les Colporteurs. Le fil sous la neige, S. 8.
152 Ebd.
153 Rajewsky, I.: Intermedialität, S. 16.
154 Ebd.
155 Ebd.
156 Ebd., S. 157.
157 Ebd., S. 199.

Im Falle eines Medienwechsels muss also überlegt werden, mithilfe welcher medienspezifischen Mittel semantische Parallelen zum Ursprungstext hergestellt werden. Im Falle von intermedialen Bezügen stellt sich die Frage, wie „Elemente und/oder Strukturen eines anderen, konventionell als distinkt wahrgenommenen Mediums mit den eigenen, medienspezifischen Mitteln thematisiert, simuliert oder, soweit möglich, reproduziert"[158] werden können. Damit kann sich eine Analyse der Intermedialität der Zirkusperformance *Le fil sous la neige* der Analyse der *Materialität*[159] des Seiltanzens nähern. Zentral sind dabei die Fragen, mithilfe welcher Mittel im Seiltanz Bedeutung konstituiert wird und wie der Seiltanz Illusionen eines fremdmedialen Systems – in diesem Fall eines literarischen Textes – erzeugen kann.

4.3.2.1 Marker der intermedialen Bezugnahme in *Le fil sous la neige*

Da *Le fil sous la neige* weder die Diegese des Romans, noch die grundlegende Handlung übernimmt, mag man den Einwand erheben, die Klassifizierung des Stücks als ‚intermedial' basiere auf einem rein „produktions-ästhetisch orientierten, genetischen Begriff"[160], der die Tatsache, dass der Ursprungstext durch die verschiedenen Abstraktionsschritte stark verändert wurde, nicht berücksichtigt. Auch wenn der Grad der Ähnlichkeit zwischen dem Ausgangstext und dem neuen Medium kein ausschlaggebendes Kriterium in der genetischen Definition von Intermedialität ist, scheint die reine Tatsache, dass der Roman während des Produktionsprozesses von der Companie genutzt wurde, einer umfangreichen Analyse nicht wert. An dieser Stelle ist darauf hinzuweisen, dass der Medienwechsel als Marker einer möglichen intermedialen Bezugnahme auf den Ursprungstext *Schnee* dient. Im Fokus steht im Folgenden daher weniger die Frage, inwiefern Diegese und Handlung übereinstimmen, als vielmehr die Analyse, wie sich *Le fil sous la neige* auf Basis seines Vorgängers konstituiert und inwiefern das Stück medieneigene Mittel nutzt, um Bezüge zu *Schnee* als einzelnes literarisches Werk (Einzelreferenz), als semiotisches System (Systemreferenz) oder als semiotisches Subsystem herauszustellen.

Bereits im Titel der Performance *Le fil sous la neige* wird der Bezug zum Ursprungstext *Schnee* explizit markiert. ‚Das Seil unter dem Schnee' verweist nicht nur auf den Romantitel, sondern auch auf eine Kernszene der Handlung,

---

[158] Ebd., S. 17.
[159] Im Sinne Jakobsons: „Indem sie das Augenmerk auf die Spürbarkeit der Zeichen richtet, vertieft diese Funktion [die poetische Funktion] die fundamentale Dichotomie der Zeichen und Objekte." Jakobson, R.: Linguistik und Poetik, S. 93.
[160] Rajewsky, I.: Intermedialität, S. 16.

die sich während der Wanderung der Hauptfigur durch Japans schneebedeckte Berglandschaft ereignet. Diese entdeckt unter dem Eis den Körper einer Frau:

> Diese unsagbar Schöne war eine Frau. Er erblickte sie, als er sich unter dem Felsüberhang niederließ, und rieb sich ungläubig die Augen. Sie schien so zerbrechlich wie ein Traum. Es war eine junge Frau, eine nackte, blonde, europäisch aussehende Frau. Sie lag in einem tiefen, friedlichen Schlummer. Sie schlief einen Meter tief unter dem Eis.[161]

Im Verlauf des Romans stellt sich heraus, dass es sich bei der Toten um die geliebte Ehefrau des alten Haiku-Meisters des Protagonisten handelt, die durch einen Seiltanzunfall starb. Im Roman steht der Sturz von dem Seil Friedrich Wolfzettel zufolge „für die vergebliche Suche nach der ‚art absolut'"[162]. In Rekurs auf diese Schlüsselszene des Romans evoziert der Titel der Performance darüber hinaus das zweite Narrativ des Zirkusstücks: die biographische Geschichte von Antoine Rigot, der nach seinem schweren Unfall seine Balance wiedererlangt.

Darüber hinaus wird die Performance von Sprache gerahmt: Zu Beginn und am Ende ist die Stimme Rigots zu hören, der über den Moment des Unfalls spricht. Diese Rahmung ist zum einen für die Paradigmatik des Stücks relevant, zum anderen dient sie als Marker für die intermediale Bezugnahme bei der

> nicht konventionell als distinkt wahrgenommene Medien und deren spezifische Verfahren der Bedeutungskonstitution miteinander kombiniert und folglich zu einem plurimedialen Produkt addiert [werden], wie dies bei der Medienkombination der Fall ist.[163]

Da zirzensische Aufführungen per se plurimedial sind, ist der Gebrauch von Sprache nicht notwendigerweise als relevant einzustufen. Im vorliegenden Fall aber weist die Kombination von Titel, Beginn und Ende der Performance auf die Möglichkeit einer intermedialen Lesart hin. Mit Hilfe des sprachlichen Rahmens unterstreicht *Le fil sous la neige* nämlich nicht nur den Bezug zwischen Roman und Performance, sondern auch zwischen Zirkusstück, Roman und der Biographie Rigots. Dieses Dreiecksgefüge wird bereits im ersten Akt des Stücks, das zu Beginn des vorliegenden Kapitels beschrieben wurde, explizit visualisiert: *Die Artistin entrollt durch ihre Drehungen auf dem Seil die hautfarbene Bandage, die von einer zweiten Artistin aufgesammelt wird* (Le fil sous la neige 2:13–5:30). Bei dieser Bewegung bilden Hochseil und Bandage visuell eine Parallele, die, wenn

---

161 Fermine, M.: Schnee, S. 38.
162 Wolfzettel, F.: Paradigmatisches Erzählen: Zu Maxence Fermine, S. 398.
163 Rajewsky, I.: Intermedialität, S. 17.

man die Theorie Roman Jakobsons auf den vorliegenden Fall überträgt[164], auf semiotischer Ebene interpretiert werden kann. Darüber hinaus kann die hautfarbene Bandage als Anspielung auf die nackte Frau im Eis gelesen werden, die nicht wirklich nackt war,

> wie er beim ersten Mal geglaubt hatte, doch der Stoff des leichten Gewandes, das sie auf dem Seil getragen hatte, war durch die langen Jahre unter dem Eis ganz dünn und fast durchsichtig geworden.[165]

Es ist an dieser Stelle noch einmal zu unterstreichen, dass das Entrollen der Bandage nicht mithilfe theatralischer Mittel erfolgt, sondern durch Drehungen auf dem Seil, d. h. durch einen Trick des Seillaufens selbst. Das Dreiecksgefüge zwischen Performance, Roman und biographischem Narrativ kann als grundlegendes Verfahren der Bedeutungskonstitution von *Le fil sous la neige* verstanden werden.

4.3.2.2 Einzelreferentielle Bezugnahmen in *Le fil sous la neige*

Rajewsky klassifiziert in ihrem Band zur Intermedialität zwei verschiedene Dimensionen intermedialer Bezugnahme, eine einzelreferentielle und eine systemreferentielle.

> Kommt der Medienspezifik des Bezugsobjekts keine Relevanz zu, so hat man es mit einer einzelreferentiellen Bezugnahme zu tun, die zwar de facto intermedialer Natur ist, hinsichtlich ihrer Form und ihrer möglichen Funktionsweisen aber mit intramedialen Einzelreferenzen, im Falle von Text-Text-Bezügen also mit intertextuellen Verweisen vergleichbar ist.[166]

Kommt bei einem einzelreferentiellen Verweis „der mediale Status des Bezugsobjekts und somit das Mediengrenzen überschreitende Moment des Rekurses zum Tragen"[167], wird die systemreferentielle Dimension relevant. Beide Dimensionen sollen im Folgenden genauer betrachtet werden.

---

164 Zur Erinnerung sei darauf hingewiesen, dass „Äquivalenz, die als konstitutives Prinzip auf die Sequenz projiziert wird, [...] unweigerlich semantische Äquivalenz nach sich [zieht] und [dass] auf jeder sprachlichen Ebene [...] jede Konstituente einer solchen Sequenz nach einer der beiden korrelativen Erfahrungen [ruft], die Hopkins treffend als ‚Vergleich um der Gleichheit willen' und ‚Vergleich um der Ungleichheit willen' definiert." Jakobson, R.: Linguistik und Poetik, S. 108.
165 Fermine, M.: Schnee, S. 94.
166 Rajewsky, I.: Intermedialität, S. 150.
167 Ebd.

Da *Le fil sous la neige* die Handlung des Romans nicht übernimmt[168], scheint die Struktur des Zirkusstücks auf den ersten Blick nicht „in einem Ähnlichkeits- und/oder Differenzverhältnis zu derjenigen des Hypertextes"[169] zu stehen. Nun ist die Frage interessant, wie die explizite Umsetzung der Handlung im Zirkusstück aussehen könnte: Es gäbe vermutlich eine Übereinstimmung zwischen der Anzahl an Figuren im Roman und Artist*innen in der Manege. Jede Artist*in würde eine der Figuren des Romans verkörpern – durch ein entsprechendes Kostüm, eine bestimmte Mimik und Gestik oder ähnliches.[170] Darüber hinaus wäre das Bühnenbild in Anlehnung an den Hauptschauplatz des Romans sicher in Weiß gehalten. Die Mittel, die hier genutzt würden, wären also vordergründig theatralisch, d. h. nicht spezifisch zirzensisch. Im Gegensatz zu dieser möglichen theatralischen Inszenierung referiert *Le fil sous la neige* auf deutlich subtilere Weise auf den Roman, indem es die Syntagmatik desselben aufgreift. Zwar stimmt die Zahl der Artist*innen nicht mit der der Romanfiguren überein, jedoch verweist diese auf die Vorliebe des Protagonisten für die Zahl Sieben.

> Es gab drei Dinge, denen Yukos ganze Ehrfurcht galt: Der Kunst der Haiku-Dichtung, dem Schnee und der Zahl Sieben, in welcher Form und Verbindung sie ihm auch begegneten. Die Sieben ist eine magische Zahl. Sie beinhaltet zugleich das Gleichgewicht des Quadrats und die Spannung des Dreiecks.[171]

Die Zahl Sieben ist in der Syntagmatik des Romans durch Assoziationen wie Gleichgewicht und Spannung dem Paradigma des Seiltanzens zugehörig. Bereits durch die Zahl an Artist*innen wird also ein zentrales Syntagma des Romans, der Seiltanz als vollendete Kunst, übernommen.

Darüber hinaus symbolisiert der Hochseilakt im Roman nicht nur die Anstrengungen des Dichters, „unaufhörlich auf diesem Seil des Schreibens zu bleiben, jede Stunde seines Lebens weit über allen anderen auf der Höhe eines Traumes zu schweben"[172], sondern er fungiert auch als Metapher für den menschlichen Lebensweg im Allgemeinen:

---

168 „Toutefois si chacun de ces livres est une référence, un repère, une inspiration au moment de la création du spectacle, aucun d'entre eux n'en est une adaptation." CRDP de l'académie de Paris, Scéren u. Le Parc la Villette: Les Colporteurs. Le fil sous la neige, S. 6.
169 Rajewsky, I.: Intermedialität, S. 150.
170 Vgl. theatralische Zeichen bei Fischer-Lichte: Fischer-Lichte, E.: Semiotik des Theaters. Eine Einführung. Band 1.
171 Fermine, M.: Schnee, S. 22.
172 Ebd., S. 88–89.

> Es ist ein Tanz auf dem Hochseil. Das Schwierigste dabei ist, vorwärts zu gehen, ohne abzustürzen. Soseki ist schließlich abgestürzt – durch die Liebe zu einer Frau. Allein die Kunst konnte ihn vor der Verzweiflung und vor dem Tod retten.[173]

Es geht „um das Einüben der Essenz von Leben und Kunst"[174], so lässt Wolfzettel verlauten. „Kunst und Liebe gleichen in dieser Perspektive einem Balanceakt ‚sur un fil/De neige' wie der Roman lyrisch endet"[175], so vermerkt der Literaturwissenschaftler an anderer Stelle. Die Verknüpfung der Paradigmen ‚Leben' und ‚Seiltanz' ist also sowohl für den Roman, als auch für das Zirkusstück relevant (s. Kapitel 4.3.1 *Lektüre von Le fil sous la neige*). Es ist an dieser Stelle noch einmal explizit darauf hinzuweisen, dass die Semantisierung in *Le fil sous la neige* auch in Bezug auf die Lebensmetapher nicht mithilfe theatralischer Mittel erfolgt, sondern durch die Spezifik des Seiltanzes.

Zur Erläuterung dieser These wird im Folgenden die Szene, in der die Artistin Molly Saudek und der Artist Julien Posada miteinander auf dem Seil interagieren, exemplarisch herausgestellt (*Le fil sous la neige* 15:15–16:38). Die Etablierung einer Beziehung zwischen den beiden Figuren wird zum einen durch das gemeinsame und parallele Seillaufen, zum anderen aber auch mithilfe des Blickaustausches inszeniert. Der reine Augenkontakt an sich ist bereits signifikant, da er nicht zum System ‚Seiltanz' gehört, in dem der Seiltänzer sich mithilfe seiner Augen zentriert und die Balance hält. Der Seiltänzer fokussiert in der Praxis normalerweise einen statischen Punkt, sein Blick geht somit ins Leere. Dem Artisten und Choreographen Alexander Vantournhout zufolge ist der dominante Blickkontakt mit dem Objekt den meisten zirzensischen Disziplinen inhärent: „I think in circus the artist never relates directly to the spectator. As a circus artist, I relate to my objects, and together we relate to the audience."[176] Der Bruch mit diesem Merkmal allein genügt also für die Bedeutungskonstitution, er muss nicht mit einer expressiven (theatralischen) Mimik unterstrichen werden. Ermöglicht wird er insbesondere durch den besonderen Bühnenbau des Stücks, durch den nicht nur der Seiltanz eine räumliche Mehrdimensionalität erhält, sondern auch, wie das obige Beispiel zeigt, neue Möglichkeiten der Etablierung semantischer Räume entstehen.

Zuletzt sei mit Blick auf die Frage der einzelreferentiellen Dimension der intermedialen Bezüge noch einmal auf das Dreiecksgefüge zwischen Roman, bio-

---

173 Ebd., S. 52–53.
174 Wolfzettel, F.: „Se forger une légende", S. 240.
175 Wolfzettel, F.: „Rien que du blanc à songer", S. 684.
176 Lievens, Bauke, Alexander Vantournhout u. Raphael Billet (Hrsg.): Is there a way out of here. Gent: Bot Standing VZW & KASK School of Arts 2017, S. 24.

graphischem Narrativ und Zirkusstück hingewiesen, denn die Binnenerzählung des Romans und die biografische Rahmenerzählung der Performance weisen Parallelen auf. „Das war ihr Schicksal, Schritt für Schritt vorwärts zu gehen. Von einem Ende ihres Lebens zum anderen."[177], so wird die Geschichte der Figur ‚Neige', die bei einem Sturz von dem Hochseil stirbt, beschrieben. Eben diese Metaphorik ließe sich auch auf die in *Le fil sous la neige* inszenierte Geschichte Rigots übertragen. Die Parallele wird durch den Epilog der Zirkusperformance unterstrichen: „Tu sais, cette nuit j'ai rêvé que je marchais sur un fil…[…] Sur le fil de ma vie…"[178] greift explizit auf eine Szene des Romans zurück, die Neiges Wunsch, wieder Seillaufen zu können, beschreibt: „Eines Nachts träumte sie, sie flöge durch die Luft."[179] Sowohl der Roman, als auch das Zirkusstück thematisieren mit ihrer Binnen- bzw. Rahmenhandlung eine Charakteristik des Seiltanzes: die Gefahr/das Risiko. „The high wire has become a metaphor for dangerous action"[180], proklamiert Paul Myrvold in seiner Arbeit *High wire: risk and the art of tightrope walking*. Es ist darauf hinzuweisen, dass die Figur ‚Neige' nicht aufgrund eines Fehlers beim Seiltanzen stirbt:

> Es war das Seil, das riss. Die beiden Diener hatten es wohl nicht richtig befestigt, sodass es sich aus seiner Verankerung am Fels löste und die junge Frau und ihre Balancierstange tausend Fuß mit in die Tiefe riss.[181]

Auch Antoine Rigot verletzte sich schwer im Urlaub am Strand, nicht beim Ausüben seiner Kunstform. Dennoch aktualisieren sowohl der Roman, als auch das Zirkusstück durch die Kombination von ‚Seiltanz' und ‚Unfall' auf der Ebene der Sequenz die dem Frame {Zirkus} inhärente Ästhetik des Risikos[182]. Im Roman wird also „die mit dem einzelreferentiellen Verweis [Seiltanz] einhergehende Erwähnung des fremdmedialen Systems [Seiltanz als Teil einer zirzensischen Performance]"[183] bedeutsam. In *Le fil sous la neige* dient die Kombination von Seiltanz und Risiko der Selbstreferentialität des Stücks – oder mit anderen Worten: der Etablierung eines meta-zirzensischen Diskurses – und greift damit die spezifische Struktur des Romans auf. *Le fil sous la neige* nimmt damit nicht nur Bezug

---

177 Fermine, M.: Schnee, S. 65.
178 CRDP de l'académie de Paris, Scéren u. Le Parc la Villette: Les Colporteurs. Le fil sous la neige, S. 16.
179 Fermine, M.: Schnee, S. 70.
180 Myrvold, Paul: High wire. Risk and the art of tightrope walking 1998 (17.10.2017), S. 16.
181 Fermine, M.: Schnee, S. 76.
182 Siehe Kapitel 3.3.2 *Die Ebenen des zirzensischen Textes*
183 Rajewsky, I.: Intermedialität, S. 150.

zu den zentralen Themen des Romans, sondern etabliert auch die systemreferentielle Dimension der intermedialen Bezugnahme.

Die Kapitel des Romans fallen durch ihre relative Kürze auf und nehmen „zuweilen beinahe den Charakter von Prosagedichten an [...] – so sind die letzten Seiten des Romans als gedichtähnliche Kapitel gar nicht mehr paginiert"[184]. Darüber hinaus beginnt der Roman mit der Definition des japanischen Haikus, die ersten sieben Kapitel sind mit Haikus überschrieben und das letzte Kapitel besteht nur noch aus einem Haiku, das mit dem Wort ‚neige' endet. Durch dieses Verfahren evoziert der Roman eben jene japanische Dichtung, die der Protagonist in Vollendung erlernen möchte. Somit lässt sich der Roman als selbstreferentiell klassifizieren. Wie wird diese spezifische Textstruktur von der Performance aufgegriffen? Erstens ist nicht nur der Roman, sondern auch die Performance durch die Etablierung eines metazirzensischen Diskurses rund um die Ästhetik des Risikos und die Etablierung des Paradigmas ‚Seiltanz' als selbstreferenziell zu klassifizieren. Aufgrund der großen Anzahl an Artist*innen auf den Seilen fallen die Armbewegungen (zur Aufrechterhaltung der Balance) deutlich ins Auge. In der Menge erinnern diese an Flügelbewegungen von Vögeln. Eben jene Assoziation wird auch im Roman aufgegriffen:

> Was Soseki so verzaubert hatte, war der Anblick einer jungen Frau, die auf einem Drahtseil balancierte. Sie schien so leicht wie ein Vogel, wie sie sich über dem silbernen Fluss mit der Grazie und Anmut eines Eichhörnchens auf dem Seil vorwärts bewegte. [...] Soseki gesellte sich zu einem alten Mann und befragte ihn, den Kopf noch immer im Nacken, ohne die Augen abzuwenden: ‚Wer ist sie?' Der alte Mann antwortete, das Gesicht zum Himmel gewandt, mit einem Beben in der Stimme: ‚Vielleicht ist sie eine Seiltänzerin, aber vielleicht ist es auch ein blonder Vogel, der sich in der Luft verirrt hat.'[185]

Zweitens erinnern der Stil und die Länge der verschiedenen Seiltanz-Sequenzen an Haikus. Aus diesem Grund evoziert *Le fil sous la neige* nicht nur *Schnee* als spezifisches literarisches Werk, sondern auch als spezifisches literarisches Subsystem.

Mit Blick auf den Roman ist eine weitere intermediale Besonderheit erkennbar. *Schnee* thematisiert nicht nur das Medium ‚Seiltanz', sondern evoziert dieses. Der Roman ermöglicht eine „Erfahrung, die grundsätzlich analog zur Wirklichkeitserfahrung und damit wahrscheinlich wirkt und den Rezipienten an der dargestellten Welt interessiert"[186]. Reginal Horace Blyth definiert Haikus, die

---

[184] Wolfzettel, F.: „Se forger une légende", S. 240.
[185] Fermine, M.: Schnee, S. 60–61.
[186] Rajewsky, I.: Intermedialität, S. 86.

japanische Lyrik, die aus siebzehn Silben in drei Zeilen besteht, als „the poetry of sensations"[187]. „What distinguishes haiku from (other forms of) poetry is this physical, material, sensational character."[188] Haikus, so beschreibt Ekkehard May das Genre, erkennen „im winzigsten Ausschnitt Weltwirklichkeit und Bedeutung; der erfasste Moment wird sinnlich konkret und stark bildhaft dargestellt."[189] In Bezug auf diese Charakteristika ähnelt die literarische Kunstform also der sinnlichen Konkretheit von Performances.

Welchen Einfluss hat dies auf die Intermedialität der vorliegenden Performance *Le fil sous la neige*? Um diese Frage zu beantworten, ist es notwendig, noch einmal auf die Struktur des Romans zurückzukommen: Indem der Roman eine starke Bildhaftigkeit nutzt und den Stil von Haikus übernimmt, kreiert der Roman „eine Illusion – ein ‚Als ob' –"[190] des Seiltanzes und eine Art von performativer Gegenwärtigkeit. Aus diesem Grund kann bereits der Roman *Schnee* als ‚intermedial' bezeichnet werden. Bei der Performance *Le fil sous la neige* hat man es daher mit einer doppelten intermedialen Referenz zu tun: Der Roman *Schnee* evoziert das Seiltanzen während das Zirkusstück *Le fil sous la neige* zum Roman Bezug nimmt, der das Seiltanzen evoziert.

4.3.2.3 Systemreferentielle Bezugnahme in *Le fil sous la neige*

Bevor die Konsequenzen dieser doppelten intermedialen Referenz für die Rezeption des Zirkusstücks *Le fil sous la neige* genauer betrachtet werden, ist es hilfreich, zunächst einen Schritt weiter zu gehen und zu fragen, welche Rolle der zweite Fall von intermedialen Bezügen, die sogenannte Systemreferenz, in der Performance spielt. In welchem Umfang evoziert *Le fil sous la neige* breitere Systeme wie Literatur oder Sprache im Allgemeinen? Es wäre möglich folgende metaphorische Interpretation vorzunehmen: Der Bühnenaufbau, der von den sieben teils parallelen teils gekreuzten und auf verschiedenen Ebenen installierten Drahtseilen dominiert wird, kreiert eine Art Gewebe, wörtlich übersetzt also einen „Text, m. (lat. *Textere* = weben, flechten; *textus* = Gewebe)"[191]. Darüber hinaus ermöglicht das ‚Drahtseil-Gewebe' Assoziationen im Themenbereich von Dichtung, Literatur

---

[187] Blyth, Reginal Horace: A history of haiku. From the Beginnings up to Issa. Tokio: The Hokuseido Press 1964, S. 3.
[188] Ebd., S. 2–3.
[189] May, Ekkehard: [Art.] Haiku. In: Metzler Lexikon Literatur. Hrsg. von Dieter Burdorf. Stuttgart: Metzler 2007, S. 300–301.
[190] Rajewsky, I.: Intermedialität, S. 195.
[191] Winko, Simone: [Art.] Text. In: Metzler Lexikon Literatur. Hrsg. von Dieter Burdorf. Stuttgart: Metzler 2007, S. 760, hier S. 760.

und Sprache wie ‚Kommunikationsgefüge', ‚Figurenkonstellation', ‚Diskurs'. Es wäre auch möglich, dem Fokus auf die Füße der Tänzer*innen, den die Performance etabliert, ein „Als-ob"[192] von Versfüßen zuzuschreiben. Lassen sich in den rhythmischen Überquerungen der Drahtseile Systemevozierungen von Dichtung finden? Diese metaphorische Interpretation geht sicher zu weit, denn sie beschreibt Merkmale, die auch dem System ‚Seiltanz' selbst zuzuschreiben wären und ist daher wenig aufschlussreich.

Warum aber ist es so schwierig intermediale Systemreferenzen von Dichtung, Literatur und Sprache in der Performance zu finden, obwohl jeder Medienwechsel doch in der Regel eine intermediale Systemreferenz mit sich bringt? Rajewsky deklariert als notwendige Voraussetzung für die Umsetzung intermedialer Bezüge „die mediale Differenz zwischen kontaktnehmendem und kontaktgebendem System"[193]. Diese Differenz geht bei der Transformation des Romans *Schnee* in *Le fil sous la neige* verloren. Durch den Transformationsprozess in eine Zirkusperformance ist die medienspezifische Eigenheit, die durch die altermedial bezogene Illusionsbildung der Kunst des Seiltanzens charakterisiert ist, nicht mehr sichtbar. Seiltanz ist in der Zirkusperformance ‚nur' Seiltanz.

4.3.3 Intertextualität und Intermedialität als Semantisierungsstrategie im Zeitgenössischen Zirkus

Die Companie *Les Colporteurs* nutzt den Bestseller-Roman *Schnee* als Ausgangspunkt für den Kreationsprozess des zeitgenössischen Zirkusstücks *Le fil sous la neige*. Ziel ist es jedoch nicht, das fremdmediale System zu thematisieren, zu simulieren oder zu evozieren; auch werden Handlung und Diegese des Romans nicht inszeniert. Lediglich die Textstruktur des Romans, die bereits selbst intermediale Bezüge zum System ‚Seiltanz' aufweist, seine Syntagmatik, Metaphorik und die zentralen Diskurse werden vom Stück aufgegriffen. Dies scheint auf den ersten Blick ein ernüchterndes Ergebnis zu sein, denn man könnte den Einwand erheben, die Nutzung des Romans sei als reine Inspirationsquelle zu klassifizieren. Warum aber dann der kontinuierliche Verweis auf ebendiesen in allen Paratexten?

Durch den expliziten Bezug zum Roman unterstreicht das Stück die metaphorische Lesart: Die Charakteristika des Seiltanzes und seine metaphorische Bedeutung bleiben somit sichtbar. Zwar ist Seiltanzen durch unseren alltäglichen

---

192 Rajewsky, I.: Intermedialität, S. 195.
193 Ebd., S. 180.

Sprachgebrauch nicht von seiner metaphorischen Konnotation (z. B. ‚das Leben als Balanceakt') zu lösen – die zirzensische Disziplin ist in ihrer Bedeutung somit niemals neutral –, dennoch wäre es sicher falsch zu behaupten, alle Seiltanzstücke würden buchstäblich den schmalen Grat zwischen Leben und Tod, zwischen Gesundheit und Verletzung, zwischen Kunst und Nicht-Kunst thematisieren. Seiltanzen ist bei der Ausführung der Disziplin zuallererst ‚nur' Seiltanz. Die Artist*innen müssen auf dem Seil tatsächlich das Gleichgewicht halten – und das Publikum ist Zeuge dieser Aktion. Während der Performance, in der Gegenwärtigkeit des Geschehens, ist der Balanceakt real – nicht metaphorisch. Die Semantisierung auf Diegetischer Ebene und Bedeutungsebene bedarf also expliziter Marker: Erst mithilfe der Verknüpfung des Stücks mit der Biographie Rigots und durch den Verweis auf den intermedialen Bezug zum Roman in den Paratexten, ermöglicht es *Le fil sous la neige* die metaphorische Konnotation des Seiltanzes (in ihrer Komplexität) aufrecht zu erhalten: Durch seinen Seiltanz-Bezug verweist der Roman *Schnee* auf die mit dem Seiltanz verbundene Metaphorik, die sich auch in unserem alltäglichen Sprachgebrauch finden lässt. Seiltanz wird im Roman also als „ästhetisches Modell"[194] genutzt. Dieses Verfahren wird vom vorliegenden Stück aufgegriffen.

Es lohnt ein kurzer Blick auf weitere Zirkusstücke, die auf einem Medienwechsel beruhen. Zu nennen seien hier mit erneutem Fokus auf die Companie *Les Colporteurs* z. B. das Stück *La Filao* (1996), das auf dem Roman *Le Baron Perché*[195] von Italo Calvino basiert, oder *Sur la route* (2009) mit seinem literarischen Vorbild *Oedipe sur la Route*[196] von Henry Bauchau. Die Companie nutzt nicht nur die Literatur, sondern auch die bildende Kunst als Ausgangspunkt für Kreationen: *Sous la toile de Jheronimus* (2017) referiert auf das Triptychon *Der Garten der Lüste* des niederländischen Malers Hieronymos Bosch. Die Referenz zu (kanonischen) Werken der literarischen und bildenden Kunst ist in zeitgenössischen Zirkusdarbietungen auffallend häufig vorzufinden. Allein in der vorliegenden Arbeit sind fünf der analysierten Stücke von literarischen Vorbildern inspiriert, obwohl bei der Auswahl des Analysekorpus darauf geachtet wurde, ein möglichst heterogenes und damit repräsentatives Abbild des Zeitgenössischen Zirkus zu ermöglichen. Die Inspirationsquelle wird in den Paratexten der Stücke jeweils explizit genannt: *Le Cri du Chaméléon* basiert auf dem Roman *Le Surmâle* von Alfred Jarry, Ana Jordãos Performance *I am (k)not* wurde von dem Gedicht

---

[194] Fuchs, M., A.-S. Jürgens u. J. Schuster: Literarische Manegenkünste.
[195] Calvino, Italo: Le baron perché. Paris: Editions Gallimard Jeunesse 2016.
[196] Bauchau, Henry u. Robert Jouanny: Oedipe sur la route. Roman. Arles, Lausanne: Actes sud 1992.

Tabucaria von Álvaro de Campos inspiriert und *Les Princesses* von *Cheptel Aleïkoum*, das in Kapitel 4.6 *Willkommen im Wunderland des Zeitgenössischen Zirkus: Zum Metadiskurs in Les Princesses von Cheptel Aleïkoum* analysiert wird, referiert auf die Märchen von den Gebrüdern Grimm, Hans Christian Andersen und Lewis Carroll. Auch beispielsweise die Performance *Fragments of a Mind* von *Squarehead Productions* nutzt insofern einen intertextuellen/intermedialen Bezug, als dass der Song *Come wander with me* zentral in der amerikanischen Fernsehserie *The Twighlight Zone* (1964) ist. Auf diese wird durch die eingängige Nutzung in der Performance referiert. Das gemeinsame Charakteristikum dieser intertextuellen/intermedialen Zirkusstücke ist, dass diese weniger die metamediale Funktion von Intermedialität fokussieren, in der die Differenz beider in Kontakt tretenden Medien im Mittelpunkt steht. In der Regel werden in diesen Stücken die Diskurse der Ausgangswerke für die Bedeutungskonstitution genutzt – diese weisen häufig bereits selbst einen Bezug zu Zirkusthemen auf und markieren im Medienwechsel die metaphorische Lesart der Stücke. Ist in den Originaltexten kein expliziter Zirkusbezug vorhanden, werden, wie bspw. in der Performance *Paper Dolls*[197] von Jana Korb und Kirsten Burger, die auf dem Roman *Cat's Eye*[198] von Margaret Atwood basiert, die zirzensischen Künste für die Visualisierung der Gefühlswelt der Figuren genutzt. Auch hier spielen die den Disziplinen inhärente Metonymie und Metaphorik eine wichtige Rolle (z. B. Vertikalseil im Suizidkontext, Vertikalseil im Moiren-Kontext (s. Kapitel 6: *Metonymische und metaphorische Lektüren: Zur Mehrdeutigkeit in I am (k)not von Ana Jordão*)). In beiden Fällen werden das literarische Ausgangswerk und die kulturell etablierte Metaphorik für die Bedeutungskonstitution der Zirkusstücke genutzt: Die Performances profitieren also von der Semantik der Originaltexte und sind erst durch die komplexe Beziehung zu diesen lesbar.

---

[197] Korb, Jana: Paper Dolls. Aerial Theater. http://luftartistin.de/narrativer-zirkus-und-strassentheater/paper-dolls/ (2.10.2018).
[198] Atwood, Margaret: Cat's eye. New York: Anchor Books 1998.

4.4 „Zeig mir, wo du spielst, und ich sag dir, was du bist": Zur Relevanz des Aufführungskontextes in *L'Argile* von *Jimmy Gonzalez*

L'or pour Jimmy Gonzalez![199]

Im Februar 2015 gewinnt der Jongleur Jimmy Gonzalez, Absolvent der *École nationale de cirque de Châtellerault* und der *Ecole Nationale du Cirque de Montréal*, nach einem dreitägigen Wettbewerb die Goldmedaille des international renommierten *Festival Mondial du Cirque de Demain* (Paris). Diese Veranstaltung, bei der internationale Artist*innen ihr Können zeigen, gilt als Sprungbrett für eine internationale Artistenkarriere. Und richtig: Gonzalez erhält zahlreiche Angebote und tritt mit seiner Nummer[200] *L'Argile* noch im selben Jahr im Programm *Quilombo* des *Cirque Bouffon* (Münster, Köln, Wiesbaden) auf, er ist Teil der Show *Now* von *Urbanatix* (Bochum) und im Stück *Clé* bei *Cirque Eloize* in Dubai zu sehen. Gonzalez bespielt darüber hinaus zahlreiche Festivals wie die Closing Show des *Orchestra Cirque Fantastique* (Ottawa), das Opening des *Montréal Complètement Cirque*, die Diner-Show des *Festungs-Varietés* im *Café Hahn* (Koblenz) und die Gala *La Merce* des *Festivals MAC* (Barcelona). Vom *Montréal Muséum des Beaux Arts* wird sein Act in Kombination mit einer Künstlerresidenz gebucht. Auch im deutschen Fernsehformat *Das Supertalent* ist er bei RTL mit seiner Nummer *L'Argile* zu sehen.[201] Diese Flexibilität hinsichtlich des Spiellandes und der Spielstätte ist für zeitgenössische Zirkusproduktionen keineswegs ungewöhnlich. So erläutert

---

199 Siag, Jean: L'or pour Jimmy Gonzalez! http://www.lapresse.ca/arts/spectacles-et-theatre/cirque/201502/03/01-4840835-lor-pour-jimmy-gonzalez.php (3.4.2018).
200 In diesem Kapitel wird erstmals eine Zirkusnummer anstatt eines Stücks analysiert. Das Nummernformat wurde im Zeitgenössischen Zirkus weitestgehend aufgelöst, es wird normalerweise als Element des Traditionellen Zirkus definiert: „Il connaît deux formats : le numéro, d'une durée moyenne de six minutes, et le programme, constitué d'une douzaine de numéros." Guy, J.-M.: Le cirque contemporain. An einigen Zirkusschulen, wie beispielsweise der *École nationale de Cirque de Montréal*, an der Jimmy Gonzalez seine Ausbildung absolvierte, ist die Erarbeitung einer eigenen Nummer Teil der Abschlussprüfung (im Unterschied z. B. zum *Centre National des Arts du Cirque*, an dem ein zusammenhängendes Stück mit allen Absolvent*innen kreiert wird). Zum Ende des vorliegenden Kapitels soll gezeigt werden, dass Zirkusnummern keineswegs aus der Klassifizierung ‚Zeitgenössischer Zirkus' ausgeschlossen werden können. Dies liegt darin begründet, dass der Aufführungskontext Einfluss auf diese Zuweisung zum Traditionellen, Neuen oder Zeitgenössischen Zirkus hat.
201 Tourdaten vgl. Gonzalez, Jimmy: CV Anglais. http://jimmy-gonzalez.com/wp-content/uploads/2013/03/DOWNLOAD-MY-RESUME-3.pdf (3.4.2018).

die Kulturwissenschaftlerin Elena Kreusch in ihrem Artikel *Circus Mobilities: Zwischen Alltag und Projektion*[202], dass

> die Reiselogik zeitgenössischer Zirkusartist*innen einzig der Nachfrage der Festivals und Spielstätten ohne große Rücksicht auf geographische Distanzen [folgt]: Effiziente Transportmittel und die vergleichsweise kürzere Zeit, welche für den Auf- und Abbau in bereits feststehenden Bühnenräumen benötigt wird, erlauben es zeitgenössischen Zirkuskünstler*innen bspw. an zwei aufeinander folgenden Tagen an zwei geografisch entfernten Orten aufzutreten. Es ist überaus selten, mit ein und derselben Show mehrmals hintereinander auf demselben Festival eingeladen zu werden. Mit anderen Worten: Die Routen der Künstler*innen variieren ständig und sind nur schwer vorauszusagen.[203]

Während für Kreuschs Forschungsfrage[204] insbesondere die mit dieser Realität verbundenen Auswirkungen für die persönlichen Lebensumstände der Artist*innen relevant sind, interessiert im Rahmen der Lektüre von Aufführungen der mit der Mobilität verbundene kontinuierliche Wechsel des Aufführungskontextes. Dieser muss der kulturpoetischen Texttheorie zufolge stets „mit dem manifesten Text zusammen analysiert, ‚gelesen' werden"[205], da er die Lesart des Textes grundlegend mitbestimmt.

Eben jene Einflussnahme des Aufführungskontextes auf die Bedeutungskonstitution von zeitgenössischen Zirkusdarbietungen soll im Folgenden anhand der Jonglagenummer *L'Argile* exemplarisch herausgearbeitet werden.[206] Dazu werden zunächst die Grundlagen der paradigmatischen und syntagmatischen Struktur der Performance entschlüsselt, um in einem weiteren Schritt die Lektüre im Rahmen von drei verschiedenen Aufführungsformaten zu fokussieren. Zunächst wird die Nummer bei der Präsentation des *Festival Mondial du Cirque de Demain*

---

202 Kreusch, Elena: Circus Mobilities. Zwischen Alltag und Projektion. In: Politix. Institutszeitschrift für Politikwissenschaft an der Uni Wien 39 (2016), S. 16–20.
203 Ebd., S. 16
204 Was Kreusch mit Blick auf die Mobilität von Artist*innen mit einer eigenen Show proklamiert, gilt auch für diejenigen, die – wie im Falle von Jimmy Gonzalez – eine einzelne Nummer vermarkten. Für diese ändert sich nicht nur der extratextuelle (Aufführungs-)Kontext, sondern auch der intratextuelle Kontext (das gesamte Stück ist ein Einzeltext, die Nummer nur ein Ausschnitt). Diese Form der Kontextualisierung wird im Folgenden nicht fokussiert. Vielmehr gilt es den Einfluss der (entfernteren) texeexternen Kontexte auf die Lektüre der Nummer zu analysieren.
205 Baßler, M.: [Art.] Kontexte, S. 360.
206 Teilergebnisse dieses Kapitels wurden veröffentlicht in Trapp, Franziska: L'importance du contexte pour la lecture des spectacles de cirque. Le cas de Jimmy Gonzalez – D'Argile. In: Le cirque en transformation. Identités et dynamics professionnelles. Hrsg. von Marine Cordier, Agathe Dumont u. Emilie Salaméro 2018, S. 153–166.

analysiert, das als größter Wettbewerb des Neuen Zirkus jährlich die internationale Zirkusszene in Paris versammelt. Im zweiten Teil wird *L'Argile* im Kontext der Ausstellungseröffnung *Métamorphoses – Dans l'atelier de Rodin* im *Musée des Beaux Arts de Montréal* gelesen, bei der die Plastiken und Skulpturen des in Paris geborenen Künstlers Auguste Rodin, der als Wegbereiter der Moderne gilt, ausgestellt wurden. Zuletzt wird die mediale Inszenierung von *L'Argile* im Fernsehformat *Das Supertalent* herausgearbeitet und ihre Relevanz für die Rezeption der Nummer erörtert. Es soll gezeigt werden, dass bei der Lektüre von *L'Argile* je nach Aufführungskontext verschiedene Vergleichsgrößen herangezogen werden, was trotz nahezu identischer Präsentation der Nummer zu höchst unterschiedlichen Lesarten führt und darüber hinaus die gängige Klassifizierung in Traditionellen, Neuen und Zeitgenössischen Zirkus infrage stellt.

4.4.1 Lektüre von *L'Argile*

Der männliche Artist, gekleidet in einer Jeanshose, nutzt Ton als Jonglageobjekt. Die braune Farbe des Materials ähnelt der Farbe seines nacktem Oberkörpers. Während des Jonglierens teilt der Artist das Material, er wirft Tonstücke in die Luft und auf den Boden, variiert ihre Größe, Anzahl und Form. Am Ende der Nummer formt der Jongleur aus dem Material eine Maske, die seine Augen bedeckt. Auf dem Boden kniend öffnet sich sein Mund zu einem lautlosen Schrei.

Im Rahmen der Analyse von metaphorischen und metonymischen Textverfahren in zeitgenössischen Zirkusstücken wurde die Relevanz des Apparatus/ Manipulationsobjekt für die Bedeutungskonstitution von Darbietungen bereits erörtert. Diese zeigt sich auch in *L'Argile* äußerst exemplarisch. Gewählt wurden hier keine klassischen Jonglageobjekte (Bälle, Ringe, Keulen), sondern das Material ‚Ton', das der Nummer einen thematischen Rahmen gibt. Als Rohstoff für Töpferwaren und Keramik in der Kunstszene und in Form von Lehmziegeln, Stampflehm und Lehmputz und zur Abdichtung von Kanälen, Teichen, Deponien und Öfen in der Baubrache, oszilliert das Material zwischen den beiden Paradigmen ‚Kunst' und ‚Handwerk'. Darüber hinaus ist auch auf die Relevanz von Ton in der (westlichen) Kultur hinzuweisen, die sich in der Bibel manifestiert: Die Schöpfung Adams aus Lehm. „Und Gott der Herr machte den Menschen aus dem Erdenklos."[207]

---

[207] Lutherbibel 1545, Genesis 2,7.

Dem Semiotiker Paul Bouissac zufolge ist die vorliegende Nummer als „fantasy juggling"[208] zu klassifizieren. *L'Argile* weist jedoch grundlegende Unterschiede zu der von Bouissac beschriebenen Jonglagenummer mit Küchenutensilien auf:

> Although fantasy juggling acts may use kitchen utensils, food itself and the production of food are never involved. Omission is thus used to express redundantly the uselessness of the activities displayed; in this case, as in other thematic juggling acts, the artefacts selected are divorced in a systematic way from their normal use, i. e., a logical operation is applied to some basic relationship of the contextual cultural system so as to produce a relevant divergence from that relationship.[209]

In Darbietungen des „fantasy juggling[s]"[210] werden die Jonglageobjekte grundsätzlich systematisch von ihrem ursprünglichen Nutzen getrennt. Im Unterschied dazu wird in *L'Argile* das Jonglageobjekt analog zu seinem Gebrauch im Alltag verwendet: Durch die Jonglage wird der Ton geknetet und geformt, das Ende dieser Prozedur ist die Maske auf den Augen des Artisten.

Neben der thematischen Rahmung mithilfe des Materials ist zudem darauf zu verweisen, dass sich durch den Einsatz von Ton auch die Art und Weise des Jonglierens verändert: Während beim Jonglieren normalerweise die Objekte durch den Prozess nicht verändert werden[211], ist es zentrales Charakteristikum der vorliegenden Nummer, dass der Jongleur nicht nur in der Lage ist die Form und Struktur der Wurfobjekte kontinuierlich zu variieren, sondern auch ihre Größe, ihr Gewicht und ihre Anzahl. Wie werden diese grundlegenden Merkmale der Jonglagenummer im jeweiligen Aufführungskontext rezipiert?

4.4.2 Analyseschwerpunkt: Aufführungskontext

Es sei an dieser Stelle in aller Kürze noch einmal auf die Relevanz des Kontextes für die kulturpoetische Textanalyse hingewiesen. Diese basiert auf einem Verständnis von Textualität, das den Begriff der ‚Intertextualität' per se einschließt:

---

[208] Bouissac, P.: Circus and culture, S. 80.
[209] Ebd.
[210] Ebd.
[211] „The point of a juggling act is precisely that the objects are not transformed in any way (e. g. broken) by the process of manipulation, although bodily activity – an obvious consumption of energy – is emphasized." Ebd., S. 79.

> Texttheoretisch gesprochen gibt es einen Text ohne Kontext gar nicht, weil eben die paradigmatische Achse jedes Textes, also das, was die Sequenz erst lesbar macht, den kulturellen Kontext in den Text hineinholt[212],

so lautet das Intertextualitäts-Plädoyer der Kulturpoetik, oder mit anderen Worten: „Weil Texte eine paradigmatische Achse haben, sind sie nicht anders lesbar als vor dem Hintergrund einer Kultur."[213] Hier handelt es sich um eine These, die in ihrer Relevanz gar nicht genug wertgeschätzt werden kann, führt sie doch zu einer Neubestimmung des Objektbereichs der Literaturwissenschaft.

> Die Bedeutung eines Textes erschließt sich nicht mehr als die Bedeutung einer Äußerung des Autors in einer Kommunikationssituation, sondern wird analysierbar in seiner Beziehung zu anderen Texten. [...] Die paradigmatische Achse des Textes ist also zugleich die Achse der Intertextualität und der kulturellen Kontextualisierung.[214]

Baßler unterscheidet in seinem Handbuchartikel zu Kontexten[215] drei verschiedene Formen von Intertextualität/Kontextualität: den intratextuellen Kontext (Kotext), den Kontext und die Intertextualität im eigentlichen Sinne. Der ‚Kontext' ist durch „Nachbarschaftsbeziehungen"[216] bestimmt. Er umfasst u. a. den Publikationskontext, den Werkkontext, den Aufführungskontext, den historischen Kontext, den kulturellen Kontext und den diskursiven Kontext. Er ist bei der Lektüre insofern relevant, als dass „er die Selektionsmöglichkeiten einschränkt bzw. für den Rezipienten, die Ambiguität (Mehrdeutigkeit) einer Stelle reduziert"[217].

4.4.2.1 L'Argile beim Festival Mondial du Cirque de Demain
Seit seiner Gründung im Jahr 1977 lädt das *Festival Mondial du Cirque de Demain* jedes Jahr junge internationale Artist*innen ein, die vor einer Fachjury ihre Arbeiten vorstellen. Diese bewertet die Nummern hinsichtlich ihrer Technik, ihres künstlerischen Ausdrucks und des Zuschauerkontakts.[218] Das Festival ist Treffpunkt der internationalen Zirkusszene und vernetzt seit der Gründung des

---
212 Baßler, M.: Der Ort der Diegese und der Narration, S. 1.
213 Baßler, M.: [Art.] Kontexte, S. 364.
214 Ebd., S. 363.
215 Ebd.
216 Ebd., S. 360.
217 Ebd.
218 „Chaque numéro est évalué selon 3 critères : une note technique sur 25, une note artistique sur 15, une note pour la relation avec le public sur 10." Festival Mondial du Cirque de Demain:

Club Pro die Produzent*innen, Artist*innen, Companien, Zirkusschulen, Kurator*innen etc. auch institutionell[219]. Das Format beinhaltet konzeptionell zwei Ebenen: Zum einen handelt es sich um einen auf die Zirkuskunst spezialisierten Wettbewerb, zum andern wird unabhängig von den Wettbewerbsentscheidungen ein Unterhaltungsangebot geliefert, das durch die Aneinanderreihung unterschiedlicher Darbietungen einer Varieté-Show gleicht.

Ausschlaggebend bei der Lektüre der Nummer (Dauer 4h 40 min) beim *Festival Mondial du Cirque de Demain* ist aufgrund der Wettbewerbsstruktur was „Hopkins treffend als [...] ‚Vergleich um der Ungleichheit willen' definiert"[220]. Die Vergleichsgrößen, die beim Lesen von *L'Argile* herangezogen werden, sind auf einer ersten Ebene die anderen im Wettbewerb präsentierten Nummern – insbesondere die Jonglagenummern. Zu nennen seien hier die Darbietungen von Emil Dahl (Schweden), Jakob Sharpe (Vereinigte Staaten) und Dmitry Ikin (Russland). Auf einer zweiten Ebene wird Gonzalez aber auch mit allen Arbeiten internationaler Jongleure verglichen (auch historisch, d. h. auch mit den Darbietungen des Traditionellen Zirkus), geht es doch beim *Festival Mondial du Cirque de Demain* darum, die international außergewöhnlichsten Künstler*innen zu küren.

Zugunsten einer Komplexitätsreduktion werden im Folgenden nur die Jonglagenummern, die während des Festivals gezeigt wurden, als Vergleichstexte herangezogen.[221] Diese nutzten im Unterschied zu Gonzalez ‚klassische' Jonglageobjekte: Bälle, Keulen und Diabolos. Das veränderte Jonglagematerial, das Gonzalez nutzt, bietet über die thematische Rahmung hinaus die Möglichkeit, verschiedene Stile von Jonglage zu vereinen und das Material während der Jonglage zu verändern. In *L'Argile* werden die maximalistische und die minimalistische Jonglagetechnik kombiniert:

Comprendre l'attribution des médailles. http://www.cirquededemain.paris/blog/article/24 (3.4.2018).
219 „Vous êtes producteur, tourneur, artiste, créateur, responsable de Cie ou d'école dans le milieu du cirque et du spectacle vivant? Augmentez la visibilité de votre société et maximisez vos opportunités d'interaction avec d'autres professionnels. En devenant Membre ou Partenaire PRO vous profitez des nombreux avantages du Club PRO pour optimiser votre temps au Festival." Festival Mondial du Cirque de Demain: Accueil Club Pro. https://www.cirquededemain.pro/ (3.4.2018).
220 Jakobson, R.: Linguistik und Poetik, S. 108.
221 Oder mit anderen Worten: „Den Kontext eines Textes bilden bei diesem methodischen Zugang dezidiert die anderen Texte." Baßler, M.: [Art.] Kontexte, S. 369.

> [Les maximalistes] utilisent beaucoup d'objets, font preuve de grande virtuosité et réalisent des figures impossibles à faire par le commun des mortels: ils sont dans le pur exploit.[222]

Bei der maximalistischen Jonglage steht nach Jérôme Thomas die Demonstration der Virtuosität des Jongleurs im Fokus, seine Fähigkeit, möglichst viele Objekte gleichzeitig in der Luft zu halten (z. B. *L'Argile Festival* 1:22, 2:00, 2:14, 3:47*)*. Die minimalistische Jonglage (z. B. *L'Argile Festival* 1:45, 2:57) mit wenigen Objekten stellt dagegen die Körperbewegung des Jongleurs beim Werfen der Objekte in den Vordergrund:

> C'est un jonglage à deux ou trois objets. Du moins, c'était cela dans les années 1970, aujourd'hui, nous en sommes à zéro objet, à une demi balle, une plume....Cette orientation permet principalement d'ouvrir les champs poétiques, d'élagir l'imaginaire.[223]

Auch wenn Jérôme Thomas zufolge kein Jongleur ausschließlich einen der beiden Stile verfolgt[224], bietet die Formbarkeit des Materials in *L'Argile* dennoch die einmalige Möglichkeit, zwischen den beiden Stilen während (!) des Jonglierens zu wechseln (z. B. *L'Argile Festival* 1:34–1:45, 3:47–4:05).

Darüber hinaus nutzt der Artist nicht nur die zweidimensionale Jonglage, die bei der Ausführung traditioneller Jonglagetricks dominant ist[225], sondern auch den dreidimensionalen Raum (z. B. *L'Argile Festival* 1:03–1:22). Diese Form der Jonglage definiert Jérôme Thomas als „jonglage cubique"[226]:

> Le jonglage cubique développe la troisième dimension. Il considère le jongleur, autant que l'objet, dans un espace dit cubique, défini par plusieurs plans qui lui permettent de codifier ses mouvements à l'intérieur d'un cube.[227]

Charakteristisch ist also auch hier die Möglichkeit von komplexeren Körperbewegungen im Raum.

> Le jonglage traditionnel utilisait parfois la troisième dimension mais uniquement dans la perspective d'un effet formel. Dans le cubique, je peux avoir mon bras dans une diagonale située à l'avant du cube pendant que ma tête et mes hanches sont dans une diagonale

---

222 Carasso, Jean Gabriel u. Jean-Claude Lallias: Jérôme Thomas. Jongleur d'âme. Arles: Actes sud 2010, S. 31.
223 Ebd.
224 „on n'est jamais totalement maximaliste ou minimaliste" Ebd., S. 32.
225 „Alors que, traditionnellement, le jonglage se situait dans deux dimensions" Ebd., S. 40.
226 Ebd.
227 Ebd.

arrière. Mes objets peuvent être dans la diagonale droite pendant que ma jambe gauche sera dans la diagonale arrière au lointain! Il y a désormais toute une série de Codes, de figures, de placements, que les jongleurs se sont appropriés et qui permettent de définir leur travail dans l'espace cubique.[228]

Auf semantischer Ebene verweist der kubische Jonglagestil auf die dreidimensionalen Objekte, die sich aus Ton herstellen lassen. Das eingangs beschriebene Kunst/Handwerk-Paradigma wird also nicht nur durch die reine Nutzung des Materials ‚Ton' aufgerufen, sondern auch durch das System der Körperzeichen, die Jonglage. Bedeutung wird also auch mithilfe der zirzensischen Disziplin selbst konstituiert.

Nun ist an dieser Stelle darauf hinzuweisen, dass beim *Festival Mondial du Cirque de Demain* auch weitere Lesarten möglich sind – auch diejenigen, die sich im Folgenden bei der Analyse der Präsentation im *Musée des Beaux-Arts* und beim Fernsehformat *Das Supertalent* herauskristallisieren. Um Wiederholungen zu vermeiden, wird im Rahmen dieses Kapitels jeweils nur die dominante Lesart beschrieben.

4.4.2.2 L'Argile bei der Ausstellung Métamorphoses – Dans l'atelier de Rodin im Musée des beaux-arts de Montréal

Die Anspielung auf die Kreation dreidimensionaler Objekte durch die Art und Weise des Jonglierens und die Nutzung des Tons ist der Ausgangspunkt für die Präsentation der Nummer bei der Ausstellung zu Rodin, bei der dreihundert Werke des Künstlers präsentiert wurden.[229] Diese bilden den direkten Kontext zur Jonglagenummer *L'Argile*. Fokussiert wird bei der Lektüre vor allen der „Vergleich um der Gleichheit willen"[230] zwischen der Jonglagenummer und der Ausstellungsthematik.

---

228 Ebd.
229 „Produced and circulated by the Montreal Museum of Fine Arts in collaboration with the Musée Rodin, Paris, this is the biggest exhibition devoted to Rodin ever presented in Canada. With a total of 300 works, it features special loans from the Musée Rodin, such as the monumental plasters The Thinker, The Walking Man, Eve and Meditation, as well as a number of splendid vessels and "flowers" that are being presented in North America for the first time. The show includes 171 sculptures, sketches, watercolours, as well as a selection of prints from the recently acquired collection of seventy photographs by Eugène Druet, a photographer who worked closely with Rodin." Montréal Musée des Beaux Art: Rodin – Metamorphoses. https://www.mbam.qc.ca/en/exhibitions/past/rodin-metamorphoses/ (4.4.2018).
230 Jakobson, R.: Linguistik und Poetik, S. 108.

Gonzalez wurde vom *Montréal Musée des Beaux Arts* nicht nur für die Präsentation von *L'Argile* bei der Eröffnungsgala gebucht, sondern er erhielt darüber hinaus auch eine Künstlerresidenz bei der er mit zwei Artist*innen, Erika Nguyen und Maude Parent, den Umgang mit dem Material ‚Ton' im Kontext von Jonglage, Tanz, Kontorsion, Äquilibristik und Physical Theatre weiter erörterte und in Beziehung zu Rodins Leben und Werk setzte. Diese *Open Door Creation*, die am Eingang des Museums erarbeitet wurde, mündete in dem dreißigminütigen Stück *Métamorphoses*, das an verschiedenen Wochenenden fünfmal präsentiert wurde.

Um den Analysefokus nicht zu verschieben, wird im Folgenden ausschließlich die Präsentation von *L'Argile* bei der Eröffnungsgala der Ausstellung analysiert. Welche Zeichensysteme werden genutzt oder verändert, um eine Lesart im Kontext Rodins zu unterstreichen? Inwiefern schränkt der Ausstellungskontext als Rahmen die Selektionsmöglichkeiten für den Rezipienten bei der Lektüre ein?

Ein zentrales Paradigma, in das der Rezipient die Jonglagenummer einordnet, ist das der ‚Kunst'. Hier steht mit Blick auf die Struktur *L'Argile*s insbesondere die Beziehung zwischen dem Künstler und seinem Kunstwerk im Zentrum. Die semantische Grenze zwischen diesen beiden Parametern wird innerhalb der Jonglagenummer aufgehoben. Gonzalez trägt bei der Präsentation der Jonglagenummer wie beim *Festival Mondial du Cirque de Demain* eine Jeans. Sein nackter Oberkörper ist mit Ton beschmiert. Im Kontext der Ausstellung, d. h. in Kombination mit den Skulpturen Rodins, wird der Artist selbst zu einer Skulptur der bildenden Kunst.[231] Dieser Eindruck wird auch mithilfe der Körperaktionen geschaffen, die zu der Illusion führen, der Ton bekäme eine vom Jongleur unabhängige Existenz – „La balle devient alors une sorte d',acteure partenaire' vivant qui dialogue avec le jongleur".[232] Diese Semantisierung soll im Folgenden mithilfe der Parameter analysiert werden, die Boenisch[233] für die Analyse von Körper- und Bewegungsdarstellungen aufstellt:

Zunächst gilt ein Blick der „Aktivierung"[234] und spezifischen „Nutzung"[235] von Körperzonen und -teilen: In *L'Argile* findet eine dominante Fokussierung auf die Hände des Jongleurs – und in Erweiterung auf das geworfene Material – statt,

---

[231] Auch hier sei noch einmal darauf hingewiesen, dass eine Lesart, die das Paradigma ‚Kunst' fokussiert auch beim *Festival Mondial du Cirque de Demain* möglich ist – insbesondere, da der Artist auch hier nur mit einer Jeans bekleidet und sein Oberkörper mit Ton beschmiert ist. Durch die Kombination mit den Skulpturen Rodins wird die Kunst-Lesart im *Musée des Beaux Arts* jedoch unterstrichen.
[232] Carasso, J. G. u. J.-C. Lallias: Jérôme Thomas, S. 6.
[233] Boenisch, P. M.: körPERformance 1.0.
[234] Ebd., S. 99.
[235] Ebd.

die durch die Bewegungsinitiation dieser Elemente erzeugt wird. Die anderen Körperpartien folgen jeweils der Initialbewegung. Die „Kinesphäre"[236] wird in Abhängigkeit vom geworfenen Material abwechselnd im „Nahbereich"[237] und in „maximale[r] Reichweite"[238] genutzt. Die Aktionen einzelner Körperpartien werden mit der Bewegung des Rumpfes kombiniert, sodass die Körperteile die „Superzone"[239] erreichen.

> Jeder Körperteil hat seine ‚Normalzone', jenen Teil der Kinesphäre, den der betreffende Körperteil ohne zusätzliche Körperbewegung erreichen kann. Wird die Aktion dieser Körperpartie aber mit der Bewegung des Rumpfes kombiniert, erreicht der Körperteil eine zusätzlich erweiterte Zone, die ‚Superzone'.[240]

Auch in Bezug auf die „Raumachsen"[241] ist die Richtung des geworfenen Materials die ausschlaggebende Instanz. Durch die Dominanz des Materials innerhalb der Körperzeichen wird die Illusion geschaffen, dass das Material den Künstler manipuliert und nicht der Künstler das Material. Diese Illusion wird zum Ende der Nummer, in der der Fokus immer stärker Richtung Boden ausgerichtet ist, noch eindeutiger (z. B. *L'Argile* 3:30, 4:00). Das Endergebnis der Nummer, das finale künstlerische Produkt, ist die Maske, die die Augen des Künstlers verdeckt (*L'Argile* 4:10). Der zu einem lautlosen Schrei geöffnete Mund (*L'Argile* 4:18) kann als Verlangen nach (künstlerischem) Ausdruck interpretiert werden. In der metaphorischen Lesart haucht der Jongleur seinem Material Leben ein, genauso wie Gott bei der Schöpfung des Menschen. Der Jongleur wird nicht länger als Handwerker betrachtet, der seine Technik, das Jonglieren, beherrscht. Er ist im Gegenteil dazu der Autor eines Kunstwerks. Diese Rezeption wird durch die Musikauswahl, ein klassisches Stück, das extra für die Ausstellung gewählt wurde, unterstrichen. Die Nummer referiert im Kontext der Ausstellung auf das Paradigma ‚Hochkultur', das sich in der Kombination von Maske, künstlerischem Ausdruck und Kunstwerk manifestiert.

Aber nicht nur die Kunst im Allgemeinen, sondern auch das ‚Werk und Leben Rodins' kommen als möglicher paradigmatischer Rahmen infrage. Hier lohnt es also, einen Blick auf die bei der Ausstellung präsentierten Werke (insbesondere Skulpturen) und die Paratexte der Ausstellung (Werbetexte, Ausstellungskatalog

---

236 Ebd., S. 101.
237 Ebd.
238 Ebd.
239 Ebd.
240 Ebd.
241 Ebd.

etc.) zu werfen und als kontextuelle, materielle Vergleichsgrößen heranzuziehen. Als charakteristisch für Rodins Werk gilt das Prinzip des *Non-Finito*, des Fragmentarischen als ausdrucksstarkem Stilmittel, das Rodin von Michelangelo übernahm.[242] Das Unfertige, das bei Michelangelo aus äußeren Umständen heraus entstanden ist, wird von Rodin bewusst aufgegriffen und zu einem eigenen Stil geformt: Rodin setzt die Unvollständigkeit des Torsos als selbstständiges, eigenes Gestaltungsmittel ein und schafft Figuren, die bereits als Torso geplant waren. In diesem Kontext erhält die Kostümierung einen neuen Stellenwert. Sie kann als direkte Anspielung auf Rodins Vorliebe für (nackte) Torsi gelesen werden.

Auch hinsichtlich der präsentierten Kunstwerke sind paradigmatische Zusammenhänge zur Jonglagenummer erkennbar. Hier sei exemplarisch die Marmorfigur *The Hand of God* aus der Sammlung des *Metropolitan Museum of Art New York* genauer betrachtet. Diese Skulptur wird auf der Homepage der Ausstellung besonders hervorgehoben – es ist also davon auszugehen, dass sie im Kontext der Ausstellung einen Repräsentationscharakter einnimmt. Die Skulptur greift wie auch *L'Argile* die ‚Künstler als Schöpfer'-Thematik auf:

> [T]he fingers of the demiurge emerge from inert material as though to bring forth humanity's first couple, introduces this reflection on the studio. Rodin is reflecting on the evocative power of the creative hand that births, caresses, threatens or destroys the models that have just been created. It is the artist who transforms the substance, modelling it, lending strength and Live to the figures.[243]

In Kombination mit den Kunstwerken Rodins wird also eine Lesart unterstrichen, die zwar in der Nummer bereits angelegt ist, aber erst durch das Verhältnis von Text und Kontext zur Entfaltung kommt. Eine umfassende Analyse der Skulpturen-Texte in Kombination mit der Jonglagenummer *L'Argile* ist sicher interessant. In Bezug auf das Erkenntnisinteresse des vorliegenden Kapitels, das Aufzeigen von Bedeutungsverschiebungen durch verschiedene Aufführungskontexte, würde sie allerdings den Rahmen sprengen. Aus diesem Grund bleibt es an dieser Stelle bei dem kurzen Einblick.

4.4.2.3 L'Argile in der Fernsehsendung Das Supertalent

Am 14.11.2015 tritt Gonzalez im Fernsehformat *Das Supertalent* auf, der deutschen Adaption des vom britischen Musik- und Filmproduzenten Simon Cowell kon-

---

242 Vgl. Brockhaus: [Art.] Auguste Rodin. In: Brockhaus Enzyklopädie Online. München: Brockhaus 2018.
243 Montréal Musée des Beaux Art: Rodin – Metamorphoses.

zipierten Formats *Got Talent*. Es gilt als eines „der erfolgreichsten [Formate] weltweit"[244]. *Das Supertalent* hat vor allen Dingen Unterhaltungsfunktion. Es handelt sich um eine Sendung mit „Showcharakter"[245]. Wie das *Festival Mondial du Cirque de Demain* beinhaltet das Format in seinem konzeptionellen Aufbau sowohl einen Wettbewerb, der mit einem finanziellen Preis verbunden ist, als auch ein Unterhaltungsangebot. Im Unterschied zum *Festival Mondial du Cirque de Demain* sind die Darbietungen jedoch nicht zirkusspezifisch. Vielmehr erhält jeder die Chance, sein Können zu präsentieren.

> Talent wird dabei nicht auf ein bestimmtes Genre beschränkt, sondern folgt eher einer Selbstdefinition der Kandidaten.[246]

Da im Folgenden die Ausstrahlung der Sendung das Analyseobjekt ist, nicht die Präsentation der Nummer vor dem Saalpublikum, muss darauf hingewiesen werden, dass die Lesart der Nummer von der Montage der Filmsequenzen und Wortbeiträge, den Einstellungsgrößen etc. gelenkt wird, d.h. filmische Mittel geben dem Rezipienten eine bestimmte Lesart vor. Aus diesem Grund muss auch die filmische Montage[247] bei der Analyse berücksichtigt werden.

Jimmy Gonzalez wird, wie alle Teilnehmer des *Supertalents* zunächst in einem Trailer individuell vorgestellt. In der Ankündigung der Nummer *L'Argile* steht die Attraktivität des Artisten im Fokus: Abwechselnd werden Nahaufnahmen des Künstlers gezeigt, die seinen muskulösen Körper fokussieren und Nahaufnahmen von lächelnden, (meist) jungen Frauen. Diese gelten als „Stellvertreter der Publikumsreaktion"[248]. Auf sprachlicher Ebene wird Gonzalez im Zusammenhang mit den Worten „Schweinerei" und „Körperbeherrschung" genannt. Mit Blick auf die Lyrics des eingespielten Songs[249] dominieren außerdem Begriffe wie ‚fire', ‚desire', ‚burn in love'. Dadurch bildet der Rezipient den Rahmen {Sexsymbol}. Mithilfe des Kamerablicks durch Gegenstände wird der Artist geheimnisvoll inszeniert. Diese „Semantisierung erfolgt nur scheinbar kombinatorisch, tatsächlich wird hier der syntagmatische Zusammenhang mit anderen syntagmatischen Zusammenhängen verglichen, die miteinander ein Paradigma bilden"[250]. Der Text kann durch

---

244 Grüne, Anne: Formatierte Weltkultur? Zur Theorie und Praxis globalen Unterhaltungsfernsehens. Bielefeld: Transkript 2016, S. 265.
245 Ebd., S. 287.
246 Ebd., S. 204.
247 Ausführliche Darstellung der Montage s. Kapitel 6.6 *Jimmy Gonzalez: L'Argile* Abbildung 57.
248 Grüne, A.: Formatierte Weltkultur?, S. 282.
249 Sewell, Conrad: Firestone. Kygo 2014.
250 Baßler, M.: [Art.] Kontexte, S. 361.

Aufruf weniger, manchmal nur eines einzigen Elementes, einen ganzen Rahmen, eine komplexe kulturelle Vorstellung abrufen, aus der sich der Leser z. B. eine Textwelt ergänzt, ohne dass jedes Detail im Syntagma selbst erscheinen müsste.[251]

Die kulturelle Konnotation, die im Zusammenhang mit dem Jonglagematerial und der Kostümierung des Artisten steht, ist der Archetyp des ‚Sexy Handwerkers in verschmutzten Jeans'.

Im Anschluss wird der Artist durch die Jury präsentiert[252]. In Bezug auf das Erkenntnisinteresse des Kapitels sind hier weniger die Kameraeinstellungen und die filmische Montage, als vielmehr die sprachlichen Aussagen der Jury relevant. Aus diesem Grund wird im Folgenden auf eine detaillierte Beschreibung der Montage verzichtet. Festzuhalten ist aber, dass, wie im Trailer, die positiven Reaktionen weiblicher Zuschauer in Nahaufnahme gezeigt werden. Im Schuss-Gegenschuss-Verfahren werden die Jury (in der Regel in der Halbtotalen) und Gonzalez am Mikro (in der Regel in der Amerikanischen Einstellung) gezeigt. Die Montage dient hier also vor allem der Visualisierung der Wettbewerbssituation.

Während sich im Format *Das Supertalent* die Kandidaten, wie die Kommunikationswissenschaftlerin Anne Grüne aufzeigt, normalerweise „in erster Linie als Privatpersonen des alltäglichen Lebens auf der Bühne"[253] artikulieren"[254], liegt das Hauptinteresse bei der Präsentation Gonzalez' weder auf der Zurschaustellung seines Talentes noch auf seiner Biographie. Fokussiert wird vielmehr die nationale Herkunft des Artisten und sein fehlendes deutsches Sprachvermögen. Im Wechselspiel von Frage und Antwort macht sich die Jury über den Artisten lustig, der zwar durchaus in der Lage ist fließend Englisch, Französisch und Spanisch zu sprechen, nicht aber Deutsch. Gleichzeitig wird die Unfähigkeit des Jurymitglieds Bruce Darnells vorgeführt, Gonzalez' englische Antworten in die deutsche Sprache zu übersetzen und umgekehrt. Hier wird also eine Blamage inszeniert – eine Präsentation, die nach Grüne für ein Viertel aller Darbietungen des *Supertalents* konstitutiv ist. „Die betreffenden Kandidaten [oder in diesem Fall auch das Jurymitglied] werden öffentlich ausgelacht [...]."[255] Es ist darauf hinzuweisen,

---

251 Ebd.
252 Ausführliche Beschreibung s. Kapitel 6.6 *Jimmy Gonzalez: L'Argile*.
253 Grüne, A.: Formatierte Weltkultur?, S. 264–265.
254 „Kombiniert werden die Selbstpräsentationen der Kandidaten durch kurze Einspielungen, die die Kandidaten in ihren alltäglichen Lebensumwelten porträtieren, womit Elemente des Realitätsfernsehens in die Show aufgenommen werden. Der Auftritt der Kandidaten wird dabei häufig nahtlos in die scheinbar authentischen Hintergrund-Stories der Kandidaten eingepflegt, sodass der Showauftritt Teil der Biographie der Kandidaten wird." Ebd.
255 Ebd., S. 281.

dass „bezüglich der nationalen, sozialen und subkulturellen Herkunft der Kandidaten [...] keine dominanten Repräsentationsstrategien verzeichnet werden [können]"[256]. Aus diesem Grund ist davon auszugehen, dass der Fokus auf die Übersetzungsprobleme bei der Vorstellung Gonzalez' ausschließlich der Inszenierung einer beliebigen Blamage dient. Sie sind thematisch an sich irrelevant.

Die Einführung Gonzalez' mithilfe des Trailers und der Jurypräsentation hat Einfluss auf die Lektüre der Nummer *L'Argile*. Sie wird paradigmatisch so inszeniert, dass die außergewöhnlichen Fähigkeiten des Weltklassejongleurs in der Rezeption unberücksichtigt bleiben. Im Zentrum steht lediglich „Unterhaltung und Geselligkeit"[257], nicht aber die ernsthafte Suche nach einem (Super-)Talent.

Auch in Bezug auf die Präsentation der Nummer (Dauer 2 min 10 sec) sind die Montage und die Kameraeinstellungen nicht spezifisch: Es dominieren Kamerafahrten, die von der Totalen aus den Fokus auf den Artisten richten. Relevant ist also die Darstellung der (realen) Aufführungssituation vor einem sehr großen Saalpublikum. Auch hier werden in Nahaufnahme die Reaktionen der einzelnen Jury- und Publikumsmitglieder gezeigt. Diese variieren zwischen Skepsis und Faszination. Die Kostümierung ist dieselbe wie beim *Festival Mondial du Cirque de Demain* und im *Musée des Beaux-Arts*. Gonzalez trägt eine dunkle, beschmutzte Jeans, sein Oberkörper ist nackt. Beim *Supertalent* wird *L'Argile* von dem Musikstück *Tremendous Dynamite* der Band *EELS* begleitet. Dieses unterstreicht in Sound und Lyrics die Männlichkeit Gonzalez'. Kombiniert werden im Song auf sprachlicher Ebene erneut sexuell konnotierte Elemente: ‚restless night', ‚she's tremendous', ‚she's dynamite'.

Darüber hinaus ist der Eimer, in dem der Ton von Gonzalez auf die Bühne getragen wird, im Bild stets präsent zu sehen. Das Paradigma ‚Sexy Handwerker' wird also weiterhin unterstrichen. In den Kommentaren der Jury[258] wird diese Konnotation dann vom Jurymitglied Inka Bause durch die Aussage „Ich möchte gern so einen Handwerker haben, wie ihn – zu Hause", auch explizit aufgegriffen.

Im Jurykommentar ist zunächst erneut der Verweis auf die Übersetzungsproblematik zu erkennen, der in keiner Relation zu Gonzalez' Leistung steht. Danach beurteilt Inka Bause die technische Seite des Auftritts.

> Ich fand das ganz toll. Ähm...weil ja andere jonglieren mit Bällen, mit Gewichten, mit Jonglierteilen, die gleiches Gewicht haben. Und er hat immer mit diesen verschiedenen Gewichten zu kämpfen.

---

256 Ebd., S. 280.
257 Ebd., S. 297.
258 Ausführliche Beschreibung s. Kapitel 6.6 *Jimmy Gonzalez: L'Argile*.

Im Anschluss relativiert der Kommentar des Jurors Dieter Bohlens, der „eine enorme öffentliche Aufmerksamkeit durch seine oft schonungslosen Urteile erfahren [hat]"[259], die Aussage Bauses, indem er die Nummer mit seinen eigenen Knetversuchen im Kindergarten vergleicht.

> Ja, also ich finds toll, wenn man sein Hobby zum Beruf macht. Ich saß früher ja auch...wenn man da so im Kindergarten saß und hat mit dem Knetgummi so rumgespielt. Äh, das hast du verfeinert.

Führt man sich vor Augen, dass Gonzalez mit seiner Nummer beim *Festival Mondial du Cirque de Demain* zu einem der weltbesten Jongleure gekürt wurde, wird sehr deutlich, dass bei der Show ausschließlich der Unterhaltungsaspekt im Mittelpunkt steht. Es findet „keine stringente oder kohärente Aushandlung des Talentbegriffs"[260] statt. Durch diese paratextuelle Rahmung wird das Paradigma ‚Kunst' im Anschluss an die Nummer damit nicht nur nicht etabliert, sondern sogar negiert. Das Material ‚Ton' wird in Zusammenhang mit ‚Knete' genannt, somit ruft der Rezipient den Frame {Kindergarten} auf.

Drittens, und dieses Kriterium dominiert den Jurykommentar, werden der Körper und die Ausstrahlung Gonzalez' thematisiert, die Paradigmatik des Teasers wird also wieder aufgegriffen. Es dominieren Aussagen wie „toller Typ", „geiler Body", „guter Typ", „super Ausstrahlung", „super Aura". Auch in der Montage wird das Paradigma ‚Sexualität' erneut aufgegriffen. Diese etabliert durch das Schuss-Gegenschuss-Verfahren den Eindruck eines Flirts zwischen dem Jurymitglied Inka Bause und dem Artisten Jimmy Gonzalez. Somit endet der Beitrag unter {Sexualität}-Rahmung.

4.4.3 Zur Relevanz des Aufführungskontextes für die Lektüre von zeitgenössischen Zirkusstücken

Die Analyse zeigt, dass bei der Lektüre von *L'Argile* je nach Aufführungskontext verschiedene Vergleichsgrößen herangezogen werden, was trotz nahezu identischer Präsentation der Nummer (die Musik und die Dauer werden verändert) zu höchst unterschiedlichen Lesarten führt. Beim *Festival Mondial du Cirque de Demain* dominiert das Paradigma ‚innovative Zirkusnummern', im *Musée des Beaux-Arts* das Paradigma ‚Kunst' (oder genauer ‚Rodin') und beim *Super-*

---

259 Grüne, A.: Formatierte Weltkultur?, S. 286.
260 Ebd., S. 289.

talent der ‚Sexy Handwerker'. Dies liegt daran, dass die Ambiguitäten, die in der Nummer angelegt sind, durch die verschiedenen Kontexte reduziert werden, indem die Lektüre durch die Nachbarschaft zu anderen Texten bereits in eine vorgegebene Richtung gelenkt wird. Dadurch bestätigt und visualisiert die Analyse die der kulturpoetischen Theorie zugrundeliegende These, der Autor sei nicht die (einzige) Instanz, die die Semiose des Textes kontrolliert.[261] Auch obliegt diese Funktion nicht allein dem Rezipienten. Da Produzent*innen, Kurator*innen und Werbefachleute die Aufführungskontexte zirzensischer Darbietungen dominant mitbestimmen, haben auch diese Berufsgruppen Einfluss auf die Semiose des Textes.

Nicht zuletzt sei mit Blick auf den Aufführungskontext auch auf die Fragilität der Kategorisierung in einen Traditionellen, Neuen und Zeitgenössischen Zirkus hingewiesen. *L'Argile* beinhaltet unzweifelhaft Merkmale, die im Verlauf der vorliegenden Arbeit als charakteristisch für zeitgenössische Zirkusdarbietungen herausgearbeitet wurden. So basiert die Nummer auf einer grundlegenden Verschränkung von Performativer, Spektakulärer und Diegetischer Ebene. Durch die Jonglage wird der Ton geformt – bis hin zur Maske, die die Augen des Protagonisten verdeckt. Mithilfe der zirzensischen Mittel (z. B. Dreidimensialtiät der Jonglage entspricht der Dreidimensionalität der künstlerischen Objekte; die syntagmatische Struktur entspricht der Handlung) wird die Diegetische Ebene etabliert. Es werden keine spezifisch theatralen Mittel eingesetzt, um eine Diegese zu schaffen. Die Spektakuläre und die Diegetische Ebene sind im Unterschied zu dem, für den Neuen Zirkus exemplarischen, Stück *KOOZA* von *Cirque du Soleil* nicht alternierend angeordnet. Der Fokus liegt zu gleichen Teilen auf der Spektakulären, wie auf der Diegetischen Ebene. Der phänomenale Leib[262] des Artisten aber wird im Unterschied zu z. B. *Acrobates* durch die spezifische Jonglagetechnik weitestgehend ausgeblendet. Das Risiko des Fallens der Bälle wird insofern minimiert, als dass es Teil der Inszenierung ist. Fällt eine Lehmkugel zu Boden, wird der Lehm in der Luft erneut geteilt, sodass dem Risiko keine Relevanz zukommt (z. B. *L'Argile Festival* 2:42, 3:17). Im Fokus steht dadurch sehr konsequent die dargestellte Figur, der Künstler/Handwerker. Der phänomenale Leib[263] des Artisten Jimmy Gonzalez bleibt vorwiegend im Hintergrund. Nun ist einzuwenden, dass die Sequenz in *L'Argile* weitestgehend vollständig ist, eine Ergänzung aus dem topischen Vorrat der kulturellen Muster ist daher kaum notwendig. Der Ton wird bearbeitet und zu einer Maske geformt, damit verfährt *L'Argile* äußerst realistisch,

---

[261] Baßler, M.: Die kulturpoetische Funktion und das Archiv, S. 84.
[262] Fischer-Lichte, E.: Ästhetik des Performativen, S. 132.
[263] Ebd.

da diegetisch. Die konsekutive und motivierte Folge von Befunden muss nicht erst entschlüsselt werden, der „Abgleich mit kulturell vorgegebenen Skripten und damit [der] metonymische[] Zusammenhalt des Textes"[264] erfolgt weitestgehend automatisch. Es besteht keine Tendenz zur Unverständlichkeit. Über die Kategorisierung von *L'Argile* als dem Zeitgenössischen Zirkus zugehörig, ließe sich daher diskutieren.

Nun referiert die Nummer im Kontext des *Musée des Beaux-Arts* auf das Paradigma ‚Kunst' und bildet damit das Selbstverständnis des zeitgenössischen Zirkuskünstlers ab, dessen primäres Ziel nach Guy nicht mehr die Unterhaltung ist, sondern die künstlerische Kreation:

> La fonction sociale première de l'artiste de cirque « contemporain » est de créer, et non de divertir. Il s'assume donc comme artiste – au sens que ce mot a acquis dans les arts plastiques – et cherche à s'inscrire dans une ‚histoire de l'art'.[265]

Aus diesem Grund ließe sich die Nummer in diesem Kontext dem Zeitgenössischen Zirkus zuordnen. Trotz seiner Merkmale wäre bei der Klassifikation von *L'Argile* als ‚zeitgenössisch' im Kontext des *Supertalents* allerdings mit Einspruch zu rechnen, denn hier dominiert trotz gleicher Verfahren der Unterhaltungsaspekt. Das Beispiel zeigt, dass die Kategorisierung in traditionell, neu und zeitgenössisch nicht nur auf Basis von Verfahrensmerkmalen erfolgt. Auch der Aufführungskontext spielt eine wichtige Rolle. Es macht also einen Unterschied, welche Angebote Jimmy Gonzalez nach seiner erfolgreichen Präsentation beim *Festival Mondial du Cirque de Demain* annimmt. Es ist relevant, ob er im Programm *Quilombo* des *Cirque Bouffon* auftritt oder als Teil der Show *Now* von *Urbanatix*, im Stück *Clé* von *Cirque Eloize*, beim *Orchestra Cirque Fantastique*, beim *Montréal Complètement Cirque* beim *Festungs-Varieté* im *Café Hahn*, bei der Gala *La Merce* des Festivals *MAC*, beim *Montréal Museum des Beaux Arts* oder beim deutschen *Supertalent* – und dies nicht nur in Bezug auf seine persönliche Lebenserfahrung und seinen weiteren Karriereweg, sondern auch mit Blick auf die Lektüre und Genrezugehörigkeit der Nummer.

---

264 Baßler, M.: Der Ort der Diegese und der Narration, S. 4.
265 Guy, J.-M.: Le cirque contemporain.

4.5 „Otherness is the crazyness we carry inside": Zum diskursiven Kontext in *L'Autre* von Cie *Claudio Stellato*

> From daring feats of unimaginable courage and astonishing triumphs of superhuman strength, to mythical creatures beyond itself, this is a one-in-a-live experience that can only be found where legends live – Welcome to The Greatest Show on Earth.[266]

„Der [Traditionelle] Zirkus gilt landläufig als Inbegriff der exotischen Gegenwelt."[267] Sein zentrales Diktum ist die Zurschaustellung von Außergewöhnlichkeit und Andersartigkeit. Zum einen wird die Übermenschlichkeit der Artist*innen, ihre ‚Abweichung von der Norm' mithilfe von spezifischen Strategien inszeniert[268], zum andern eröffnet die Darbietung mit (wilden) Tieren Einblick in exotische Welten. In der zweiten Hälfte des 19. Jahrhunderts erlebt die Präsentation von ‚Andersartigkeit' ihren Höhepunkt:

> [Es werden] auffallend adipöse, behaarte, kleinwüchsige, arm- oder beinlose Personen u. a. als ‚Freaks' mit großem Erfolg insbesondere in Amerika in Zirkussideshows [...] ausgestellt. Aber auch Menschen, die sich durch unkonventionelle Fertigkeiten (z. B. durch Feuer- oder Schwertschlucken) bzw. exzentrisches Auftreten (dank Tätowierungen o. ä.) zum Ausstellen qualifizierten, [...] [werden] hier gezeigt.[269]

Die Wanderzirkusse des 19. Jahrhunderts bieten verlockende Gegensätze zur normativen, sesshaften Gesellschaft an. Sie eröffnen einen Blick auf eine ‚andere' Lebensweise.[270]

Dem Literatur- und Theaterwissenschaftler Charles Batson zufolge, der mit seiner These eine andauernde wissenschaftliche Diskussion entfacht[271], gilt

---

266 Ringling Bros and Barnum and Bailey: The Greatest Show on Earth. In: Programmheft 2004, S. 2.
267 Christen, Matthias: Der Zirkusfilm. Exotismus, Konformität, Transgression. Marburg: Schüren 2010, S. 69.
268 „An acrobat increases and accentuates the difference between his behavior and the norm by the name he chooses, the costume he wears, and the smile of ease with which ends his exercises – elements that are not to be ignored since they are, to differing degrees, components of the language in question. The spectator grasps these ‚values' so well that he spontaneously considers the acrobat ‚another sort' of being." Bouissac, P.: Circus and culture, S. 45.
269 Jürgens, A.-S.: Poetik des Zirkus, S. 86.
270 Vgl. Fricker, Karen u. Hayley Malouin: Introduction: Circus and Its Others. In: Performance Matters 4 (2018) H. 1, S. 1–18. hier S. 2.
271 Batson und seine Kolleg*innen initiieren eine fortlaufende zirkuswissenschaftliche Diskussion: „To what extent and in what ways is circus always-already different, and *about* difference?" wird über das Gespräch zwischen Kolleg*innen hinaus zur Ausgangsfrage für einen Study Day an

dieses Charakteristikum bis heute: „Circus is – historically through to the present day – an occasion for the presentation of exceptional bodies doing extraordinary things."²⁷² Andersartigkeit, so fährt Batson weiter fort, sei Teil der zirzensischen DNA.²⁷³

Mit Blick auf das zeitgenössische Zirkusstück *L'Autre* der Companie *Claudio Stellato* ist Batson (zumindest im vorliegenden Fall) zuzustimmen, greift die Darbietung doch offensichtlich die Subversivität des Genres im Titel auf. Dennoch: In *L'Autre* wird kein (ideeller) Zirkusraum²⁷⁴ geschaffen. Weder findet das Stück in einer Manege statt, noch werden zirzensische Geräte und Rigs eingesetzt, die als Marker für einen zirzensischen Frame gelten könnten. Auch die Paratexte verweisen nur in Bezug auf die Person Stellatos auf den Zirkus – „Danseur et circassien"²⁷⁵ – das Stück selbst wird nicht explizit durch dieses Label beworben. Die Bedeutungskonstitution von *L'Autre* basiert also nicht darauf, dass die Performance den Frame {Zirkus} aufruft, in dem der namensgebende Diskurs per se verankert ist. Auch findet kein expliziter Bruch mit dem traditionellen zirzensischen Code²⁷⁶ statt. Genrezugehörigkeit wird nicht proklamiert. Und dennoch verweist das Stück auf seine eigene ‚DNA' insofern, als dass es den Diskurs von Andersartigkeit thematisiert.

Dieses Vorgehen soll im Folgenden mit einem Fokus auf den diskursiven Kontext der Aufführung analysiert werden²⁷⁷. Ausschlaggebend ist die These, dass die Performance durch den „Bezug auf eine topische, konventionalisierte Kombination […] für den Rezipienten die Erwartbarkeit bestimmter Textele-

---

der *Concordia University* im November 2014, für ein Panel zu *Queer and Genderness in Contemporary Circus* bei der *Conference of the Association for Canadian Studies in the United States* und für die Konferenzreihe *Circus and its Others* (Montréal 2016 und Prag 2018). Vgl. Ebd.
272 Batson in Ebd., S. 1.
273 „Difference […] [is] in the show's DNA, because it […] [is] circus." Ebd.
274 Im Sinne von: „Les canons du Cirque classique" Goudard, P.: Arts du cirque, arts du risque, S. 62–68.
275 Le Tramac: L'autre. http://www.letarmac.fr/la-saison/archives/p_s-l-autre/spectacle-32/ (17.7.2018).
276 Dieses Verfahren ist Guy zufolge für den Neuen Zirkus charakteristisch: „Le nouveau cirque s'est affirmé, peu ou prou, en rompant manifestement avec tous les codes du cirque [traditionnelle] alors en vigueur. […] En même temps que les codes, le nouveau cirque battait en brèche l'idéologie qui les justifiait." Guy, J.-M.: Introduction, S. 17.
277 Teilergebnisse der folgenden Analyse wurden veröffentlicht in Trapp, Franziska: Disrupting the binary of otherness. A Semiotic Reading of the Performance 'L'autre' by Claudio Stellato. In: Circus and Its Others. <http://performancematters-thejournal.com/index.php/pm/article/view/146>. Date accessed: 16 Jul. 2018. Hrsg. von Karen Fricker u. Hayley Malouin: Performance Matters 2018, S. 71–77.

mente"[278] steuert und damit das Paradigma des Anderen sowohl durch die Übernahme als auch in Abgrenzung zu allgemeinen (vom Zirkus weitestgehend unabhängigen) Konzepten etabliert. Die Performance, so die These, reproduziert allgemeine Konzepte von Andersartigkeit, um diese zu unterlaufen. Die Binarität[279] des Anderen wird außer Kraft gesetzt, das Stück schafft so in begrenztem Maße sein eigenes Paradigma. In diesem Sinne stellt *L'Autre* im Unterschied zum Traditionellen Zirkus das Andere nicht zur Schau, sondern übt dezidiert Ideologie- und Kulturkritik.

Da im Folgenden der Fokus der Analyse auf dem kulturellen Kontext des Stücks liegt, der im Text per se mitgelesen wird – „Es gibt keine Texte ohne Kontexte, oder anders gesagt: Weil Texte eine paradigmatische Achse haben, sind sie nicht anders lesbar als vor dem Hintergrund einer Kultur"[280] – sieht die folgende Analyse um Wiederholungen zu vermeiden davon ab, dem Schwerpunkt eine allgemeine Lektüre voranzustellen. Analysefokus und Lektüre bilden eine Einheit.[281]

4.5.1 Analyseschwerpunkt: Diskursiver Kontext

Schwarz. Das Licht wird langsam heller und beleuchtet die Bühne – eine Black-Box, die durch einen schwarzen Tanzboden und schwarze Wänden erzeugt wird. Ein bis zur Hälfte zusammengerollter roter Teppich liegt auf dem Boden. Die rechteckige Bodenplatte eines Holzschranks ist im Hintergrund sichtbar. Ein dunkel gekleideter, barfüßiger Mann betritt den schwach beleuchteten Raum und geht langsam vorwärts. Sein Kopf scheint vorne abgeknickt. Auf den Schultern balanciert er eine alte Kommode. Stille. Kein Geräusch ist hörbar. Der Mann bleibt stehen. Hält inne. Plötzlich entrollt sich der rote Teppich scheinbar ohne menschlichen Einfluss. Langsam

---

278 Baßler, M.: [Art.] Kontexte, S. 361.
279 „All societies, then, create the self and the other with their own set of categories. Western society, however, stands out for two reasons. First, otherness and identity are based on binary logic. Western though, whose logic has been attached to the principle of identity, the law of noncontradiction, and the law of the excluded middle since the time of Aristotle, has produced a number of binaries that oppose a positively connoted term and a negatively connoted term and thus lends itself well to the construction of the self and the other. Many such dichotomies exist: male/female, man/animal, believer/nonbeliever, healthy/ill, heterosexual/homosexual, white/black, adult/child, etc." Staszak, Jean-François: [Art.] Other/Otherness. In: International encyclopedia of human geography. Hrsg. von Rob Kitchin. Amsterdam: Elsevier 2009, S. 43–47, hier S. 44.
280 Baßler, M.: [Art.] Kontexte, S. 364.
281 Dieses Vorgehen führt dazu, dass das vorliegende Kapitel kürzer ausfällt, als die übrigen, was jedoch nicht bedeutet, dass die fokusbedingten Erkenntnisse weniger relevant sind.

beugt der Mann seine Knie und senkt seinen Körper. Seine Hände berühren den Boden, er nimmt den Vierfüßlerstand ein. Er schiebt seine Beine nach hinten und legt sich – alle Viere von sich gestreckt – auf den roten Teppich. Vorsichtig positioniert er zwei der Füße der Kommode auf den Boden, ihr oberer Teil bleibt mit seinen Schultern verbunden. Stille. Die Kommode kippt in den Stand. Gleichsam erhebt sich die Körpermitte des Artisten, der sich langsam in einen Kopfstand bewegt, den Rücken an die Kommode gelehnt. Sein Becken biegt sich nach hinten, sodass die Beine die obere Hälfte der Kommode umschließen. Der Artist hebt seinen Oberkörper und kommt auf der Kommode zum Sitzen, ohne inne zu halten klappt sein Oberkörper auf die Beine. Die Kommode kippt und so auch der Artist, beide fallen zurück. In ruckartigen Bewegungen klettert der Artist wieder hinauf und nimmt hockend auf dem Möbelstück Platz – wie ein Frosch. Die vordere Klappe der Kommode öffnet sich. Von oben lässt sich der Artist in das Möbelstück hineingleiten. Sein großer Körper verschwindet in der kleinen Kommode, die nach vorn auf die Klappe kippt, sodass der Artist eingeschlossen wird. Seine Füße und Hände blitzen aus dem kleinen Spalt, der geöffnet bleibt, und bewegen sich animalisch vor und zurück. Dann schließt sich auch der Spalt. Stille. Zu sehen sind der rote Teppich, der den Bühnenboden bedeckt, und zwei Quader – Kommode und Schrank. Stille. Ein Scharren ertönt. Rhythmisch beginnt sich die Kommode leicht zu öffnen und zu schließen.

Das zeitgenössische Zirkusstück *L'Autre* (Dauer 40 min) ist das erste Stück des multidisziplinären Artisten Claudio Stellato, der in Brüssel ansässig ist. Bevor er eine Ausbildung als Artist an der Zirkusschule *Le Lido* in Toulouse absolvierte, studierte er Jazz-Musik an der *Scuola Civica Jazz* in Mailand und tourte als Straßenkünstler der Theatergruppe *T.A.E.* in Bergamo. Seine Arbeit ist an den Schnittstellen zwischen Tanz, Theater und Performance anzusiedeln, was sich auch in der Zusammenarbeit mit diversen Akteuren aus diesen Bereichen zeigt (u. a. Oliver Py (Theaterregisseur), Roberto Olivan (Choreograph und Performer in der Performance Kunst), Piergiorgio Milano (Choreograph und Performer in Tanz, Theater, Zirkus und Martial Arts)). Im Anschluss an *L'Autre* kreierte Stellato das Stück *La Cosa*, das 2016 mit einem Preis der Belgischen Kulturkritiker ausgezeichnet wurde und aktuell vor allem im europäischen Raum tourt.

Das Bühnenstück *L'Autre* ist das Resultat einer dreijährigen künstlerischen Forschung zur Beziehung zwischen Subjekt (Artist) und Objekt. Dargestellt wird eine männliche, dunkel gekleidete Figur in Interaktion mit den sie umgebenden Möbelstücken, einem roten Teppich, einer Kommode und einem Schrank. Der Artist klettert in die Möbelstücke, bewegt sich um sie herum und mit ihnen. Es werden animalische, skurrile Figuren erzeugt. Illusionen wie ein vom Körper getrennter Kopf oder ein beinloser Rumpf sind weitere dominante Eindrücke. Jegliche Aktion geschieht in Stille. Lediglich die Geräusche, die die Interaktion von Mensch und Möbelstück erzeugt, werden durch Lautsprecher verstärkt. Etabliert wird eine surreale diegetische Welt, in der die Grenzen der Physik, Kategorien wie Raum und Zeit, aufgehoben werden und Objekte durch verborgene Mechanismen lebendig werden. Teppich, Schrank und Kommode bewegen sich scheinbar ohne menschlichen oder technischen Einfluss. Damit verändert das Stück, das die Disziplin ‚Neue Magie' nutzt, die Sicht auf die Normalität. So heißt es in seiner Ankündigung:

> On voit se produire sur scène une distorsion de la réalité, avec les objets qui prennent vie, grâce à des mécanismes cachés, en altérant notre vision de la normalité.[282]

Sieht man sich Theaterstücke und Performances an, die den Diskurs von Andersheit thematisieren, greifen diese in der Regel Bereiche wie Nationalität, Kultur, Religion, Sozio-Politik, Sexualität, Gender und Diaspora auf.

> Within the spaces of theatre and the performing arts, the differential bounds demarcating otherness, such as national, cultural, religious, socio-political, sexual, gender, and diasporic delineations, are continually and constantly dramatized, disrupted, negotiated, and redrawn.[283]

Bereits der Beginn von *L'Autre*, der oben beschrieben wurde, zeigt: Eben jene Themen werden in dem Stück nicht inszeniert. Die Wiederholungen auf der Sequenz etablieren auf den ersten Blick nicht die von Rita Sebestyén genannten Paradigmen, sondern bleiben vielmehr abstrakt: Innen versus Außen, belebt versus unbelebt, real versus irreal, sind Oppositionen, die sich bereits zu Beginn des Stücks zeigen. Erst der Titel *L'Autre* (Das Andere) lenkt die Lesart auf den Diskurs um Andersartigkeit. Hier wird exemplarisch vorgeführt, was Baßler folgendermaßen fasst: „Die Texte selbst geben somit Kombinationen vor, nach denen wir im Archiv der jeweiligen Kultur suchen können."[284] Der Titel des Stücks bildet den Schlüssel für die Lektüre. Hier zeigt sich, dass in Zirkusstücken die gesprochene oder geschriebene natürliche Sprache keineswegs eine untergeordnete Rolle spielt, wie man aufgrund seiner Historie[285] annehmen mag. Aufführungen haben in der Regel einen sprachbasierten Titel, der bereits eine bestimmte Lesart vorgibt. Darüber hinaus ermöglichen beispielsweise Beschreibungen in

---

[282] Stellato, C.: L'Autre.
[283] Sebestyén, Rita: Otherness and the performing Arts. In: Otherness: Essays and Studies 5 (2016) H. 1, S. 1–6, hier S. 1.
[284] Baßler, M.: Die kulturpoetische Funktion und das Archiv, S. 211.
[285] Bis zum Ende des 19. Jahrhundert war es aufgrund der Konkurrenz des Zirkus zum Theater verboten, in der Manege zu sprechen. Vgl. Jacob, Pascal: Cours théorique. École National des Arts du Cirque de Montréal 2017.

Programmheften eine erste thematische Einordnung der Stücke. Dies ist auch bei der vorliegenden Darbietung der Fall: Durch den Title *L'Autre* wird die Performance thematisch gerahmt. Ohne diesen würde man das vorliegende Stücke nicht zwangsweise im Kontext von Andersartigkeit lesen, u. a. auch, da der explizite zirzensische Frame fehlt, der auf die Präsentation von „exceptional bodies doing extraordinary things"[286] verweist. Inwiefern aber sind die Oppositionen, die sich bereits zu Beginn des Stücks zeigen, im Kontext von Andersartigkeit lesbar? Diese Frage soll im Folgenden beantwortet werden.

4.5.1.1 Andersartigkeit: Innen versus Außen

Mithilfe des Aufführungsraums und des Bühnenbildes etabliert das Stück die Opposition ‚Innen versus Außen'. Dieses topologische Verständnis von Andersheit ist in der westlichen Kultur zentral:

> Otherness is the result of a discursive process by which a dominant in-group (‚Us', the Self) constructs one or many dominated out-groups (‚Them', Other) by stigmatizing a difference.[287]

Die Darbietung findet auf einer Guckkastenbühne statt. Diese ermöglicht auf technischer Ebene die magischen Illusionen (die autonomen Bewegungen der Möbelstücke), auf semantischer Ebene aber kreiert sie eine Distanz zwischen den Zuschauer*innen und den Aktionen auf der Bühne. Foster proklamiert diesbezüglich:

> The proscenium theatre emphasizes the separation of audience and performance by situating the action on stage in a different realm from that of the viewers. The architecture delineates the functional role for viewers – as observers who sit facing in one direction towards the stage – and for performers – as residents of the framed, bosslike structure on the stage.[288]

Dieser Effekt, der Guckkastenbühnen im Allgemeinen auszeichnet, wird durch die spezielle Beleuchtung in *L'Autre* verstärkt. Durch die Nutzung von Spotlights, die den Artisten und die Möbel beleuchten, die Umgebung jedoch im Dunkeln lassen, werden Bühne und Zuschauerraum deutlich getrennt. In Kombination mit dem Titel des Stücks erhält die Wahl der Guckkastenbühne semantische Relevanz: Das Setting verweist auf das ontologische Konzept von Andersheit im Sinne

---

286 Fricker, K. u. H. Malouin: Introduction: Circus and Its Others, S. 1.
287 Staszak, J.-F.: [Art.] Other/Otherness, S. 43.
288 Foster, S. D.: Reading dancing, S. 60–61.

einer Abgrenzung des Selbst vom Anderen. Dieses wurde erstmals bei Platon und Aristoteles reflektiert:

> Dieses Anderssein ist eine durchgängige wesentliche Bestimmung aller Seienden (Ideen und Einzeldinge): Sie alle sind andere, d. h. Nichtseiende in Bezug auf alle übrigen, sie sind alle die Übrigen nicht.[289]

Das reine ontologische Konzept, auf das die Opposition zwischen Bühnenraum und Zuschauerraum anspielt, bekommt politische Züge, wenn man Fischer-Lichte zustimmt. Diese geht über Fosters These hinaus und schreibt der Guckkastenbühne eine politische Dimension zu, indem sie erläutert, dass diese den „Zuschauer zu einem indiskreten Beobachter, der mehr oder weniger unberechtigt in die Sphäre des Schauspielers eindringt"[290], degradiert. Innerhalb dieses Verständnisses ist das ‚Andere' beobachtbar. Fischer-Lichte führt weiter aus, dass der Zuschauerraum auf diese Weise als Platz der gesellschaftlichen Öffentlichkeit aufgehoben ist. Er wird „zum Projektionsraum für die Innerlichkeit der vereinzelten Zuschauer"[291]. Mit Blick auf den Aufführungsraum in *L'Autre* bestimmt die Opposition ‚Innen versus Außen' das Andere auch als eine innere Differenz des Selbst[292]. Die Performance visualisiert damit, was die Produzenten des *Festival Novog Circusa* zur Vermarktung des Stücks verschriftlichten:

> In this surreal environment the artist incarnates himself, but also ‚the other'; the conscious 'me' and the subconscious, imaginary 'me', coexisting in the same body.[293]

Die zweifache Lesart der Oppositionen ‚Innen versus Außen' gleich ‚Ich versus Inner-Ich' wird durch das Bühnenbild erneut aufgegriffen. Kommode und Schrank werden indirekt beleuchtet, sodass die räumliche Tiefe der Möbelstücke unterstrichen wird. Der Artist verschwindet wiederholt in den Möbeln, teilweise ganz, teilweise sind einzelne Körperteile weiterhin sichtbar (*L'Autre* 4:55, 11:14, 13:50, 27:00). Das Stück kreiert damit eine Struktur, die an russische Matrjoschkas erinnert: die Rezipienten schauen von außen in die Guckkastenbühne in die Möbelstücke – sowohl im Sinne eines ‚Beobachtens des Anderen' als auch im Sinne eines ‚in sich Hineinsehens'.

---

289 Ritter, Joachim: [Art.] Andersheit, Anderssein. In: Historisches Wörterbuch der Philosophie. Hrsg. von Joachim Ritter, Karlfried Gründer u. Gottfried Gabriel. Basel: Schwabe 2010, S. 300.
290 Fischer-Lichte, E.: Semiotik des Theaters. Eine Einführung. Band 1, S. 141.
291 Ebd.
292 Erinnert z. B. an das Freud'sche Strukturmodell der Psyche (Ich, Über-Ich, Es) oder aber auch an Shizophrenie. Vgl. Freud, Sigmund: Das Ich und das Es. Stuttgart: Reclam 2013.
293 Stellato, C.: L'Autre.

4.5.1.2 Andersartigkeit: Realität und Irrealität

Die Neue Magie wird in *L'Autre* als grundlegendes Verfahren der Bedeutungskonstitution eingesetzt. Diese Disziplin entstand im Jahr 2002. Während die Traditionelle oder Moderne Magie von einem klar definierten Repertoire, Codes und Konventionen bestimmt wird – man denke beispielsweise an Tricks wie die Manipulation von Karten oder das Zersägen der Jungfrau[294] – ist es Anliegen der Neuen Magie diese klassischen Grenzen zu überscheiten[295]. Ähnlich wie andere zeitgenössische Zirkusdisziplinen, bedient sich die Neue Magie der traditionellen Techniken, verändert aber ihre Darstellungsweise, indem sie daran interessiert ist, die Bühnenrealität selbst zu transformieren:

> New magic plays with the real within the real: that is to say, within the same space-time offered by perception. Images no longer correspond with an illusionist act. They make up a proper order to reality.[296]

erläutert Raphael Navarro, einer der Gründer dieser neuen Disziplin in einem Interview mit Julie Bordenave. In *L'Autre* wird eben jenes Prinzip als zentrale dramaturgische Strategie genutzt. Hier wird keine magische Diegese geschaffen (im Sinne einer phantastischen Welt oder eines ideellen Zirkusraums). Vielmehr wird die Realität des Geschehens unterstrichen, indem beispielswiese Standardmöbel und dunkelgraue Alltagskleidung eingesetzt und ‚künstliche' Klänge auf ein Minimum reduziert werden. Durch die Handlung selbst erzeugte Geräusche werden mithilfe von Lautsprechern verstärkt. Musik wird nur am Ende der Performance eingesetzt. In dem Stück werden also Zeichen wiederholt, die die Realität des Geschehens unterstreichen. Gleichzeitig werden irreale Bilder erzeugt, wie beispielsweise die autonome Bewegung der Möbelstücke. Im zweiten Drittel des Stücks werden auch der Bühnenhintergrund und die Ränder beleuchtet, an denen der Rezipient wohl die Manipulatoren der Gegenstände (Mensch oder Maschine) vermuten würde (*L'Autre* 33:30). Hier ist nichts zu sehen. Durch diese Szene wird also der Eindruck verstärkt, dass sich die Objekte tatsächlich autonom bewegen, nach dem Motto: ‚In diesem Stück gibt es keine Magie. Was du siehst, ist real.' Die Unwirklichkeit der Ereignisse wird dadurch also verstärkt: Der fliegende Schrank und der atmende Teppich werden in ihrer Irrealität real inszeniert. In

---
[294] Vgl. Jacob, Pascal: Five thousand years of enchantment. A few historical landmarks to understand the context that has lead up to new magic. In: Magie Nouvelle. New Magic, a contemporary art. Hrsg. von Jean Digne. Paris: Hors les Murs 2010, S. 3–4. hier S. 3.
[295] Vgl. ebd.
[296] Bordenave, Julie: An Ability to Infinitely Transform the World. In: La Stradda (2010) H. 16, S. 5–6, hier S. 5.

Kombination mit dem Titel des Stücks erhält dieses Verfahren eine semantische Dimension: Das Konzept des Anderen als ‚fremd' oder ‚mysteriös' wird hier abgerufen. Gleichzeitig unterläuft die Performance dieses Konzept, indem sie nicht nur das Andere (Irreale) als fremd und mysteriös einstuft, sondern mit diesen Eigenschaften auch das Reale (Selbst) bestimmt.

4.5.1.3 Andersartigkeit: Animalität und Abnormalität

Die in der Performance verwendeten Objekte werden mit Eigenschaften von Lebewesen wie Bewegung und Atmung assoziiert. Der rote Teppich bewegt sich scheinbar autonom (z. B. *L'Autre* 0:55, 25:09), das rhythmische Öffnen und Schließen des Schrankes erinnert an Atmung (*L'Autre* 12:46). Die Möbelstücke werden nicht als unbelebte Objekte, sondern als lebende Subjekte inszeniert. Nicht nur die Möbel, sondern auch der menschliche Körper wird manipuliert (*L'Autre* 18:27–30:15). Auch dadurch wird die Opposition ‚Mensch gleich belebt' versus ‚Möbelstück gleich unbelebt' aufgehoben. Während des Stücks kreiert der Artist durch die Interaktionen mit den Möbeln Skulpturen, die aufgrund der Langsamkeit der Bewegungen einige Sekunden verharren. Mit diesen Skulpturen visualisiert die Performance konventionelle Attribute des Anderen, die sich kulturell etabliert haben: Animalität, Abnormalität und Freak.

> The ethnocentric bias that creates otherness is doubtlessly an anthropological constant. All groups tend to value themselves and distinguish themselves from others whom they devalue. For instance, according to Lévi-Strauss, many autoethnonyms (such as Inuit or Bantu) refer to ‚the people' or ‚the human beings', considering more or less the out-groups as nonhuman.[297]

Der artistische Körper bildet mit den Möbelstücken tierähnliche Formen (z. B. *L'Autre* 8:03, 7:00, 9:12), die für den Rezipienten leicht zu entschlüsseln sind. Arme und Beine aus der Kommode gestreckt, bewegt sich der Artist langsam vorwärts. Dieses Bild erinnert beispielsweise an eine Krabbe am Strand. Die paradigmatische Verbindung von Animalität und Andersartigkeit wird im Syntagma auch durch die akustischen Zeichen unterstrichen. Geräusche als Folgen von Aktivität – das Atmen des Künstlers (z. B. *L'Autre* 28:50), sein Kratzen und Reiben auf den Holzmöbeln – werden nicht vermieden, sondern durch ihre Wiederholung und Lautstärke unterstrichen. Darüber hinaus werden in der Interaktion zwischen Körper und Objekt Figuren geschaffen, die an die ungewöhnlichen Körper (‚Freaks') erinnern, die im Traditionellen Zirkus und in Sideshows ausgestellt

---

[297] Staszak, J.-F.: [Art.] Other/Otherness, S. 44.

wurden. „It may be argued that all circus bodies are tained with the residue of the sideshow freak body"[298], schreibt die Theaterwissenschaftlerin Erin Hurley in ihrem Artikel zu den *Multiple Bodies of Cirque du Soleil*. In *L'Autre* zumindest sind durch den Einsatz von Elementen der Kontorsion und der Neuen Magie zwei der von Hurley unterschiedenen Kategorien der Freaks[299] vertreten: der „born freak"[300] und der „made freak"[301].

> Yet with the contortionist, the connection to freaks, particularly ‚born freaks', intensifies. [...] The contortionist too is naturally physically prodigious, even if this prodigality is not quite so immediately visible as the born freak's. Further, in the case of both freakery and contortionism, the body qua body is spectacle (and spectacularized).[302]

L'Autre verweist mithilfe der Kontorsion nicht nur auf den „born freak"[303], sondern geht sogar noch weiter, indem Bilder wie ein vom Körper getrennter Kopf (*L'Autre* 18:40) oder ein von den Beinen getrennter Rumpf (*L'Autre* 10:00) mithilfe der Technik der Neuen Magie erstellt werden. Eben jenes Verfahren definiert Hurley als „made freak [...] performers who use combinations of costume, *mise en scène* and makeup to trick audiences into believing they are freaks, as in the illusion of the headless man"[304]. Auf diese Weise wird das Andere auch im zirzensischen Kontext inszeniert, was jedoch eher subversiv erfolgt. Die One-Minute-Skulpturen erinnern an den berühmten Trick der zersägten Jungfrau, thematisieren also auch diskursiv das traditionelle Erbe der Neuen Magie, die Moderne Magie. Hier zeigt sich, dass die Eingangsthese, in der Performance würde ein Verfahren genutzt, dass nicht explizit auf der Zugehörigkeit zum Genre ‚Zirkus' beruht, revidiert werden muss. Der Diskurs um Andersartigkeit im zirzensischen Kontext spielt offensichtlich eine Rolle, bietet jedoch nicht den zentralen Lektüreschlüssel.

---

298 Hurley, E.: The Multiple Bodies of Cirque de Soleil, S. 134.
299 Die Unterscheidung zwischen ‚born freak' und ‚made freak' nimmt auch Bogdan vor. Vgl. Bogdan, Robert: The Social Construction of Freaks. In: Freakery. Cultural spectacles of the extraordinary body. Hrsg. von Rosemarie Garland-Thomson. New York: New York University Press 1996, S. 23–37; Bogdan, Robert: Freak show. Presenting human oddities for amusement and profit. Chicago: University of Chicago Press 2009. Es ist darauf hinzuweisen, dass diese Differenzierung problematisch ist, wenn nicht sogar inakzeptabel. Es gibt keine ‚born freaks'. Ein Freak wird inszeniert und ist damit immer ‚gemacht'.
300 Hurley, E.: The Multiple Bodies of Cirque de Soleil, S. 134.
301 Ebd.
302 Ebd.
303 Ebd.
304 Ebd., S. 124.

4.5.1.4 Andersartigkeit: Von der Binarität zum Trias

Um die Subversivität des Stücks mit Blick auf den kulturell etablierten Kontext von Andersartigkeit weiter zu erläutern, lohnt die vertiefende Analyse mithilfe des topologischen Beschreibungsinventars Jurij Lotmans[305]. Trotz der Nutzung der Theorie Lotmans, steht im Folgenden allerdings weniger die Frage nach der Narrativität der Performance (s. Kapitel 5: *Come wander with me: Zur Narration in Fragments of a Mind von Squarehead Productions*) im Fokus, sondern ihr ideologisches Potential.

> Narrative Strukturen sind nun zumeist auch insofern relevant, als sie sich in den Texten als semantisch/ideologisch funktionalisiert erweisen lassen; sie spielen also eine Rolle beim Aufbau des jeweils favorisierten Modells von Welt und der darin propagierten Werte und Normen. Semantische Räume haben also stets etwas mit dem Wert- und Normensystem zu tun, das ein Text konstituiert und propagiert.[306]

Diese These von Hans Krah, soll im Folgenden als Grundlage für die Vertiefung dienen. In *L'autre* wird die folgende sujetlose Ordnung etabliert:

Topologischer Raum	Innen Außen	Außen Innen
Topographischer Raum	Zuschauerraum Guckkastenbühne Möbelstücke	Möbelstücke Guckkastenbühne Zuschauerraum
Semantischer Raum	Das Selbst Subjekt Objekt belebt unbelebt Realität Irrealität menschlich animalisch normal abnormal (Freak)	Das Andere Objekt Subjekt unbelebt belebt Irrealität Realität animalisch menschlich abnormal (Freak) normal

Abbildung 13: Sujetlose Textebene in L'Autre

---

305 Lotman, J. M.: Die Struktur literarischer Texte.
306 Krah, H.: Einführung in die Literaturwissenschaft, S. 241.

Bereits in der sujetlosen Textebene zeigt sich, dass *L'Autre* die kulturell gefestigten Konzepte des Anderen unterläuft. Indem das Stück die Opposition zwischen Selbst und Anderem, zwischen Objekt und Subjekt aufbricht und sowohl das Selbst als auch das Andere mit Realität, Irrealität, Animalität, Menschlichkeit, Abnormalität und Normalität assoziiert.

Diese Ordnung wird am Ende der Performance durch die Etablierung eines Metaereignisses, bei dem „das System der semantischen Räume selbst transformiert"[307] wird, noch verstärkt: *Der Künstler verlässt die Bühne und läuft ins Nichts. Schwarz. Ein Mann in einem Anzug verbeugt sich. Schwarz. Ein Mann in einem Anzug verbeugt sich. Schwarz. Zwei Männer in Anzügen verneigen sich* (*L'Autre* 36:53). An diesem Punkt zeigt die Performance nicht nur explizit, dass es eine zweite Person gibt, die die Objekte manipuliert, sondern verschiebt darüber hinaus die sujetlose Ordnung des Textes, die im ersten Abschnitt etabliert wurde. Während zu Beginn des Stücks der semantische Raum des Anderen durch die binäre Opposition ‚Ich' und ‚das andere Objekt' und deren Auflösung definiert wurde, wird nun (aufgrund der Präsentation einer zweiten Person, die wie die erste aussieht) eine komplexe Beziehung zwischen ‚Ich', ‚das andere Ich', ‚das andere Objekt' und ‚das andere Subjekt' konzipiert. Die sujetlose Ordnung wird durch dieses Ereignis jedoch nur minimal verändert, da beide Ordnungen eine binäre Konzeption des Anderen verhindern. Es handelt sich also um eine restitutive Struktur[308], die die Unterlaufung der kulturell gefestigten Konzepte des Anderen unterstützt und damit eine dezidierte Kultur- und Ideologiekritik ermöglicht.

4.5.2 Kultur- und Ideologiekritik im Zeitgenössischen Zirkus

Die Bedeutungskonstitution von *L'Autre* basiert nicht grundlegend auf der Proklamation von Genrezugehörigkeit. Vielmehr reproduziert die Performance allgemeine Konzepte von Andersartigkeit um diese zu unterlaufen. Erst die Kenntnis der konventionalisierten Vorstellungen von ‚Andersheit' machen das Stück lesbar. Die Binarität des Anderen wird außer Kraft gesetzt, die Performance schafft so in begrenztem Maße ihr eigenes Paradigma.

Andersheit ist Teil vieler zeitgenössischer Zirkusdarbietungen, was sich auch in der vorliegenden Arbeit zeigt: Andersheit in Form des Absenten, Übernatürlichen ist Thema der Performance *Fragments of a Mind* der Companie *Squarehead*

---
[307] Ebd., S. 310.
[308] Martínez, M. u. M. Scheffel: Einführung in die Erzähltheorie.

Productions, die zu Beginn der Modellanalysen im Fokus stand. Andersheit im Diskurs rund um Dis-Ability ist Teil von *Acrobates* und *Le fil sous la neige* von *Les Colporteurs*. Andersheit und Gender ist im Stück *Les Princesse* von *Cheptel Aleïkoum* vorzufinden, das im folgenden Kapitel analysiert wird. Die Liste ist umfangreich, denn „difference [...] [is] in the show's DNA, because it [...] [is] circus"[309]. Im Unterschied zum Traditionellen Zirkus aber, wird das Andere in Stücken des Zeitgenössischen Zirkus nicht (nur) zur Schau gestellt, sondern mithilfe der Offenlegung der topischen, konventionalisierten Kombination von Elementen und deren Unterlaufung dezidiert Ideologie- und Kulturkritik geübt. Diese muss sich nicht zwangsweise in einer inhaltlich-fassbaren Position äußern, sondern ist, wie die Performance *L'Autre* zeigt, „generell und deskriptiv als operationaler Prozess zu verstehen, als Paradigmenvermittlung"[310].

4.6 Willkommen im Wunderland des Zeitgenössischen Zirkus: Zum Metadiskurs in *Les Princesses* von *Cheptel Aleïkoum*

> Alice started to her feet, for it flashed across her mind that she had never before seen a rabbit with either a waistcoat-pocket, or a watch to take out of it, and burning with curiosity, she ran across the field after it, and fortunately was just in time to see it pop down a large rabbit hole under the hedge. In another moment down went Alice after it, never once considering how in the world she was to get out again.[311]

Ob als perfekte geometrische Figur in Platons Philosophie, als magischer Ring in Mittelerde oder als Alices Kaninchenloch, der Kreis war schon immer ein Objekt menschlichen Interesses. Mit dem Wunderland betritt die Märchenfigur eine Welt, in der die bekannten Regeln auf den Kopf gestellt werden: Oben und Unten, Innen und Außen folgen ihren eigenen Gesetzen. „Curiouser and curiouser!"[312], um Alices Worte zu nutzen, verändert sich auch unsere Umgebung, wenn wir die ‚Medusa', die kuppelförmige Stahlkonstruktion der Companie *Cheptel Aleïkoum* in der die Performance *Les Princesses* aufgeführt wird, betreten.

Man muss achtgeben, nicht von der schwingenden Schaukel getroffen zu werden, von der ein Artist und eine Artistin Zuckerwatte an die eintretenden Gäste

---

309 Fricker, K. u. H. Malouin: Introduction: Circus and Its Others, S. 1.
310 Krah, H.: Einführung in die Literaturwissenschaft, S. 240.
311 Carroll, Lewis: Alice In Wonderland and Through the Looking Glass. Chicago: Volume One Publishing 1998, S. 2–3.
312 Ebd., S. 15.

verteilen. Auf Silbertabletts servieren weitere Artisten Getränke in Likörgläsern an das Publikum. Die Manege ist rundum von Zuschauer*innen umgeben, und wie die Zuschauerränge in Schwarz gehalten. Ein mint-grünes Ornament ist auf den Manegenboden geklebt und kontrastiert mit der Waldtapete, die den Artisteneingang markiert. Ausgestopfte Tiere und Kunstblumen werden als Dekoration genutzt. Rotglänzende Äpfel hängen von dem mint-farbenen Eisengerüst. Die Zuschauer*innen befinden sich in einem fiktionalen Mikrokosmos, in einem rituellen Raum, einem Märchenwald, einem Disneyland. Das Licht wird dunkler, eine elektrische Gitarre erklingt und markiert den offiziellen Beginn der Aufführung. Zwei männliche Artisten mit künstlichen Hasenköpfen betreten die Manege. Sie bewegen sich mechanisch, ziehen ein Bett hinter sich her, auf dem eine mit Blumen geschmückte Prinzessin liegt. Alle fünf Sekunden ertönt ein Glockenschlag. Die Worte „Kiss me" sind auf einem Holzschild, das von der Decke über dem Kopf der Prinzessin hängt, lesbar. Da sich keine Zuschauer*in erhebt, halten die hasenköpfigen Artisten zwei weitere Schilder hoch: „Pas de bisous, pas de spectacle." Eine mutige Person erfüllt die Aufgabe. Die Prinzessin erwacht und geleitet ihren Retter/ihre Retterin auf einen Thron, der über dem Zuschauereingang platziert ist. Die erste Nummer beginnt: Die Cloudswing.

Les Princesses – cirque aérien et chanté (Dauer 1h 20 min) wurde im Oktober 2016 unter der Regie von Christian Lucas uraufgeführt. Das Stück ist eine Produktion des Künstlerkollektivs *Cheptel Aleïkoum*, das von fünfzehn Absolvent*innen des Abschlussjahrgangs 2002 des *Centre National des Arts du Cirque* ins Leben gerufen wurde. Zu den Gründern des *Cheptels* gesellten sich über die Jahre weitere Zirkusartist*innen aber auch Musiker*innen, Komponist*innen, Designer*innen und Graphiker*innen. Das *Cheptel Aleïkoum* ist strenggenommen keine Companie, sondern ein Kollektiv, das finanzielle, technische und personelle Ressourcen bündelt, um aus diesen eine Vielzahl an unterschiedlichen Performances hervorzubringen. Seit 2001 kreierte das Kollektiv zwölf Stücke: *Opus 1* (2004), *Opus 2* (2006), *Fanfarerie Nationale* (2009), *Opus 7* (2012), *Le Repas* (2011), *Les Robes* (2012), *Chienne ou Louve* (2012), *Le Bal Cirque* (2012), *Maintenant ou Jamais* (2014), *Les Princesses* (2016) und *Le Galathon* (2017). Hinzu kommt eine Vielzahl an kleinen Veranstaltungen. Der Mittelpunkt des Kollektivs befindet sich in Saint-Agil, einem kleinen Dorf in Frankreich.

Les Princesses ist ein zeitgenössisches Zirkusstück mit drei männlichen und drei weiblichen Artisten. Fokussiert werden vor allem Disziplinen der Luftakrobatik: die Cloudswing, das Vertikaltuch und das Trapez sowie Equilibristik. Darüber hinaus sind Live-Musik und Gesang zentrale Faktoren der Bedeutungskonstitution. Thematischer Aufhänger des Stücks ist die Frage nach dem Fortbestand und der Weiterentwicklung der Geschichten und Märchen der Kindheit im Erwachsenenalter.

,Les Princesses, ou ce qu'il en reste.' On l'a dit, les contes aident les enfants à s'accepter, à se rassurer et à dépasser les grandes peurs [...]. Et après ? Que devient tout cela? [...] Qu'est-ce qu'une Princesse aujourd'hui?[313]

„Grotesk, komisch, unkonventionell und feministisch"[314], so beschreiben Kritiker*innen die Darbietung. Im Folgenden soll zunächst die grundlegende paradigmatische und syntagmatische Struktur des Stücks herausgearbeitet werden, um auf dieser Basis das Stück unter dem Lektüreschwerpunkt ‚Metadiskurs' detailliert zu analysieren[315].

4.6.1 Lektüre von Les Princesses

Der Titel *Les Princesses* und Beschreibungen im Programmheft lenken die Lesart in Richtung der zentralen Fragestellung des Stücks. Im Verlauf der Sequenzen dominieren Äquivalenzen, die das Paradigma ‚Märchen' bilden. Zentrale Strategie der Bedeutungskonstitution ist die intertextuelle Bezugnahme auf die Werke von den Gebrüdern Grimm, von Hans Christian Andersen und von Carroll, die mithilfe des Bühnenbilds, der Requisiten, der Kostüme und Zirkusdisziplinen gewährleistet wird. Die Frauen tragen weiße Kleidung, durchsichtige Reifröcke und geblümte weiße Oberteile und entweder pinke Sneakers oder High-Heels. Die Männer sind in dunklen Hosen gekleidet mit nackten Oberkörpern und pompösen Mänteln. In Kombination mit dem Titel des Stücks sind die Artisten als Prinzessinnen und Prinzen identifizierbar. Die Wald-Tapete, die den Artisteneingang umrahmt, erinnert an *Rotkäppchen*. Die Äpfel, die von der Decke hängen, an *Schneewittchen*, die Manege und die hasenköpfigen Männer an *Alice im Wunderland* (*Les Princesses* 8:19). Das Seil, das langsam von der Decke gelassen wird (*Les Princesses* 1:15:32), verweist auf *Rapunzel*. Die Equilibristin (*Les Princesses* 1:00:00–1:10:38), die im letzten Teil des Stücks auftritt und deren Beine in Frischhaltefolie gewickelt sind, erinnert an *Die kleine Meerjungfrau*. Die Mär-

---

313 Jean, Y.: Cheptel Aleïkoum.
314 Bertrand, Amélie: Les Princesses – Cheptel Aleïkoum. https://www.dansesaveclaplume.com/en-scene/624625-les-princesses-cheptel-aleikoum/ (31.7.2018).
315 Teilergebnisse der folgenden Analyse wurden veröffentlicht in Trapp, Franziska: Le cirque contemporain ou ce qu'il en reste. Une lecture du spectacle les princesses du Cheptel Aleikoum. In: Contours et détours des dramaturgies circassiennes. Châlons-en-Champagne, Charleville Mézières: CNAC – Centre national des arts du cirque; ICiMa – Chaire d'innovation cirque et marionnette 2020, S. 182–197.

chendiegese, die durch die Intertexte[316] geschaffen wird, kreiert eine narrative Konsistenz der ansonsten fragmentierten Performance. Wir erleben, was Baßler folgendermaßen beschreibt:

> Wir verfügen kulturell über eine Menge von Frames und Skripten, und es reichen oft wenige tatsächlich notierte Informationen, um diese aufzurufen. Wir ergänzen dann die Angaben im Text automatisch um das, was nach Maßgabe solcher kulturellen Muster normalerweise dazugehört, und bilden dadurch unsere Vorstellung der erzählten Welt und auch unsere Erwartungen, was hier weiter geschehen könnte.[317]

Aber das Stück schafft nicht nur die naive Diegese einer unschuldigen Kindheit. Die sexuellen Gesten der Artisten auf dem Trapez (*Les Princesses* 32:57–38:40), die mit *Schneewittchens* Apfel spielen, verweisen nicht nur auf das Märchen, sondern auch auf *Adam und Eva*. Alices Kaninchen erinnern an *Playboy-Hasen*. Die Aufforderung der Artistin „*Mouille-moi*" („Mach mich nass!", oder in diesem Kontext genauer: „Bespritz mich!") transformiert die Performance der *Kleinen Meerjungfrau* in einen brutalen sexuellen Akt (*Les Princesses* 1:00:00–1:10:38). Die bequeme Matratze der *Prinzessin auf der Erbse* wird durch ein Nagelbrett ersetzt (*Les Princesses* 39.09–42:56). Innerhalb der intertextuellen Bezüge werden die semantischen Strukturen des Stücks sichtbar. Die binären Oppositionen Kindheit versus Erwachsensein, Sanftheit versus Gewalt, Naivität versus Aufgeklärtheit werden simultan etabliert und ermöglichen zwei verschiedene Lesarten des Stücks: die Perspektive eines naiven Kindes und die eines erfahrenen Erwachsenen.

Ein zentrales Prinzip des Stücks ist es kontinuierlich zwischen den beiden oppositionären Lesarten zu wechseln und niemals in einem der beiden Universen zu verweilen. Dieser Effekt wird durch den Einsatz von Camp-Ästhetik verstärkt: Susan Sontags Statement „Es ist gut, weil es schrecklich ist..."[318] wird als zentrales Prinzip genutzt. Das Bühnenbild wird dominiert von sich beißenden Grüntönen, kitschige Lichterketten umrahmen die elektrische Gitarre, die Nutzung von nostalgischen Requisiten und Dekoration wie der Wald-Tapete, den ausgestopften Tiere und den künstlichen Blumen sind „Dinge, die, von einem ‚seriösen'

---

[316] Es ist drauf hinzuweisen, dass nicht nur der Untertitel des Stücks „Cirque aérien et chanté", sondern auch die Intertextualität darauf schließen lässt, dass die intermediale Dimension des Stücks relevant für die Bedeutungskonstitution ist. Sie stellt jedoch nicht den Analysefokus des vorliegenden Kapitels dar und bleibt, um den Rahmen nicht zu sprengen, daher weitestgehend unberücksichtigt.
[317] Baßler, M.: Populärer Realismus.
[318] Sontag, S.: Kunst und Antikunst, S. 341.

		Kindheit – Märchen	Erwachsensein – Sexualität
Bühnenbau	Manege	Kaninchenloch	Uterus
	Stahlkonstruktion ‚Meduse'	Kaninchenbau	Geschichte der Medusa, Liebesnest
Kostümierung	Frauen: weiße, transparente Reifröcke, geblümte weiße Oberteile, pinke Sneakers oder High-Heels	Prinzessinnen	Lolitas
	Männer: dunkle Hosen, nackte Oberkörper, prunkvolle Mäntel	Prinzen	Zuhälter
	Hasenkopf	Alice im Wunderland	Playboy-Hasen
Requisiten	Schild: „Kiss me"	Dornröschen	„Pas de BISOUS, pas de spectacle" (bestehen auf einen Zungenkuss)
	Rote Äpfel	Schneewittchen	Adam und Eva
	Likör	Zaubertrank	Alkohol
	Zuckerwatte	Süßigkeit	„Barbe à Papa" – in der wörtlichen Übersetzung „Opas Bart"
Zirkus Disziplinen	Seil	Rapunzel	Phallus
	Equilibrist in Plastikfolie	Die kleine Meerjungfrau	„Mouille-moi" – brutales Öffnen der Beine
	Fakir-Bett	Prinzessin auf der Erbse	Sex
	Equilibrist auf den Zuschauern	Rotkäppchen im Wald	Körperkontakt
Musik	Gesang	Unschuldiger, kindlicher Gesang	Sexuelle Texte
	Instrumente	Blockflöte, Leier	Elektrische Gitarre, Keyboard, Trillerpfeife, Percussion, Megaphon

Abbildung 14: Kindheit und Erwachsensein

Standpunkt aus betrachtet, entweder minderwertige Kunst oder Kitsch sind"[319]. Durch die übertriebene Inszenierung können diese Elemente des Bühnenbildes unzweifelhaft als ‚Camp' identifiziert werden, die „Kunst, die sich ernst gibt, aber durchaus nicht ernst genommen werden kann, weil sie ‚zuviel' ist"[320]. Mit der Camp-Ästhetik wird auf der einen Seite ein weiteres Prinzip eröffnet, das der fragmentarischen Performance einen thematischen Gesamtzusammenhang gibt. Auf der anderen Seite unterstreicht der Einsatz von Camp die Notwendigkeit eines kontinuierlichen Wechsels zwischen einer ernsthaften Perspektive und einer Lesart „in Anführungsstrichen"[321]. An dieser Stelle ist darauf hinzuweisen, dass das Textverfahren von *Les Princesses* vom Rezipienten „eine genaue Kenntnis des Prätextes erfordert"[322], sprich der Märchen von den Gebrüdern Grimm, Andersen und Carroll. Aus diesem Grund ist das Stück als westlich zu klassifizieren.

4.6.2 Analyseschwerpunkt: Metadiskurs

Diese Opposition zwischen Märchenwelt und Sexualität ist Grundlage für die Etablierung eines Metadiskurses auf Basis des historisch-kulturellen Kontextes des Zirkus. Dieser wird nicht in Form einer ‚Hommage an den Zirkus' etabliert oder mit dem Ziel, Zugehörigkeit zu dem Genre ‚Zirkus' zu deklarieren. Vielmehr dient der Metadiskurs der Etablierung einer konsistenten Diegese. Eben jenes Verfahren soll im Folgenden analysiert werden.

Betritt man *Cheptel Aleïkoums* ‚Meduse', ist man nicht nur mit einer fiktionalen Märchenwelt konfrontiert, sondern auch mit einem (ideellen) Zirkusraum[323], der durch die traditionelle Manege, die Sichtbarkeit der zirzensischen Geräte und Rigs markiert wird. Die reine Präsenz von Zirkusrequisiten ist nicht ausreichend um Selbstreferentialität zu proklamieren. In *Les Princesses* wird die Zugehörigkeit des Stücks zum Zirkusgenre durch weitere Mittel unterstrichen: Schon bevor der Zuschauer den Aufführungsraum betritt, wird er durch Paratexte wie das Programmheft darüber informiert, dass es der Wunsch war, ein Zirkus(!)stück zu kreieren. „Pour *Les Princesses*, je voulais un spectacle de cirque avec du

---

[319] Ebd., S. 325.
[320] Ebd., S. 331.
[321] Ebd., S. 327.
[322] Baßler, M.: [Art.] Kontexte, S. 363.
[323] Im Sinne von: „Les canons du Cirque classique" Goudard, P.: Arts du cirque, arts du risque, S. 62–68.

		Kindheit – Märchen	Zirkus	Erwachsen-sein Sexualität
Bühnenbau	Manege	Kaninchenloch	**Traditionelle Manege**	Uterus
	Stahl-konstruktion ‚Meduse'	Kaninchenbau	**Erinnert an das Zirkuszelt**	Geschichte der Medusa, Liebesnest
Kostümierung	Frauen: weiße, transparente Reifröcke, geblümte weiße Oberteile, pinke Sneakers oder High-Heels	Prinzessinnen	**Prunkvolle Kostüme des Traditionellen Zirkus, Einsatz von nackter Haut**	Lolitas
	Männer: dunkle Hosen, nackte Oberkörper, prunkvolle Mäntel	Prinzen	**Prunkvolle Kostüme des Traditionellen Zirkus, Einsatz von nackter Haut; Tuch als Schleppe**	Zuhälter
	Hasenkopf	Alice im Wunderland	**Zirkustiere**	Playboy-Hasen
Requisiten	Schild: „Kiss me"	Dornröschen	**Zuschauerbeteiligung**	„Pas de BISOUS, pas de spectacle" (bestehen auf einen Zungenkuss)
	Rote Äpfel	Schneewittchen	**Typische Liebesszenen in zweigeschlechtlichen Zirkusnummern**	Adam und Eva
	Likör	Zaubertrank	**Clowns, die die Zuschauer vor Beginn der Veranstaltung unterhalten**	Alkohol
	Zuckerwatte	Süßigkeit	**Jahrmarkt-Attraktionen**	„Barbe à Papa" – in der wörtlichen Übersetzung „Opas Bart"
Zirkus Disziplinen	Seil	Rapunzel	**Seil**	Phallus
	Equilibrist in Plastikfolie	Die kleine Meerjungfrau	**Robbe**	„Mouille-moi", brutales Öffnen der Beine

		Kindheit – Märchen	Zirkus	Erwachsen-sein Sexualität
Musik	Nagelbett	Prinzessin auf der Erbse	**Die zersägte Jungfrau**	Sex
	Equilibrist auf den Zuschauern	Rotkäppchen im Wald	**Zuschauerbeteiligung**	Körperkontakt
	Gesang	Unschuldiger, kindlicher Gesang	**„Cirque chanté"**[324]	Sexuelle Texte
	Instrumente	Blockflöte, Leier	**Folklore (Nostalgie)**	Elektrische Gitarre, Keyboard, Trillerpfeife, Megaphon

Abbildung 15: (Traditionelle) Zirkusembleme und Codes

cirque"[325], erklärt Marie Jolet, Artistin in *Les Princesses*. Durch die prominente Platzierung dieses Statements wird die Lesart des Rezipienten von Beginn an in Richtung eines Metadiskurses zur (zeitgenössischen) Zirkuskunst gelenkt. Darüber hinaus stellen Aktionen wie das Verteilen von Zuckerwatte, das auf die Verbindung von Zirkus und Jahrmarkt verweist, oder das Ausschenken von Likör, das an die traditionellen Clowns erinnert, die vor Beginn der eigentlichen Veranstaltung die Zuschauer unterhalten, sicher, dass der Frame {Zirkus} aktiviert wird (*Les Princesses* 0:00–5:09). Dieser Effekt wird dadurch verstärkt, dass *Les Princesses* im vorliegenden Fall im Rahmen des internationalen Zirkusfestivals *CIRCa* präsentiert wird. Dieses Festival „has become the showcase of contemporary circus"[326].

---

[324] Der spezielle Einsatz von Musik und Lyrics wäre einer detaillierten Analyse wert, sprengt aber den Rahmen der vorliegenden Analyse. „La musique n'illustre pas le cirque, elle pose sur lui un point de vue distancié, comme une personne extérieure qui donne sa vision des choses, cette rencontre crée une explosion de significations. L'espace qui se crée entre le cirque et la musique donne relief et contraste au propos. Ce qui permet ici de dépasser le sujet, archi-cliché des Princesses pour se rapprocher de ce qui fait sens dans nos vrais vies." Jean, Y.: Les spectacles. Les Princesses.
[325] Jean, Yannis: Les spectacles. Les Princesses. Cheptel Aleikoum. http://cheptelaleikoum.com/index.php/spectacles/les-princesses (5.12.2017).
[326] CIRCa: Auch – The Festival. Website. http://www.circa.auch.fr/index.php?option=com_content&view=article&id=211&Itemid=278&lang=en (8.1.2018).

Im Frame {Zirkus} erinnert die in Plastik eingerollte Equilibristin nicht nur an Andersens *Die kleine Meerjungfrau*, sondern auch an die Robben des Traditionellen Zirkus, die in den letzten Jahrzehnten zu einem der zentralen Embleme geworden sind, die mit Zirkus assoziiert werden. Das Bett der *Prinzessin auf der Erbse* referiert auf die berühmte Zirkusnummer der zersägten Jungfrau. Die pompöse Kleidung repräsentiert nicht nur Prinzessinnen und Prinzen, sondern verweist auch auf die Kostüme des Traditionellen Zirkus. Alices Kaninchen verweisen auf die traditionellen Zirkustiere.

Nun stellt sich die Frage, inwiefern die Selbstreferenzialität[327] des Stücks mit der Intertextualität und Camp-Ästhetik der Performance verbunden ist. Auch soll das Verhältnis zwischen Metadiskurs und der doppelten Lesart zwischen kindlicher Naivität und erwachsener Aufgeklärtheit erörtert werden.

4.6.2.1 Der Metadiskurs auf Inhaltsebene

Aufgrund der simultanen Inszenierung der Märchen- und Zirkuswelt wird bei der Rezeption des Stücks nach Gemeinsamkeiten und Unterschieden zwischen den beiden Diegesen gesucht – zur Erinnerung: „Strukturalistisch gesehen lässt sich Lesen als eine Zuschreibung von Bedeutung definieren, die über Vergleichsoperationen erfolgt."[328] Durch die Frage ‚Was haben Zirkus und Märchen gemeinsam?' wird der aktuelle Diskurs rund um den Zirkus, sein traditionelles Erbe, seine kulturelle Rezeption und seine zeitgenössische Ästhetik, aufgegriffen.

Erstens ist darauf hinzuweisen, dass *Les Princesses* durch die parallele Inszenierung von Märchen- und Zirkuswelt eine Vorstellung von Zirkus als alternative Welt propagiert. Im Zirkus, wie im Märchen wird alles auf den Kopf gestellt – „everything is turned upside down"[329]. Im Gegensatz zu Alice, deren Erstaunen über die Uhr des Kaninchens zufällig zu ihrem Eintritt in das Wunderland führt, gehen die Rezipienten im Zirkus in der Regel davon aus, dass sie dort überrascht werden: „Audiences have an expectation that circus [...] will surprise and excite."[330] Oder mit den Worten Goudards:

> Le cirque nous fascine. Il arrive et repart, peuplé d'êtres étrangers, effrayants et sublimes, qui nous ont présenté dans de curieux temples une étonnante liturgie d'actions extraordi-

---

327 Selbstbezüglichkeit im Sinne von: ‚verweist auf den historisch-kulturellen Kontext des Genres ‚Zirkus".
328 Baßler, M.: [Art.] Kontexte, S. 357.
329 Zipes, Jack: Introduction. Towards a Definition of the Literary Fairy Tale. In: The Oxford Companion to Fairy Tales. Hrsg. von Jack Zipes. 2. Auflage. Oxford: Oxford Companion 2015, S. 1–20, hier S. 4.
330 Tait, P. u. K. Lavers: Introduction, S. 6.

naires, excentriques ou grotesques, érotiques ou morbides...Le cirque est mystérieux. Ses spectacles, ses métiers risqués, ses conditions précaires, captivent étonnamment spectateurs et artistes, que s'exposent au danger pour nous faire rêver.³³¹

Aufgrund dieses Merkmals definiert Paul Bouissac den Traditionellen Zirkus als einen metakulturellen Diskurs. Wie im Märchen, so ist auch im Zirkus alles möglich:

> The rules of compatibility are transformed and often even inverted: at the level of the decoding process, a horse makes a fool of his trainer; a tiger rides an elephant (supposedly incompatible enemies are presented in immediate conjunction).³³²

Während die Vorstellung eines heterotopen „Raum[es] trickreicher Scheinerzeugung und Scheinfreiheiten sowie demonstrativer Authentizität und Unverfälschlichkeit; ein Spannungsraum voller Widersprüche"³³³ für den Traditionellen Zirkus charakteristisch ist, vermag Bouissacs Beschreibung das zeitgenössische Genre nicht zu fassen. Durch den Verzicht auf Tiere und den Bruch mit konventionellen Codes bedarf es alternativer Inszenierungsstrategien. Eine mögliche schlägt *Les Princesses* durch die Kontiguität von Zeitgenössischem Zirkus und Märchen vor.

Zweitens verweist das vorliegende Zirkusstück durch die parallele Etablierung einer Märchen- und einer Zirkuswelt auf die traditionelle Struktur von Zirkusnummern, die nach Bouissac³³⁴ der narrativen Struktur von Märchen ähneln: Indem er Vladimir Propps Bestandteile von Märchen auf den Zirkus überträgt, erklärt der Semiotiker:

> As an act unfolds, we can identify progressive stages that closely resemble the pattern of successive transformations that occur in folktales. The principle stages [...] are:
> 1. Identification of the hero, who incidentally is often introduced as a non-autochthon.
> 2. Qualifying test, which the artist considers a warm-up exercise.
> 3. Main test, which can consist of several tests presented in a variety of sequences.

---

331 Goudard, P.: Le cirque, entre l'élan et la chute, S. 11.
332 Bouissac, P.: Circus and culture, S. 8.
333 Jürgens, A.-S.: Poetik des Zirkus, S. 19.
334 Vgl. Bouissac, P.: Circus and culture; Bouissac, P.: The staging of actions; Bouissac, P.: Semiotics at the circus.

4. Glorifying test, which is usually precedent by a special announcement and accompanied by a drum roll.
5. Public acknowledgment of the fulfillment of the task.[335]

Diese babylonische Struktur[336] von traditionellen Zirkusnummern und Programmen wird von *Les Princesses* aufgegriffen. Jede Nummer entwickelt sich von einer naiven Präsentation der Märchenwelt hin zu einem sexuellen Akt.

Drittens sind die Figuren aus *Les Princesses* ausschlaggebend für eine Rezeption, die zwischen dem Märchen- und dem Zirkusuniversum oszilliert: Die Prinzessinnen und Prinzen sind keine klassischen Märchenfiguren, sondern erinnern aufgrund ihrer übertriebenen Inszenierung (z. B. trägt der Prinz einen überdimensionierten Mantel (*Les Princesses* 17:00–18:51)) an die ‚Freaks' der traditionellen Zirkusse der Jahrhundertwende, seine Kuriositätenkabinette und Freak-Shows. Referiert wird also auf den historischen Zirkus als „a site for the celebration and exploitation of differences, from stagings of exceptional performing bodies to the display of ‚freakery'"[337]. Gleichzeitig verweist das Zirkusstück auf Fantasyfiguren wie Drachen, Elfen, Feen, Riesen, Trolle etc.

Viertens: Wenn die Zuschauer die ‚Meduse' betreten, werden ihnen gleichzeitig Zuckerwatte und Getränke aus Likörgläsern serviert. Bereits zu Beginn der Performance werden also Dinge, stellvertretend für Kindheit und Erwachsensein, gleichzeitig dargeboten. Damit greift *Les Princesses* das Thema ‚Zirkusbesucher' auf: Man geht davon aus, Zirkusdarbietungen seien an Kinder adressiert, eine Vorstellung, die im Widerspruch zu den häufig nackten Körpern der Artisten steht. Der amerikanische Wissenschaftler Mark Irwin West konstatiert, dass Zirkus in den Anfängen des Genres selten an Kinder adressiert war. Er schreibt, dass

> the lack of research into the history of circus audiences often leads to an assumption that the nature of circus audiences has remained the same throughout history. For instance, since nowadays there are usually more children than adults in circus audiences, it is generally believed that children have always been well represented. In reality, though, there is very little evidence to substantiate such an assumption.[338]

---

[335] Bouissac, P.: Circus and culture, S. 25.
[336] In Kapitel 4.1.2.3 *Narration in der Zirkushistorie unter der Prämisse von Text und Kontext* wurde erläutert, aus welchem Grund die narrative Stuktur Bouissacs besser mit dem Guy'schen Begriff ‚babylonischer Aufbau' zu greifen ist.
[337] Batson, C., K. Fricker u. L. P. Leroux: CFP – Circus and its Others.
[338] West, Mark Irwin: A Spectrum of Spectators: Circus Audiences in Nineteenth-Century America. In: Journal of Social History 15 (1981) H. 2, S. 265–270, hier S. 265.

Einer der Faktoren, die dazu führten, dass Zirkus sich vorwiegend an ein erwachsenes Publikum richtete, ist nach West der unmoralische Ruf des Zirkus.³³⁹ Eben jener Diskurs findet sich auch in Bezug auf Märchen. Die Gebrüder Grimm veränderten die Märchen, sodass sie auch für Kinder lesbar sind, indem sie die Erzählungen von „erotic and bawdy passages"³⁴⁰ bereinigten. Der *Zeitgenössische Zirkus* richtet sich meist explizit an Erwachsene. Das Mindestalter wird in den Ankündigungen der Stücke angegeben.

Fünftens ist auf den expliziten Verweis auf Disney hinzuweisen, der im Programmheft von *Les Princesses* unterstrichen wird.

> Au début, c'est le déni: les rides apparaissent au coin des lèvres, et l'œil juge mièvre la peau diaphane de l'innocence dans les illustrations pour enfants ou l'esthétique kitch des Disney.³⁴¹

Mit diesem wird auf eine weitere Parallele zwischen Märchen und Zirkus hingewiesen: „When we think of the form and typical fairy tale today, we tend to think of a paradigmatic Grimms' fairy tale (quite often modified by the Disney industry)."³⁴² In der aktuellen Zirkusszene ist eine ähnliche Entwicklung erkennbar, die sogar als „Walt-Disneyfication"³⁴³ bezeichnet wird. Menschen, die den Neuen und Zeitgenössischen Zirkus nicht kennen, verbinden mit ‚dem Zirkus ohne Tiere' in der Regel die Darbietungen von *Cirque du Soleil*, der in seiner wirtschaftlichen Größe und seinem Bekanntheitsgrad von Louis Patrick Leroux mit *Disney* verglichen wird³⁴⁴.

Zuletzt ist darauf hinzuweisen, dass *Les Princesses* die Parallelen zwischen Zirkus und Märchen mit Blick auf Begriffe wie ‚Magie' und ‚Mythen' aufgreift, indem die Performance die Vorstellungen und Erwartungen der Rezipienten an Zirkus aufgreift und *ad absurdum* führt. In dem Zirkusstück *Les Princesses* werden dem Publikum die klassischen Codes, die in den (Mainstream-)Konzepten von Zirkus verankert sind, präsentiert: Tiere (in Form von ausgestopften Rehen und Wildschweinen), eine Manege, ein Vorhang (in mint-grün), Jahrmarktattraktionen wie Dosenwerfen (*Les Princesses* 46:20–49:37), Boxkampf (*Les Princesses*

---

339 Ebd., S. 266.
340 Zipes, J.: Introduction, S. 9.
341 Jean, Y.: Cheptel Aleïkoum.
342 Zipes, J.: Introduction, S. 13.
343 Leroux, Louis Patrick: Reinventing Tradition, Building a Field. Quebec Circus and Its Scholarship. In: Cirque global. Quebec's expanding circus boundaries. Hrsg. von Louis Patrick Leroux u. Charles Batson. Montreal: McGill-Queen's University Press 2016, S. 3–21, hier S. 5.
344 Vgl. ebd.

51:00–56:00), Zuckerwatte oder nackte Haut und risikoreiche Artistik – jedoch immer in den „Anführungsstrichen"[345] des Camp. Damit inszeniert die Companie das Ringen des Zeitgenössischen Zirkus um eine Selbstdefinition als Kunst, die sich von ihrem starken kulturellen Erbe abgrenzt. Gleichzeitig jedoch basiert das Genre fundamental auf seinem traditionellen Vorgänger.

Dasselbe Prinzip wiederholt sich mit der Diskussion um den Status von Zirkus zwischen hoher und niedriger Kunst, zwischen Mainstream-Entertainment und Kunst, die auch den Diskurs um die Camp-Ästhetik prägt. Damit fordert *Les Princesses* nicht nur bezüglich der Märchen, sondern auch in Hinblick auf die Selbstreferentialität eine kontinuierliche doppelte Lesart aller Zeichen: *Les Princesses* ermöglicht den Einstieg in die Diskurse von Zirkusrezeption, indem es die starren Konzepte von Zirkus unterläuft. Damit verweist das Stück auf die widersprüchlichen Merkmale, die das Genre bis heute ausmachen: Die Oszillation zwischen Kindheit und Erwachsenensein, zwischen Mainstream und Heterotopie, zwischen Schönheit und Gewalt, zwischen Sicherheit und Risiko, zwischen Unterhaltung und Kunst.

4.6.2.2 Der Metadiskurs auf Verfahrensebene

Aber nicht nur thematisch, sondern auch mit Blick auf die spezifischen Verfahrensmerkmale zirzensischer Texte nutzt *Les Princesses* selbstreferentielle Strategien. Mithilfe spezifischer Verfahren wird die chiastische Verschränkung von Performativer, Spektakulärer und Diegetischer Ebene, die zeitgenössische Zirkusstücke auszeichnet, offengelegt. Diese These soll im Folgenden durch die Analyse des ersten Akts, der repräsentativ für das gesamte Stück ist, erörtert werden (*Les Princesses* 11:40–16:24). *Nachdem die Artistin im weißen Kleid von einer Zuschauer*in wachgeküsst wurde, begleitet sie ihren Retter auf den Thron über dem Zuschauereingang und beginnt auf dem Seil zu schaukeln. Währenddessen hält sie kontinuierlich Augenkontakt mit der exponierten Zuschauer*in.* Auf Diegetischer Ebene kann dieser Akt als Märchen gelesen werden: Im Fokus steht die Figur der Prinzessin, die um die Gunst ihres Retters buhlt. Diese Lesart wird durch intertextuelle Referenzen auf das Märchen *Dornröschen* verstärkt, in dem der rettende Kuss des Prinzen in der Hochzeit der beiden Protagonisten gipfelt. Aus diesem Grund kann der Rezipient auf der Diegetischen Ebene den Cloud-Swing-Act als schlüssige Folge der Geschichte identifizieren. Aufgrund der Allgegenwärtigkeit von intertextuellen Referenzen, die die Märchen-Diegese konstituieren, wird die

---

[345] Sontag, S.: Kunst und Antikunst, S. 327.

narrative, fiktionale Ebene der Performance während des gesamten Stücks stetig unterstrichen.

Gleichzeitig ist die Performative Ebene der Darbietung präsent – und hier sowohl die Zeichen als auch der phänomenale Körper[346] der Artistin. Durch die deutliche Markierung der Zugehörigkeit des Stücks zum Genre ‚Zirkus' (s. Abbildung 14: *(Traditionelle) Zirkusembleme und Codes*), aktiviert *Les Princesses* den kulturell etablierten Frame {Zirkus}, dem der Glaube inhärent ist, dass Zirkusdarbietungen per se risikoreich sind. Darüber hinaus werden weitere Mittel genutzt, um die Ästhetik des Risikos zu unterstreichen: Durch das Stöhnen und Juchzen der Artistin wird während des Cloud-Swing-Acts Gefahr inszeniert. Im weiteren Verlauf des Stücks wird das Risiko sogar real inszeniert: Die Zuschauer*innen werden gebeten, das Seil zu halten, an dem die Artistin ohne Sicherheitsleine oder Netz hoch oben klettert (*Les Princesses* 1:04:55–1:06:44). Hier sind die Zuschauer*innen also im wahrsten Sinne des Wortes für das Leben der Artistin verantwortlich.

Neben der Aktivierung des Zirkus-Frames und der Inszenierung von tatsächlichem Risiko nutzt die Performance Zuschauerbeteiligung um die Performative Ebene zu unterstreichen. Im ersten Akt wird die Zuschauer*in, die auf dem Thron sitzt, Teil der fiktionalen Erzählung (*Les Princesses* 11:40–16:24). Durch die intertextuelle Referenz ist sie identifizierbar als Prinz[347]. Da diese jedoch kein Kostüm trägt und im eigentlichen Sinne keine Figur spielt, wird das Merkmal der „leibliche[n] Ko-Präsenz von Akteuren und Zuschauern"[348] und die „Gegenwärtigkeit"[349] entsprechend markiert. Dieses Prinzip wird an verschiedenen Stellen im Stück wiederholt: Die Equilibristin vollführt ihre Tricks auf den Körpern der Zuschauer*innen (*Les Princesses* 24:50–32:00), die Artist*innen bewegen sich im Zuschauerraum, die Zuschauer*innen werden gebeten, Bälle in die Manege zu werfen, um eine Art Schneeballschlacht zu etablieren (*Les Princesses* 46:20–49:37). Durch diesen expliziten Einbezug der Zuschauer*innen wird gleichzeitig mit der (Märchen-)Erzählung ein Live-Event kreiert.

Zusätzlich präsentieren die Artist*innen die Figuren, die sie verkörpern, stets mit einem Augenzwinkern. Dadurch, dass die Prinzessin beim Vollführen ihrer Tricks auf der Cloud-Swing lustvoll stöhnt, werden die Rezipienten der Möglich-

---

346 Fischer-Lichte, E.: Ästhetik des Performativen, S. 132.
347 Auch in dem Fall, in dem eine Zuschauerin die Prinzessin wachküsst, wird aufgrund des Frames ‚Schneewittchen' der Prinz inszeniert.
348 Kolesch, Doris: [Art.] Präsenz. In: Metzler Lexikon Theatertheorie. Hrsg. von Erika Fischer-Lichte, Doris Kolesch u. Matthias Warstat. 2. Auflage. Stuttgart: Metzler 2014, S. 267–270, hier S. 268.
349 Fischer-Lichte, E.: Theaterwissenschaft, S. 32.

keit beraubt, die präsentierte Geschichte zu glauben. Der Rezipient sieht stets zugleich die Artistin (Marie Jolet) und die Figur (die Prinzessin). Dieser Effekt wird verstärkt, indem sich die Artist*innen mit ihren tatsächlichen Namen ansprechen.

Zudem sei darauf hingewiesen, dass die Performance auf einer räumlichen Nähe zwischen Artist*innen und Zuschauer*innen beruht: Die Zuschauer*innen sind sehr nah um die kleine Manege platziert, die Cloud-Swing ist sehr nah am Boden angebracht, die Equilibristin vollführt ihre Kunststücke wortwörtlich vor der Nase der Zuschauer*innen. Dieses Prinzip richtet das Augenmerk auf die Technik der jeweiligen Disziplinen.

> [Marie Jolet] travaille plus spécifiquement la corde volante et depuis ses débuts, elle centre sa recherche circassienne sur ‚l'anti-aérien' en référence à la tradition d'une discipline qui se déploie dans le volume, souvent loin du public et spectaculaire.[350]

Die „recherche circassienne" führt nicht nur zu einem Meta-Diskus auf Ebene der Zirkustechnik, sondern unterstreicht gleichzeitig auch die Spektakuläre Ebene des Stücks. Dieses Vorgehen wird mehrfach wiederholt: Das Einwickeln der Beine der Equilibristin verweist nicht nur auf *Die kleine Meerjungfrau* und die traditionellen Robben, sondern verstärkt auch die lineare Ästhetik der Disziplin ‚Equilibristik'.

Folglich unterstreicht die Performance die Diegetische Ebene ebenso stark wie die Performative und die Spektakuläre Ebene und lenkt durch die Übertreibung die Aufmerksamkeit auf das zentrale Charakteristikum des Zeitgenössischen Zirkus: Die Rezipienten sorgen sich um oder bewundern gleichzeitig den phänomenalen Körper[351] der Artist*innen und folgen der Narration, den Figuren auf Diegetischer Ebene.

4.6.2.3 Zum Metadiskurs im Zeitgenössischen Zirkus

Die Analyse zeigt: *Les Princesses* etabliert sowohl auf Inhaltsebene als auch auf Verfahrensebene einen metazirzensischen Diskurs. Eröffnet wird eine doppelte Lesart, die den Einstieg in die Diskurse rund um den Zirkus offenlegt und diese zugleich unterläuft. Damit verweist das Stück auf die widersprüchlichen Merkmale, die das Genre bis heute ausmachen: Die Oszillation zwischen Kindheit und Erwachsensein, zwischen Mainstream und Heterotopie, zwischen Schönheit und Gewalt, zwischen Sicherheit und Risiko, zwischen Unterhaltung und Kunst.

---

350 Jean, Y.: Cheptel Aleïkoum, S. 3.
351 Fischer-Lichte, E.: Ästhetik des Performativen, S. 132.

Auf Verfahrensebene werden die Performative, die Spektakuläre und die Diegetische Ebene gleichsam markiert, sodass das Merkmal des Zeitgenössischen Zirkus, die gleichzeitige Bewunderung und Sorge um den phänomenalen Leib[352] der Artistin und das Verfolgen der Figurenbewegung auf Diegetischer Ebene, unterstrichen wird.

Nun stellt sich die Frage, welche Funktion der Metadiskurs mit Blick auf die Bedeutungskonstitution des gesamten Stücks erfüllt. Dieser ist keinesfalls ein Selbstzweck. Während der gesamten Performance steht die kritische Auseinandersetzung mit der Frage, was von den Märchen und Geschichten der Kindheit bleibt, wenn man erwachsen wird, im Zentrum – sowohl mit Blick auf die Identität der Artist*innen (Altern als Artist) als auch in Hinsicht auf den Stellenwert dieser Frage innerhalb der Gesellschaft (Feminismus, Stereotype etc.). *Les Princesses* ist nicht nur ein metazirzensisches Stück, sondern auch ein politisches. Die Prinzen, die auftreten, fungieren als männliche Objekte, die Prinzessinnen sind frei, autonom, kritisch und ironisch. Rollenbilder und Ideale werden infrage gestellt: „Dis papa, si c'était toi le prince charmant de maman, pourquoi maman elle pleure tout le temps?" (*Les Princesses* 45:00). Etabliert wird ein feministischer Diskurs[353], der bereits im Titel der Performance anklingt: *Die Prinzessinnen*. Durch den metazirzensischen Diskurs aber wird die Auseinandersetzung mit der individuellen, gesellschaftlichen und politischen Dimension der Märchen erst ermöglicht. Die selbst-referentiellen Elemente der Performance sind, wie zu Beginn des Kapitels bereits vermerkt, nicht als ‚Hommage an den Zirkus' zu lesen. Sie tragen nicht der Tatsache Rechnung, dass auch heute – fünfzig Jahre nach der Entstehung des Neuen Zirkus – die Gesellschaft nach wie vor nicht mit der Weiterentwicklung des Genres vertraut ist und daher kontinuierlich Genre-Zugehörigkeit proklamiert werden muss – „ceci est du cirque, cela n'en est pas"[354]. Die Etablierung des Metadiskurses ist kein Selbstzweck, vielmehr ist sie eine Methode, um mithilfe zirzensischer Mittel eine konsistente Diegese zu schaffen und narrative Frames zu aktivieren, anstatt (nur) auf theatrale Mittel zurückzugreifen. Aufgrund der bewussten Nutzung und Verknüpfung zirzensischer Charakteristika ist das hier vorgestellte Verfahren der Bedeutungskonstitution erfolgreich. *Les Princesses* ermöglicht dem Rezipienten Eingang in eine Welt, in der „curiouser and curiouser"[355] kulturelles Wissen,

---

352 Ebd.
353 Die ausführliche Analyse des Feminismus-Diskurses in *Les Princesses* bedarf weiterer Forschungsarbeit.
354 Guy, Jean-Michel: La dramaturgie en cirque: Unveröffentlichtes Manuskript. 2017, S. 17–18.
355 Carroll, L.: Alice In Wonderland and Through the Looking Glass, S. 15.

theatrale und zirzensische Mittel, Musik und Bewegung, Artistenaktionen und Zuschauerbeteiligung, Präsentation und Repräsentation kontinuierlich verflochten werden, um innerhalb eines zeitgenössischen Zirkusstücks Bedeutung zu konstituieren.

5 Schlussbetrachtung und Ausblick: Wege zu einer Dramaturgie des Zeitgenössischen Zirkus

Mit dem veränderten Selbstverständnis des Zeitgenössischen Zirkus – Zirkus ist Kunst – wird der Ruf nach einer Berufsgruppe immer lauter: Die Zirkus-Dramaturg*in. Der *Bundesverband Zeitgenössischer Zirkus* lädt in Deutschland zu einem *Dramaturgy Lab* ein, CIRQUEON veranstaltet zu diesem Thema in Tschechien eine Masterclass und Europas einflussreiche Zirkusschulen das *Centre National des Arts du Cirque* (Frankreich) und die *École Superieure des Arts du Cirque* (Belgien) entwickeln in Kooperation das staatlich anerkannte *Certificat en Dramaturgie Circassienne*. Auch in der zirzensischen Forschung gerät die Dramaturgie zunehmend in den Fokus. Besonders hervorzuheben ist diesbezüglich das dreijährige Forschungsprojekt *Poétique du cirque contemporain (dramaturgies et grammaires d'une écriture en mouvement)*, das gefördert von den *Fonds de recherche Société et culture* unter der Leitung von Louis Patrick Leroux als eine Kooperation zwischen der *Concordia University* in Montréal und der *École national des Arts du Cirque de Montréal* durchgeführt wird. Das Programm basiert auf zwei Polen, einer künstlerischen Forschung mit dem Ziel, die Modalitäten und Strategien von zirzensischen Inszenierungen zu verstehen und einer Monographie zur Poetik des Zeitgenössischen Zirkus. Ergebnisse wurden bisher nicht veröffentlicht. Als relevante Monographien zur Dramaturgie des Zeitgenössischen Zirkus sind Philippe Goudards *Le cirque, entre l'élan et la chute: Une aesthétique du risque*[1] und die jüngst verteidigte Dissertation von Marion Guyez *Hybridation de l'acrobatie et du texte sur les scènes circassiennes contemporaines. Dramaturgie, fiction et représentations*[2] zu nennen. Darüber hinaus wurden wissenschaftliche Artikel zur Dramaturgie des Zeitgenössischen Zirkus publiziert, von denen *La dramaturgie du cirque contemporain francais: Quelques pistes théâtreales*[3] von Ariane Martinez, *Le cirque est-il souble dans la dramaturgie?*[4] von Philippe

---

[1] Goudard, P.: Le cirque, entre l'élan et la chute.
[2] Guyez, Marion: Hybridation de l'acrobatie et du texte sur les scènes circassiennes contemporaines. Dramaturgie, fiction et représentations. Unveröffentlichte Dissertationsschrift verteidigt an der Université Toulouse 2017.
[3] Martinez, Ariane: La dramaturgie du cirque contemporain français : quelques pistes théâtrales. In: L'Annuaire théâtral: Revue québécoise d'études théâtrales (2002) H. 32, S. 12–21.
[4] Goudard, Philippe: Le cirque est-il soluble dans la dramaturgie? In: Gérard Liéber: Dramaturgies. Mélanges offerts à Gérard Liéber. Hrsg. von Joëlle Chambon, Philippe Goudard u. Didier Plassard. Les Matelles: Éditions Espaces 34 2013, S. 135–152.

Goudard und *Aesthetics*[5] von Helen Stoddart besonders richtungweisend sind.[6] Die Kürze der Auflistung zeigt: Auch hier besteht nach wie vor Forschungsbedarf.

Im Originalverständnis ist der Dramaturg der „Verfasser und Aufführungsleiter von Dramen"[7]. Mit der Entstehung des Postdramatischen Theaters ändert sich diese Definition grundlegend: „Das Theater der Bilder, das Körper- und Tanztheater, das Objekt- und Musiktheater und nicht zuletzt die Betonung der performativen Dimension des Theaters selbst machen es erforderlich, eine neue dramaturgische Logik zu begründen."[8] Die Aufgabe des Dramaturg*in ist nicht länger „die Sorge dafür, dass die echten dichterischen Werte eines Stücks in der Aufführung werkgetreu erhalten bleiben"[9], sondern vielmehr „die intensive wissenschaftliche[] und künstlerisch-kreative[] Mitarbeit bei der Produktion von Inszenierungen"[10]. Darüber hinaus ändert sich der Einsatzbereich der Dramaturg*in: „Auch wenn das Theater der Ort ist, an dem der Begriff der Dramaturgie genealogisch gebunden ist, hat er sich längst für andere Darstellungskünste als brauchbar erwiesen."[11]

Die „Reflexion auf die bestehende Dramaturgie [findet] immer dann statt [...], wenn das Theater sich in einer Legitimationskrise befindet"[12]. So nennt beispielsweise der „initiierende[] Patron"[13] dramaturgischer Schriften Gotthold Ephraim Lessing, die „neue Verwaltung des hiesigen Theaters" als „die Veranlassung"[14] für die Verfassung der *Hamburgischen Dramaturgie*. Auch im Zeitgenössischen Zirkus korreliert das aufkeimende Interesse an Dramaturgie mit der Forderung der Anerkennung des Genres als Kunst, die im *Manifest des zeitgenössischen Circus*[15] schriftlich dokumentiert ist.

Im Folgenden soll dargelegt werden, wie sich die vorliegende Arbeit im Diskurs rund um die Dramaturgie positioniert. „Dramaturgie bezieht sich sowohl

---

5 Stoddart, Helen: Aesthetics. In: The Routledge Circus Studies Reader. Hrsg. von Peta Tait u. Katie Lavers. New York, London: Routledge Taylor & Francis 2016, S. 15–36.
6 Eine Auflistung aller wissenschaftlichen Arbeiten zur Dramaturgie des Zirkus, die ständig aktualisiert wird, ist unter CARP zu finden: www.circusartsresearchplatform.com
7 Wilpert, Gero von: Sachwörterbuch der Literatur. 8. Auflage. Stuttgart: Kröner 2001, S. 192.
8 Weiler, Christel: [Art.] Dramaturgie. In: Metzler Lexikon Theatertheorie. Hrsg. von Erika Fischer-Lichte, Doris Kolesch u. Matthias Warstat. 2. Auflage. Stuttgart: Metzler 2014, S. 84–87, hier S. 86.
9 Wilpert, G. v.: Sachwörterbuch der Literatur, S. 192.
10 Weiler, C.: [Art.] Dramaturgie, S. 86.
11 Ebd., S. 85.
12 Ebd.
13 Ebd.
14 Lessing, G. E.: Hamburgische Dramaturgie, S. 9.
15 BRLNCRCSFSTVL, Chamäleon Productions u. a.: Manifest des Zeitgenössischen Zirkus.

auf den Bereich der Produktion als auch auf den der Rezeption"[16], lässt Christel Weiler in ihrem Handbuchartikel zur *Dramaturgie*[17] verlauten. In eben diesem Sinne soll der Begriff im Folgenden verstanden werden. Die Beantwortung der Frage nach der Positionierung erfolgt daher in drei Schritten: Erstens werden die Verfahrensmerkmale des Zeitgenössischen Zirkus herausgestellt, zweitens wird das Potential des in dieser Arbeit entwickelten Lektüremodells für die Analysepraxis diskutiert und drittens werden konkrete Einsatzmöglichkeiten in der dramaturgischen Praxis aufgezeigt.

5.1 Verfahrensmerkmale des Zeitgenössischen Zirkus

Eine rezeptionsästhetische Dramaturgie liefert die vorliegende Arbeit insofern, als dass sie den Zeitgenössischen Zirkus in seinem historisch-kulturellen Kontext durch eine methodisch dichte Beschreibung dokumentiert und analysiert, um auf dieser Grundlage eine Theorie des Zeitgenössischen Zirkus zu entwickeln. Ein ähnlicher Aufbau liegt auch Lessings *Hamburgischer Dramaturgie* in Bezug auf die Stücke des *Deutschen Nationaltheaters* in Hamburg zugrunde. Obgleich seine Schrift ursprünglich dazu gedacht war, „ein kritisches Register von allen aufzuführenden Stücken [zu er]halten und jeden Schritt [zu] begleiten, den die Kunst, sowohl des Dichters, als des Schauspielers"[18] vornimmt, sind die Stücke für Lessing letztlich der Anlass, grundsätzliche dramaturgische Überlegungen vorzunehmen. Der Begriff ‚Dramaturgie' wird im Folgenden in Analogie zu Lessing im Sinne einer Reflexion über die Bauweise und Wirkungsweise von Stücken verstanden, die es ermöglicht, das grundlegende Verfahren derselben offenzulegen. Die Verschriftlichung der *Dramaturgie des Zeitgenössischen Zirkus* im Sinne einer Zusammenfassung der Verfahrensmerkmale, die im Verlauf der Arbeit herausgearbeitet wurden, erfolgt daher im ersten Teil dieser Schlussbetrachtung:

Obwohl Guy zufolge die Charakteristik des Zeitgenössischen Zirkus paradoxerweise gerade in der Diversität seiner Formen liegt, gibt es auf Verfahrensebene generalisierbare Merkmale. Da die Auswahl des Textkorpus der vorliegenden Arbeit auf Basis des Kriteriums von Repräsentativität erfolgt ist, lassen sich die Erkenntnisse der Einzelanalysen, wie innerhalb der Arbeit in Form von Ausblicken und Vergleichen bereits gezeigt wurde, verallgemeinern.

---

16 Weiler, C.: [Art.] Dramaturgie, S. 84.
17 Ebd.
18 Lessing, G. E.: Hamburgische Dramaturgie, S. 11.

> Eine strukturalistische Literaturwissenschaft impliziert [...] immer schon das Desiderat, vor dem Horizont des Archivs zu analysieren, d. h. ihre Close Readings einzelner Texte oder kleiner Korpora mit gezielten, repräsentativen Befunden aus dem Gesamtarchiv abzugleichen und abzusichern.[19]

Mit Blick auf Guys Definition „Le cirque contemporain, lui, n'a strictement aucune unité formelle, ou disons, sans craindre le paradoxe, que c'est la diversité de ses formes qui l'unifie"[20] ist aber auch darauf hinzuweisen, dass die folgende Synthese keinesfalls einen umfassenden Klassifizierungsanspruch hat. Wie bei allen Systematisierungen kann es durchaus zeitgenössische Zirkusstücke geben, die nicht die im Folgenden aufgeführten Merkmale erfüllen. Es ist anzunehmen, dass eine Abweichung vom Verfahren als signifikant einzustufen ist, d. h. für den Prozess der Bedeutungskonstitution des jeweiligen Stücks relevant ist. Nicht zuletzt ist zu Beginn dieses Kapitels erneut auf die Fragilität der Kategorisierung in einen Traditionellen, Neuen und Zeitgenössischen Zirkus hinzuweisen. Diese erfolgt, wie in Kapitel 8 *„Zeig mir, wo du spielst, und ich sag dir was du bist": Zur Relevanz des Aufführungskontextes in L'Argile von Jimmy Gonzalez* gezeigt wurde, nicht nur auf Basis von Verfahrensmerkmalen, sondern auch auf Grundlage des Aufführungskontextes.

Die folgenden Merkmale[21] charakterisieren die Darbietungen des Zeitgenössischen Zirkus:

1. **Pluralismus von Zeichensystemen und Kunstformen**
   In zeitgenössischen Zirkusstücken findet eine Auswahl von heterogenen Elementen verschiedener Zeichensysteme statt, die im Syntagma miteinander verknüpft werden. Damit weisen sie, wie alle Aufführungen, einen Doppelcharakter größerer Komplexität auf. Neben sprachlichen Zeichensystemen werden die Bewegung, der Apparatus, die Geräusche, die Musik, die Frisur, das Kostüm, die Raumkonzeption, die Dekoration, die Beleuchtung etc. zur Bedeutungskonstitution genutzt. (s. alle Analysen)

---

19 Baßler, M.: Literaturwissenschaft als Kulturpoetik der Literatur und Medien, S. 508.
20 Guy, Jean-Michel: Le cirque, ca n'existe pas. Key-Note-Vortrag bei der internationalen Konferenz 'Zirkus | Wissenschaft: Semiotics of the Circus'. Organisiert von Franziska Trapp an der Westfälische-Wilhelms-Universität Münster 15.-17.4.2015.
21 Teilergebnisse des folgenden Abschnitts wurden veröffentlicht in Trapp, F.: Le cirque contemporain ou ce qu'il en reste.

2. Zur Relevanz der Wiederholung

Bedeutung generiert im Zeitgenössischen Zirkus nicht der einzelne Trick, sondern die Kombination verschiedener Tricks (mit anderen Zeichensystemen), die in ihrer Häufung eine formale Ähnlichkeit aufweisen (z. B. Bewegungsqualität), die zu semantischer Äquivalenz führt. Im Sinne der poetischen Funktion weisen zeitgenössische Zirkusstücke Selbstähnlichkeit auf. Dies bedeutet jedoch nicht, dass stets derselbe Trick wiederholt wird, sondern verschiedene Tricks mit ähnlichen Qualitäten. In diesem Verständnis ist die technische Qualität und Varianz in zeitgenössischen Zirkusstücken ebenso relevant, wie in traditionellen Darbietungen. (s. alle Analysen, insbesondere die Analyse von *I am (k)not*)

3. Interdependenz von Performativer, Spektakulärer und Diegetischer Ebene

Im Zeitgenössischen Zirkus werden die Performative, die Spektakuläre und die Diegetische Ebene zu einer interdependenten Funktionseinheit zusammengeführt, die Ebenen verschwimmen. Damit wird die chiastische Verschränkung von Semiotizität und Performanz in zeitgenössischen Zirkusstücken explizit vorgeführt. Ausschlaggebend für die Verschränkung sind zum einen die Ästhetik des Risikos, zum andern eine Tendenz zum metaphorischen Verfahren. (s. Analyse von *Acrobates*)

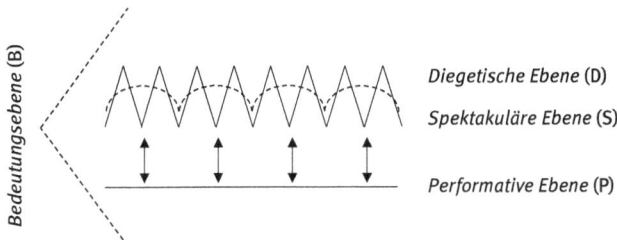

Abbildung 16: Die Ebenen von Darbietungen des Zeitgenössischen Zirkus

4. Ästhetik des Risikos

Die Ästhetik des Risikos, d. h. die Manifestation des Glaubens, dass Zirkus per se risikoreich ist, im Frame {Zirkus}, ist im Zeitgenössischen Zirkus das grundlegende Prinzip des Textverfahrens. Sie wird als fundamentales Element der

Bedeutungskonstitution genutzt. Die Ästhetik des Risikos führt dazu, dass Zirkusdarbietungen einen hohen Grad an Emergenz aufweisen, der die Phänomenalität der Aufführung unterstreicht. Aus diesem Grund verfolgt der Rezipient gleichzeitig die artistische Darbietung auf Spektakulärer Ebene und die Handlung rund um die dargestellten Figuren auf Diegetischer Ebene und sorgt sich darüber hinaus um den Artisten auf Performativer Ebene.

5. Narrativität

Im Zeitgenössischen Zirkus werden die Performative Ebene, die Spektakuläre Ebene und die Diegetische Ebene zu einer interdependenten Funktionseinheit zusammengeführt. Damit findet im Unterschied zum Neuen Zirkus keine Alternation von narrativer Handlungsstruktur und spektakulärer Artistik statt. Vielmehr entspricht die Artistik auf syntagmatischer Ebene der narrativen Handlung auf Diegetischer Ebene. Sowohl die Etablierung der sujetlosen Ordnung als auch der narrativen Grenzüberschreitung basiert auf zirzensischen Mitteln. Der Einsatz von Metatilgungen und Metaereignissen, bei denen „das System der semantischen Räume selbst transformiert"[22] wird, ist in zeitgenössischen Zirkusdarbietungen auffällig häufig. Diese beinhalten in der Regel eine restitutive Struktur[23] und bestätigen die klassifikatorische Ordnung der von den Stücken gesetzten Welten. Die Narration wird in zeitgenössischen Zirkusdarbietungen selten vollständig im manifesten Syntagma durchgeführt. Umso stärker wird hier nach der Ergänzung aus dem topischen Vorrat der kulturellen Muster verlangt. Die konsekutive und motivierte Folge von Befunden gilt es in der Regel zu rekonstruieren und zu entschlüsseln. Diese generelle Unverständlichkeit führt dazu, dass die Stücke nicht nur eine Diegese und eine Narration etablieren, sondern gleichzeitig ihre eigenen Zeichenverhältnisse (die Zirkuskunst) ausstellen. (s. Analyse von *Fragments of a Mind*)

6. Ambiguität und Polyfunktionalität

Auf paradigmatischer Ebene sind zeitgenössische Zirkusstücke ambivalent. Zirzensische Zeichen vermögen als Zeichen von Zeichen gleichzeitig unterschiedliche Funktionen zu erfüllen und entsprechend unterschiedliche Bedeutungen hervorzubringen. Dieses Merkmal liegt Aufführungen im Allgemeinen zugrunde. Die Mehrdeutigkeit, die auch durch die Unvollständig-

---

22 Krah, H.: Einführung in die Literaturwissenschaft, S. 310.
23 Martínez, M. u. M. Scheffel: Einführung in die Erzähltheorie, S. 158.

keit der Narration im Syntagma hervorgerufen wird (s. Punkt 5), ist Teil des spezifischen Textverfahren. (s. Analyse von *I am (k)not)*

7. **Metonymie und Konventionalität der Metaphorik**
Die Dekodierbarkeit von Sequenzen in zeitgenössischen Zirkusdarbietungen basiert auf Metonymen und konventionalisierten Metaphern. Grundlage für die Dekodierung sind der Apparatus, die Bewegungsqualität, die Musik etc. Die wenigen Zeichen auf der syntagmatischen Achse, die Äquivalenzen bilden, führen dazu, dass ein ganzes Arsenal aufgerufen werden kann, das dem Weltwissen entspricht – sei es in Form von Frames und Skripten oder in Form von kulturell bereits etablierten Metaphern. Stücke erfordern häufig sowohl eine metonymische als auch eine metaphorische Lesart. (s. Analyse von *I am (k)not)*

8. **Tendenz zum metaphorischen Verfahren**
Zeitgenössische Zirkusdarbietungen neigen zur Unverständlichkeit in dem Sinne, dass sie zwar Anhaltspunkte für metonymische und (konventionalisierte) metaphorische Lesarten liefern, sprich Zeichen einführen, die ‚zueinander passen' und Frames stabilisieren, mit denen im Textverlauf aber immer wieder gebrochen wird. Die Semiose, d. h. die Bedeutungssuche setzt zwischen der Performativen Ebene und der Diegetischen Ebene ein. Die Performative Ebene dient nicht nur der Ausstellung einer Diegese, sondern stellt gleichzeitig ihre eigenen Zeichenverhältnisse aus und zur Deutung. Das Verfahren (die Zirkuskunst) bleibt auffällig. Im Unterschied zu der Lektüre literarischer Texte aber besteht beim Rezipienten im Falle der zeitgenössischen Zirkusdarbietungen nicht gleichermaßen ein Bedürfnis, die Ambivalenzen des Stücks aufzulösen. Dies liegt daran, dass im Moment der Unverständlichkeit das Augenmerk auf die Performativität und Spektakularität des Dargebotenen gelegt wird. Das Verfahren bleibt damit auffällig. Für die Interdependenz von Performativer, Spektakulärer und Diegetischer Ebene ist in zeitgenössischen Zirkusdarbietungen also nicht nur die Nutzung der Ästhetik des Risikos (s. Analyse von *Acrobates*) und der Einsatz von unvollständigen Narrationen im manifesten Syntagma (s. Analyse von *Fragments of a Mind*) verantwortlich, sondern auch die metaphorische Organisation der Stücke. (s. Analyse von *I am (k)not)*

9. Intertextualität und Intermedialität

Zwar sind Texte im Allgemeinen immer die Funktion ihrer Beziehungen zu anderen Texten, in zeitgenössischen Zirkusdarbietungen aber wird Intertextualität (im engen und weiten Sinne) darüber hinaus zum zentralen Prinzip. Intertextualität ermöglicht es u. a. Zirkusmetaphern bei der ‚Rückkehr in den Zirkus' in ihrer Komplexität aufrecht zu erhalten. Trotz starker metaphorischer Konnotationen im alltäglichen Sprachgebrauch (z. B. ‚Balanceakt des Lebens') sind die Disziplinen in der Zirkusdarbietung, der Gegenwärtigkeit des Geschehens, nicht metaphorisch, sondern real. Die Semantisierung bedarf also expliziter Marker, die durch intertextuelle und intermediale Bezüge ermöglicht werden. Die Diskurse der Ausgangswerke – im Zeitgenössischen Zirkus werden vor allem kanonische literarische Texte und Werke der bildenden Kunst eingesetzt – werden für die Bedeutungskonstitution genutzt. Die Performances profitieren also von der Semantik der Originaltexte und sind erst durch die komplexe Beziehung zu diesen lesbar. (s. Analyse von *Le fil sous la neige*)

10. Aufführungskontext

Da die Präsentation von zeitgenössischen Zirkusstücken einzig der Nachfrage von Festivals und Spielstätten folgt, spielt der Aufführungskontext bei der Lektüre eine besondere Rolle. Abhängig von diesem werden verschiedene Vergleichsgrößen herangezogen, was trotz nahezu identischer Präsentation von Stücken zu höchst unterschiedlichen Lesarten führen kann. Grund dafür ist, dass die den Stücken inhärente Ambiguität (s. Punkt 6) durch den Aufführungskontext reduziert wird, indem die Lektüre durch die Nachbarschaft zu anderen Texten in eine vorgegebene Richtung gelenkt wird. Besonders in Stücken des Zeitgenössischen Zirkus ist daher der Autor nicht die einzige Instanz, die die Semiose des Textes kontrolliert. Produzent*innen, Kurator*innen und Werbefachleute haben ebenfalls Einfluss auf die Lektüre der Stücke. (s. Analyse von *L'Argile*)

11. Ideologie und Kulturkritik

Zeitgenössische Zirkusstücke dienen nicht nur der Unterhaltung, sondern beinhalten häufig auch Ideologie- und Kulturkritik. Sie tendieren dazu, eigene Paradigmen zu bauen, die sich von den kulturell gefestigten unterscheiden. Häufig findet die Auseinandersetzung mit allgemeinen, gesellschaftlichen Diskursen auf Basis von metazirzensischen Diskursen statt. Die Ideologie- und Kulturkritik muss sich nicht zwangsweise in einer inhaltlich-fassbaren Position äußern, sondern ist auch Teil der Paradigmenvermittlung. (s. Analyse von *L'Autre*)

12. Metadiskurs

Zentrales Merkmal zeitgenössischer Zirkusstücke ist der metazirzensische Diskurs. Dieser findet in der Regel nicht nur auf inhaltlicher Ebene, sondern auch auf Verfahrensebene statt. Hier handelt es sich nicht um eine ‚Hommage an den Zirkus'. Der Metadiskurs ist kein Selbstzweck. Vielmehr dient er zum einen der Ideologie- und Kulturkritik (s. Punkt 11). Zum anderen wird er als Methode eingesetzt, um mithilfe zirzensischer Mittel konsistente Diegesen zu schaffen und narrative Frames zu aktivieren. (s. Analyse von *Les Princesses*)

Die genannten Merkmale weisen auffällige Ähnlichkeiten zu postmodernen Textverfahren auf. Zu nennen seien hier beispielsweise die Hybridität der Zeichensysteme und Kunstformen[24], die dominante Rolle von Intertextualität[25], das grundlegende Merkmal der Selbstreferenzialität[26], der Metadiskurs[27], „die Ablösung der sinnstiftenden ‚großen Erzählungen'"[28] und die „Aufhebung der Grenze zwischen Hoch- und Populärkultur"[29]. Besonders hervorzuheben ist auch das Merkmal des Verschwimmens von Realität und Fiktion, das im Zeitgenössischen Zirkus aufgrund der Interdependenz von Performativer, Spektakulärer und Diegetischer Ebene zur vollen Entfaltung kommt.

Nicht nur in Bezug auf die Merkmale, sondern auch mit Blick auf die Begriffsverschiebung, die aktuell in Bezug auf den Traditionellen Zirkus zu erkennen

---

[24] „Als Kennzeichen der Postmoderne in diesem Sinne gelten der Pluralismus von Wissensmodellen und Kunstformen (auch innerhalb eines Werks)." Saupe, Anja: [Art.] Postmoderne. In: Metzler Lexikon Literatur. Hrsg. von Dieter Burdorf. Stuttgart: Metzler 2007, S. 602–603, hier S. 602.
[25] „Postmodernist intertextuality within a framework of poststructuralist theory means, that here intertextuality is not just used as one device amongst others, but is foregrounded, displayed, thematized and theorized as a central constuctional principle." Pfister, Manfred: How Postmodern is Intertextuality? In: Intertextuality. Hrsg. von Heinrich Plett. Berlin, New York: de Gruyter 1991, S. 207–224, hier S. 214.
[26] „Dass es sich bei Selbstreferenz um ein typisches Phänomen der Postmoderne handelt, belegt darüber hinaus das massive Auftreten programmatisch selbstbezüglicher Scheibweisen." Reinfandt, Christoph: [Art.] Selbstreferenz. In: Metzler Lexikon Literatur- und Kulturtheorie. Ansätze – Personen – Grundbegriffe. Hrsg. von Ansgar Nünning. 5. Auflage. Stuttgart, Weimar: Metzler 2013, S. 682, hier S. 682.
[27] „The ideal-type postmodernist text is, therefore, a ‚metatext', that is, a text about texts or textuality, an auto-reflective and auto-referential text, which thematizes its own textual status and the devices on which it is based." Pfister, M.: How Postmodern is Intertextuality?, S. 215.
[28] Mayer, Ruth: Postmoderne/Postmodernismus. In: Metzler Lexikon Literatur- und Kulturtheorie. Ansätze – Personen – Grundbegriffe. Hrsg. von Ansgar Nünning. 5. Auflage. Stuttgart, Weimar: Metzler 2013, S. 618–619, hier S. 618.
[29] Saupe, A.: [Art.] Postmoderne, S. 602.

ist, ließe sich die Klassifizierung des Zeitgenössischen Zirkus als ‚Postmoderner Zirkus' rechtfertigen. „9 January marks the 250th anniversary of the forerunner of the first *modern circus* in the UK"[30], schreibt der Journalist David Barnett am 06.01.2018 in *The Independent* anlässlich des zweihundertfünfzigsten Geburtstages des Traditionellen Zirkus und steht mit dieser Formulierung nicht allein da. Wirft man einen Blick auf die Begriffsverwendung in den Ankündigungen, Zeitungsartikeln etc. rund um die Feierlichkeiten des zweihundertfünfzigsten Zirkus-Jubiläums fällt auf, dass der Begriff ‚Moderner Zirkus' den Begriff ‚Traditioneller Zirkus' weitestgehend ablöst. Eine Entwicklung, die angesichts der problematischen Opposition von *Traditionellem* und *Neuem Zirkus* sicher fortschrittlich ist, erweckt doch der Begriff ‚Traditioneller Zirkus' die Illusion einer volkstümlichen, vergangenheitsbezogenen, starren Gattung[31]. Aber nicht nur in Bezug auf die (negativen) Konnotationen, sondern auch mit Blick auf die Merkmale des Traditionellen Zirkus lässt sich die Begriffsverwendung ‚postmodern' hier mit Verweis auf Lievens legitimieren, propagiert der Traditionelle Zirkus doch beispielsweise den Fortschrittsgedanken der Moderne:

> In traditional circus, the mastering of physically demanding, dangerous techniques and the taming of wild animals can be seen as expressions of a belief in the supremacy of humankind over nature and over natural forces such as gravity. This heavy focus on skill expressed, and even helped to propagate, a contemporary image of man that was inspired by a belief in the ‚big stories' of the time – cultural narratives like the Idea of Progress, which emerged from the Enlightenment and became influential in the modern era that spanned the 19th and beginnings of the 20th century.[32]

Trotz seiner Merkmale und der Analogie in der neuen Begriffsverwendung im Traditionellen Zirkus sieht die vorliegende Arbeit aber letztlich doch davon ab, an dieser Stelle für die Umbenennung des Zeitgenössischen Zirkus in einen Postmodernen Zirkus zu plädieren. Dies würde nur zu weiteren Verwirrungen[33] in Bezug auf die Kategorisierung des Genres führen. Auch werden die Merkmale der postmoderner Verfahren nicht in Gänze erfüllt – Ironie beispielsweise ist zwar die Grundlage einiger Stücke (z. B. *Les Princesses*), gilt jedoch keinesfalls als generalisierbares Merkmal. Das Wissen um die Ähnlichkeit einiger Merkmale aber führt zu einem tieferen Verständnis des Verfahrens zeitgenössischer Zirkusstücke, daher dieser Exkurs.

---

30 Barnett, D.: The story of how one man created the modern circus in Britain.
31 Vgl. Guy, J.-M.: Introduction, S. 15.
32 Lievens, B.: Between Being and Imagining I.
33 Selbst die Begriffe Traditioneller, Neuer und Zeitgenössischer Zirkus werden nicht einheitlich verwendet.

5.2 Zum Potential des Lektüremodells in der Analysepraxis

Nun gilt es aber nicht nur, die Merkmale des Zeitgenössischen Zirkus im Sinne einer *Dramaturgie des Zeitgenössischen Zirkus* zusammenzufassen, sondern darüber hinaus auch das Potential der Methodik der Lektüre zeitgenössischer Zirkusdarbietungen, die Teil einer rezeptionsorientierten Dramaturgie ist, herauszuarbeiten. Hier ist besonders der Blick auf zukünftige Entwicklungen des Genres interessant. Auf Basis des New Historicism siedelt das vorliegende Analysemodell seine Arbeiten in der „‚Kontaktzone' *(contact zone)* zwischen dem Text und der Wirklichkeit"[34] an. Dieser Kontakt wird mit dem partikularen Zugriff auf die Analyseobjekte und der damit verbundenen Materialnähe begründet.

> Statt in abstrahierender Paraphrase, als bereits Verstandenes, Angeeignetes, wird die vorgefundene seltsame Diskursverknüpfung materialiter präsentiert und analysiert.[35]

Charakteristisch für die Methode ist also das *close reading* einzelner Zirkusaufführungen auf Basis von semiotischen, texttheoretischen und kulturpoetischen Prämissen, das Aufklärung in Bezug auf das gesamte Genre in seinem gegenwärtigen historischen-kulturellen Kontext schafft. Überzeugen will diese Methode mit Blick auf das Analyseobjekt ‚Zeitgenössischer Zirkus' vor allem dadurch, dass sie dem Ziel nachgeht, „Einzelverbindungen"[36] aufzuzeigen und „einzelne Diskursfäden in verschiedene Regionen des historisch-kulturellen Gewebes"[37] am „exzentrischen Gegenstand"[38] zu verfolgen: Dieses Vorgehen kommt zum einen der Heterogenität des Zeitgenössischen Zirkus zugute, zum anderen ist es aber auch mit Blick auf zukünftige Veränderungen des Genres von Vorteil, die aufgrund des schnellen Wandels des Genres in der Vergangenheit[39] auch in Zukunft sicher zu erwarten sind[40]. Diesbezüglich ist die Funktion der text-kontextorientierten Aufführungsanalyse als „Rahmentheorie"[41] hervorzuheben. Diese verlangt in Abhängigkeit vom jeweiligen Analyseobjekt „aufgrund bestimm-

---

34 Baßler, M.: Die kulturpoetische Funktion und das Archiv, S. 43.
35 Ebd., S. 42.
36 Baßler, Moritz (Hrsg.): New Historicism. Literaturgeschichte als Poetik der Kultur. Frankfurt am Main: Fischer Taschenbuch Verlag 1995, S. 19.
37 Ebd.
38 Baßler, M.: Die kulturpoetische Funktion und das Archiv, S. 41.
39 Siehe Kapitel 1.2 *Ein Einblick in die Kulturgeschichte des Zirkus*.
40 Man denke beispielsweise an das aktuelle Aufkommen von Robotern in Performances, s. z. B. Circus Robotics Riedel, Martin: Performance Arts. http://martin-riedel.com/ (22.8.2018).
41 Rahmentheorie ist nicht Universaltheorie!

ter Eigenarten des Textbegriffes [...] geradezu nach Schnittstellen zu anderen Modellen"[42].

> In allen Fällen geht es nicht ohne sorgfältige Aneignung von spezifischem Wissen und die Modifikation der methodologischen Instrumente in Auseinandersetzung mit der jeweiligen Sache. Häufig empfiehlt sich, wie z. B. in der Pop-Musik-Forschung, die Zusammenarbeit mit anderen Wissenschaften und anderen Bereichen der Expertise (z. B. im Journalismus, in Fan-Communities).[43]

Während der Lektüre von Aufführungen – so hat die vorliegende Arbeit gezeigt – muss auf die Erkenntnisse und Methoden verschiedener Wissenschaftssysteme zurückgegriffen werden. Diese werden dann in Hinblick auf das jeweilige Untersuchungsobjekt kritisch geprüft und gegebenenfalls umformuliert. Mit Blick auf die Heterogenität des Genres, das sich in einem ständigen Wandel befindet, birgt das Analysemodell als Rahmentheorie einen zentralen Vorteil: Jegliche Form von Zirkusaufführung kann berücksichtigt werden und in Rückgriff auf ‚passende' Wissenschaftssysteme im Detail analysiert werden, ohne dass das Lektüremodell grundlegend verändert werden müsste. So ist das vorliegende Lektüremodell sicher auch in Zukunft im Falle einer vierten Ära des Zirkus anschlussfähig.

5.3 Das Lektüremodell in der dramaturgischen Praxis

Nun bezieht sich Dramaturgie aber nicht nur auf die Rezeption, sondern auch auf den Bereich der Produktion. Die vorliegende Arbeit soll kein akademischer Selbstzweck bleiben, ein Vorwurf, den Vertreter der Cultural Studies wie Stuart Hall und Lawrence Grossberg dem Vater der Lektüretheorien, dem New Historicism (zu Unrecht, wie Baßler aufzeigt) machen.[44] Daher soll im Folgenden der Nutzen des Lektüremodells für die dramaturgische Praxis evaluiert werden.

> Seiner Geschichte nach ist der Dramaturg im Theater derjenige, der mit kritischer Distanz auf die Produktion blickt. Teil von ihr, doch auch dieser fremd, stellt er sie immer wieder als Ganzes infrage. Er reflektiert sie mit ihren Bedürfnissen, Notwendigkeiten und ihrem Eigensinn, aber auch ihren Sachzwängen, geregelten Abläufen und Automatismen.[45]

---

42 Baßler, M.: Die kulturpoetische Funktion und das Archiv, S. 10.
43 Baßler, M.: Literaturwissenschaft als Kulturpoetik der Literatur und Medien, S. 507.
44 Vgl. Baßler, M.: Die kulturpoetische Funktion und das Archiv, S. 7.
45 Goethe Universität Frankfurt: Master Dramaturgie. http://www.uni-frankfurt.de/60194632/Master-Dramaturgie?legacy_request=1 (19.8.2018).

Eine solche Leistung basiert auf dem Wissen „um die Semantizität, die Herkunft von Bildern und deren Funktion im Prozess der Sinnzuschreibung"[46] und auf einem Gespür „für die möglichen assoziativen Verknüpfungen, die mit der Präsentation einer bestimmten Grundstruktur einhergehen"[47]. Eben dieses Wissen liefert die Lektüre des Zeitgenössischen Zirkus jenseits der eingangs beschriebenen kulturell etablierten romantisierten Vorstellungen vom Genre. Dies spielt in der Dramaturgie insofern eine Rolle, als dass es auch Aufgabe der Dramaturg*in ist, Vermittlungsarbeit in die Gesellschaft hinein zu leisten, Sponsoren für Projekte zu gewinnen oder Produktionsgemeinschaften zu etablieren[48], die nicht zuletzt auf der allgemeinen Aufklärung und dem Abbau von Ressentiments basieren. Dies kann auf Grundlage der vorliegenden Lektüretheorie erfolgen:

> Aber wir können, wie sich ja längst gezeigt hat und täglich aufs Neue zeigt, unsere Kompetenz in die Erforschung und diskursive Aufbereitung solcher Gegenstände in einer Weise einbringen, die für die Allgemeinheit gewinnbringend, dem Wissen um unsere eigene Kultur und dem Status der allgemeinen Aufklärung förderlich ist, und sei es nur, weil eine adäquate Ausbildung im Umgang mit Zeichensystemen zum Abbau von Ressentiment beiträgt.[49]

Darüber hinaus ist die vorliegende Arbeit für die Zirkusartist*innen selbst gewinnbringend. Indem sie die Strukturen und Verfahren der Bedeutungskonstitution zeitgenössischer Zirkusdarbietungen offenlegt, eröffnet sie Künstler*innen die Möglichkeit, Entscheidungen im Kreationsprozess sehr bewusst zu treffen. Das heißt nicht, dass aus den Erkenntnissen der vorliegenden akribischen Lektüre zeitgenössischer Zirkusdarbietungen inhaltliche Forderungen für die Praxis[50] abzuleiten sind. Vielmehr geht es darum, dass das Wissen über die spezifischen Verfahrensmerkmale von Zirkusstücken im Produktionsprozess genutzt werden

---

46 Weiler, C.: [Art.] Dramaturgie, S. 86.
47 Ebd., S. 87.
48 Ebd., S. 86–87.
49 Baßler, M.: Literaturwissenschaft als Kulturpoetik der Literatur und Medien, S. 507.
50 Für ein solches Vorgehen hat sich die Dramaturgin und Wissenschaftlerin Bauke Lievens in ihren *Open Letters to the Circus* entschieden: „Since circus has historically occupied a somewhat marginal position within the performing arts (as it did in society in general) we need to understand the dynamics of our changing position. Maybe it is time to go beyond circus. Let us search for countless different answers to the questions of why we want to do circus, how we want to do circus, and what we (can possibly) express by doing circus." Lievens, B.: Between Being and Imagining I. Lievens Rhetorik hat sicher den Vorteil, dass sie polarisiert und zu Diskussionen anregt. Sie ist aber gleichzeitig höchst problematisch, da sie unter dem Deckmantel wissenschaftlicher Forschung Künstler*innen eine bestimmte ästhetische und stilistische Richtung diktiert. Dies kann und darf nicht Ziel von Forschung zur Kunst sein.

kann: Wer in der Lage ist, seine eigenen Stücke zu lesen, kann diese auch bewusster gestalten.

Ein weiteres konkretes Nutzungsgebiet für das Lektüremodell zeitgenössischer Zirkusstücke in der dramaturgischen Praxis sei im Folgenden aufgezeigt: An der *Academie voor Theater en Dans/Amsterdamse Hogeschool voor de Kunsten* hat das *DASTheater* in Kooperation mit dem Philosophen Karim Benammar eine Feedback-Methode[51] entwickelt, die es ermöglichen soll, hybriden, disziplinübergreifenden künstlerischen Darbietungen Rückmeldung zu geben, die über die Verkündung von Urteilen hinausgeht. Ziel ist es, die Künstler*innen im Kreationsprozess zu stärken und Klarheit in Bezug auf das jeweilige Werk zu erlangen. Das sogenannte *DASARTS-Feedback*[52] wird in der Szene vor allem während Künstlerresidenzen sehr häufig eingesetzt. Das in dieser Arbeit entwickelte Lektüremodell für zeitgenössische Zirkusstücke kann die Phase der *Assoziationen* (Punkt 8 des *DASARTS-Feedbacks*) stärker fundieren. In dieser Phase werden die Feedbackgebenden gebeten, Assoziationen zu dem Stück, das mithilfe des Feedbacks weiterentwickelt werden soll, auf Post-Its zu notieren, die von den Artist*innen im Anschluss auf einem Poster nach Relevanz (von der Mitte nach Außen) sortiert werden. In dieser Phase wird ein deutliches Abbild von dem Gelingen der Präsentation erzeugt. Sind viele der Post-Its im Zentrum angeordnet, entspricht das Gezeigte der Intention der Artist*innen. Werden die Assoziationen vor allem am Rand angeordnet, stimmen die Autorintention und die Lektüre der Rezipienten nicht überein. Das Stück kann also dementsprechend überarbeitet werden. Im Falle einer Anreicherung des *DASARTS-Feedbacks* durch das vorliegende Lektüremodell werden auf den Post-Its nicht nur die Verknüpfungen zu Themen und anderen künstlerischen Werken vermerkt, sondern auch die Wiederholung an Äquivalenzen, die zu der jeweiligen Assoziation führen. Was in der Phase der Assoziation im Original des *DASARTS-Feedbacks* berücksichtigt wird, ist in der Terminologie der vorliegenden Lektüretheorie die paradigmatische Ordnung des Stücks. Wenn der Rezipient auch die syntagmatische Ordnung in seinem Feedback vermerkt, erhält die Künstler*in eine dezidiertere Rückmeldung in Bezug auf die Funktionsweise ihres Stücks aus Rezipientensicht. Auch kann durch die Erweiterung des *DASARTS-Feedbacks* aufgezeigt werden, an welchen Stellen das Syntagma stärker ausgearbeitet werden muss, um eine bestimmt Lesart zu befördern. Die Künstler*innen können auf Basis dieser Rückmeldung ihr Stück sehr bewusst verändern und weiterentwickeln. Um den zeitlichen Rahmen des *DAS-*

---

[51] DASTheatre: DASARTS-Feedback Method. https://www.atd.ahk.nl/opleidingen-theater/dastheatre/feedback-method/ (17.8.2018).
[52] Ausführliche Beschreibung des Feedback-Ablaufs s. Kapitel 6.9 *DASARTS-Feedback*.

ARTS-Feedbacks nicht zu sprengen, müsste die Benennung der Elemente, die zu der jeweiligen Assoziation geführt haben, sehr spontan erfolgen.

Alternativ bietet sich die detaillierte Lektüre von Aufführungen während des Produktionsprozesses als eigenständige Feedbackmethode[53] an, die analog zu dem in der vorliegenden Arbeit entwickelten Analysemodell erfolgen kann. Hier kommt die Dramaturg*in als Expert*in zum Einsatz. Diese würde das Stück während des Produktionsprozesses lesen, den Künstler*innen ihre Lektüre vorstellen und auf dieser Basis die gemeinsame Weiterentwicklung voranbringen. Um eine detaillierte Rückmeldung zu ermöglichen, bietet es sich in diesem Fall an, dass die Dramaturg*in das Stück mehrere Male sichtet (z. B. auch mithilfe einer Videoaufzeichnung des Work-in-Progress-Showings). Der Unterschied zu dem in dieser Arbeit vorgestellten Analysen besteht darin, dass das Objekt im Falle der Residenz kein Endprodukt darstellt, sondern sich im Begriff des Entstehens befindet. Dennoch gilt es gleichermaßen die grundlegenden Verfahren und die Bau- und Wirkungsweise des jeweiligen Stücks offenzulegen – auch, um mögliche Dysfunktionalitäten darzulegen, um anhand dieser das Stück weiter zu entwickeln. Die Dramaturg*in kann auf Basis des vorliegenden Lektüremodells „einen umfangreichen Wissenspool bereitstellen […] der eine Vielzahl möglicher Anknüpfungspunkte sowohl für die Produktion, als auch für die Rezeption zulässt"[54]. Sie positioniert sich auf der Grenze zwischen akademischer Reflexion und künstlerischer Praxis.

In diesem Sinne liefert die vorliegende Arbeit nicht nur erstmals eine Methodik zur Analyse von zeitgenössischen Zirkusdarbietungen und dokumentiert nicht nur das Genre in seinem historisch-kulturellen Kontext mithilfe einer methodisch dichten, d. h. kontextualisierenden Beschreibung seiner Aufführungen, sondern sie liefert darüber hinaus die Grundlage für die dramaturgische Praxis im Zeitgenössischen Zirkus.

---

53 Die ‚Lektüre des Zeitgenössischen Zirkus' als eigenständige Feedbackmethode wurde im Rahmen des Seminars *Kulturpoetik in der dramaturgischen Praxis* im Sommersemester 2019 an der Westfälischen Wilhelms-Universität Münster ausgearbeitet und in Form eines Dokumentarfilms mit dem Titel *Reading Circus. Dramaturgy on the Border between Art and Academia* festgehalten. Detaillierte Informationen zum Ablauf des Reading Circus Feedbacks sowie Workshopdaten sind unter und www.circusstudies.com einsehbar.

54 Weiler, C.: [Art.] Dramaturgie, S. 87.

6 Anhang

6.1 Aufführungsprotokoll *Acrobates*

Erstellt anhand von Aufzeichnungen am 07.11.2013
L'Onde Théâtre et Centre d'art
8 Avenue Louis Breguet
78140 Vélizy-Villacoublay

Die Geschichte der drei Protagonisten

Titel	Medium	Bühnen-geschehen	Licht	Ton	Time Code[1]
Einfüh-rung: Fabrices Unfall	-	-	Black	Stille	0:00
	-	-	Black	Fabrices Stimme aus dem Off: „Dans l'acrobatie on est perdu. C'est à dire qu'on sait plus où est le haut où est le bas. Si on est en train de monter ou de tomber. Si, tomber quand même on s'en rend compte. Dans ce moment-là j'ai compris que je faisais confiance à mon corps et à mes réflexes."	1:30
	-	-	Bühne wird langsam heller	Unangenehmer, durchdringender Ton aus dem Off	2:05
	Video-projektion	Video der Trapeznummer von Fabrice (Qualität einer alten Aufnahme)	-	Unangenehmer, durchdringender Ton aus dem Off	2:30

---

1 Der Time-Code basiert auf den Aufzeichnungen der Aufführung am 07.11.2013 im *Théâtre de l'Onde de Velizy*.

https://doi.org/10.1515/9783110661798-006

Aufführungsprotokoll *Acrobates* —— 193

Titel	Medium	Bühnengeschehen	Licht	Ton	Time Code[1]
	-	-	Black	Unangenehmer, durchdringender Ton aus dem Off; Fabrice erzählt von seinem Unfall: „Je me souviens assez bien de la répétition de l'accident. On a fait plusieurs fois le même passage. Un passage que j'ai déjà fait des centaines de fois."	3:30
	Videoprojektion	Arzt betrachtet Röntgenbild der Wirbelsäule	-	Unangenehmer, durchdringender Ton aus dem Off	3:40
	-	-	Black	Unangenehmer, durchdringender Ton aus dem Off; Fabrice: „J'ai gardé très longtemps une mémoire très vive du trou noir au moment du choc. Être ébloui par l'obscurité."	4:10
	Videoprojektion	Fabrice bewegt seinen Oberkörper im Bett hin und her	-	„Je peux plus marcher, j' peux plus monter les escaliers, avoir des orgasmes, me promener dans les près, nager dans les rivières dans les lacs. ---------------Je ne veux pas rester comme ça, moi je veux pas rester comme ça."	4:40
	Akrobatik	Artist M wird von Artist A hinter einem weißen Tuch hin und her geschwungen; als turne er am Trapez	Hinter weißem Tuch leichte Beleuchtung		5:30

Titel	Medium	Bühnen-geschehen	Licht	Ton	Time Code[1]
Akrobatik trotz Querschnittslähmung	Videoprojektion	Fabrice setzt sich, gesichert durch eine Longe, auf die Schultern des Artisten A	-	Atmo des Videos „Alex, tu me lâches pas! oh lala…la vache…tu me laisses pas tomber avec ça…."	6:20
	-	Fabrice Stimme aus dem Off	Black	Laut: „Tu n'arrêtes pas l'acrobatie comme ça"	8:00
	Videoprojektion	ein vergrößertes Portrait von Fabrice ist schwach auf der Leinwand zu erkennen; weiße Überblendung	-	grollender Ton, der lauter wird, Klacken Knall	
Die Freundschaft zwischen Matias, Alex und Fabrice	Videoprojektion	Matias und Fabrice sind im Wald; Matias klettert auf einen hohen Stein; Fabrice sieht von unten aus dem Rollstuhl zu	-	Ton, bei einer Übersteuerung in regelmäßigen Abständen, Vogelgezwitscher; Atmo des Videos „Ça me rappelle ma jeunesse… C'est juste la hauteur qui t'a fait peur; au sol cela ne serait pas un problème. Peut-être un équilibre serait plus facile"; fiepender Ton (wiederholend) Wechsel zwischen Übersteuerung, Fiepen und Vogelgezwitscher	9:20
	Projektion	„Acrobates" (weiße Schrift auf schwarzem Hintergrund)			11:05
	Videoprojektion	Fabrice wird von Matias im Rollstuhl durch Farn geschoben			11:15

Titel	Medium	Bühnen-geschehen	Licht	Ton	Time Code[1]
	Akrobatik	Artist M und Artist A sind schemenhaft auf der Bühne erkennbar; Artist M steht oben auf der Rampe, Artist A unten; Artist M beginnt sich in Zeitlupe zu bewegen, Artist A sieht von unten zu; Artist A läuft langsam von links nach rechts; Artist A klettert die Rampe in Zeitlupe wie eine Eidechse hinauf	Nur die Artisten werden leicht angestrahlt	Fabrice Stimme aus dem Off: „Mort" Fiepen, Übersteuerung, Vogelgezwitscher, Schreie, Kuckucksrufe, Rascheln, Rattern	11:50
	Akrobatik	Artist A rutscht die Rampe hinunter; danach rutschen beide Artisten abwechselnd die Rampe hinunter	Oberes Rechteck wird von unten angestrahlt	Ton wird lauter und rhythmisch; Geräusche, die einen Rhythmus ergeben (Klacken; Rauschen...)	12:35
	Akrobatik und Fotoprojektion	Zirkuläre Bewegungen auf der Rampe	-	Stimme Fabrices aus dem Off zu dem Rhythmus; undeutliche Worte; Rhythmus wird zunehmend vielseitiger	14:10
	Akrobatik	Artist M und Artist A sitzen voreinander auf der Rampe; springen übereinander; skurile Bewegungen; nacheinander führen die Artisten Tricks auf der Rampe durch		Musik wird leiser; dann greller Ton der Übersteuerung; irres Lachen zum rhythmischen Ton; Rhythmus wird immer schneller	18:00

Titel	Medium	Bühnen-geschehen	Licht	Ton	Time Code[1]
	Akrobatik	Beide Artisten sitzen neben-einander auf der Rampe; ihre Umrisse sind zu erkennen	Oberes Rechteck blau/weiß; unten dunkel; oberes Licht wird langsam heller		19:15
	Akrobatik	Artist A sitzt in der Mitte auf der oberen Ebene und schwingt Artist M wie ein Pendel hin und her (die Bewegungen finden oben statt; die beiden sitzen gemeinsam oben)	Weißes Licht	Klickendes Uhrwerk	19:30
	Akrobatik	Artist M rutscht die Rampe hinunter	Weißes Licht	Wasserstrahlgeräusch, das sich zu einem Wasserfall entwickelt	20:40
	Akrobatik und Video-projektion	Artist M und Artist A „hängen" im Wasserfall; dann rutschen sie nacheinander die Rampe hinunter	-	Stimme Fabrices aus dem Off: „J'ai eu le flash-back" Wasserfall	21:40
	Akrobatik und Foto-projektion	Bruch; Artist M und Artist A klettern auf den Ästen; Versuch, weiter nach oben zu gelangen; die kleine Rampe öffnet sich; beide fallen hinein; erneuter Versuch nach oben zu klettern; Artist M springt von der oberen Ebene in den *hohen Flieger*	-		22:20

Aufführungsprotokoll *Acrobates* —— **197**

Titel	Medium	Bühnen-geschehen	Licht	Ton	Time Code[1]
	-	Artist A bewegt sich skuril auf der oberen Ebene; große Körperbewegungen; Artist M nähert sich hüpfend von links		Rauschen, Grillen zirpen, Frösche quaken: „C'est comme se souvenir d'un pays que j'ai visité mais oublié." Töne werden rhythmisch	24:55
		Hüpfende Bewegungen der beiden Artisten; man sieht nur Teile der Körper durch den Rahmen		„Tu connais pas les Dragon Balls, c'est des petits super héros et ils ont une technique de combat, ils se touchent les doigts et ils deviennent un seul bonhomme." Geräusche werden fortgeführt	26:35
	Videoprojektion	Matias beim Schwimmen im See im Urwald; Fabrice schlafend; Matias hangelt an Ästen über den Fluss (wie am Trapez)	-	Wasserplätschern	29:30
	Videoprojektion	Matias, Alex und Fabrice trainieren gemeinsam; Fabrices Behinderung wird genutzt, um neue Bewegungen zu schaffen; die drei betrachten was sie gefilmt haben	-	Atmo des Videos (verhältnismäßig laut); Fiepen	29:50

Titel	Medium	Bühnengeschehen	Licht	Ton	Time Code[1]
	Videoprojektion	Nahaufnahme Over-Shoulder Fabrice auf Alex (rechts); Nahaufnahme Matias; Nahaufnahme Over-Shoulder Fabrice auf Alex (rechts)	-	Alex: „On n'est pas acrobate parce qu'on sait sauter, qu'on sait bouger, qu'on sait faire des mouvements. Ce n'est pas que ça, c'est surtout l'esprit qui est enfermé dans le mouvement acrobatique qui fait qu'on est acrobate." Fabrice: „Ah vas-y, continue parce que ça m'intéresse là." Alex: „Pour moi c'est plutôt esprit."	31:50

Der Tod von Fabrice

Titel	Medium	Bühnengeschehen	Licht	Ton	Time Code
Die Todesnachricht	Lichtprojektion und Akrobatik	Weißes Rechteck auf Leinwänden; Artist M steht vorne rechts; Artist M turnt vor dem weißen Rechteck	Rechteckiger Lichtkegel auf weißen Leinwänden	Klackern, das lauter wird; Stimmengewirr: „…j'étais au théâtre et j'ai reçu un appel de Matias qui me dit „rappelle moi et on se voit". Du coup je le rappelle et un truc trop bizarre qu'il m'a fait c'est „t'es avec qui Elie, Arthur? Passe-moi Arthur s'il te plaît."	32:55
	Akrobatik	Artist M macht einen Kopfstand und läuft um diesen herum (Genick als wackeliges Element); drehende Bewegungen, Salto		„Je trouve ça bizarre mais je lui passe le téléphone. Il me repasse le téléphone de portable et il me fait une tape à l'épaule et je me dis; qu'est-ce qui se passe? C'est quoi cette histoire? Qu'est-ce qui se passe?"	34:50

Aufführungsprotokoll *Acrobates* — 199

Titel	Medium	Bühnen-geschehen	Licht	Ton	Time Code
		(komplett gesprungen); horizontale Drehungen		-----Lautes Atmen----- „Là je dis, Matias…et il me dit „Alex,- Il est mort------" Unangenehmer Ton „…je suis tombé sur le sol. Comme une enclume; J'ai explosé mon portable…j'étais juste là. J'avais mal. Je voulais pas le croire. C'est comme si moi j'étais parti avec lui."	
	-	-	Black	„C'était irréaliste; c'était un héros quoi." Ton wird lauter „Je me suis même senti nu." Ton wird lauter und zu einem durchgezogenen Geräusch	38:05
Solo Alexandre Founier: „Je me suis même senti nu."	Akrobatik	Artist A führt in Unterhose im hinteren kleinen Rechteck Verrenkungen durch; er ist nur zu sehen, wenn der Herzschlag erklingt	Oberes Rechteck blau/weiß; unten dunkel; oberes Licht wird langsam heller	Durchgezogener Ton; Übersteuerung; Atem; Fiepen; Übersteuerung; Herzschlag (der auch vom Licht vollzogen wird)	39:00
	Akrobatik	Rampe klappt hoch; Artist M liegt vor der Rampe	Es wird langsam heller		43:00
Solo Matias Pilet: „J'peux plus"	Akrobatik	s. Kapitel 3 *Lektüren des Zeitgenössischen Zirkus – Ein Analyse-modell*	Die Bühne ist verhältnismäßig hell beleuchtet; Licht ist während der Nummer immer gleichbleibend;	s. Analyse	43:20

Titel	Medium	Bühnen-geschehen	Licht	Ton	Time Code
			gegen Ende wird das Licht immer dunkler; bei Geigenmusik sind nur noch Konturen erkennbar		

Nach dem Tod von Fabrice

Titel	Medium	Bühnen-geschehen	Licht	Ton	Time Code
Akrobatik mit einem bewegungs-unfähigen Körper	Akrobatik	Artist A betritt von hinten rechts die Bühne und läuft langsam in Richtung des Artisten M, der schwer atmend auf der linken Bühnenseite liegt; Artist A legt vorsichtig seine Hand auf dessen Rücken, dann auf den Kopf; er dreht ihn um und nimmt den schlaffen Körper auf den Arm; setzt ihn auf die Knie; trägt ihn auf dem Rücken		Wechsel zwischen Stille und Geigenmusik	49:20
	Akrobatik	Die Beine des Artisten A hängen schlaff am Körper; dies wird in die Akrobatik integriert; langsame Bewegungen;	Bühne ist insgesamt dunkel; beide Artisten sind schwach beleuchtet;	Geigenmusik	55:15

		Versuch, die Rampe zu erklimmen, misslingt beim ersten Mal; Artist A taumelt zurück; Artist A setzt Artist M erneut auf seine Schultern; rückwärts wird über die rechte Rampe die obere Ebene erklommen	im Verhältnis ist das Licht warm; die Rampe ist beleuchtet		
	Akrobatik	Artist A und Artist M sitzen nebeneinander auf der Rampe; ihre Umrisse sind erkennbar	Oberes Rechteck blau/weiß; unten dunkel; oberes Licht wird langsam heller	Wellen-Geräusche; „Si Alex il me donne beaucoup, s'il me donne beaucoup et que je lui rends pas j'ai l'impression qu'il va plus vouloir me donner parce que je ne lui rends pas…"	57:30
Akrobatik mit zwei beweglichen Körpern	Akrobatik	Artist M rutscht die Rampe hinunter; turnt unten	Beleuchtung aller Bühnenelemente	„Tu mets en danger, tu te mets en déséquilibre, tu te mets un peu en péril mais l'acrobatie elle vient te sauver." ----Stille---	58:20
	Akrobatik	Artist A fällt in das Loch, das die Rampe bildet; man sieht seinen Kopf hinter der Rampe; er klappt diese hinunter	Beleuchtung aller Bühnenelemente	„Toutes mes défenses elles tombent au fur et à mesure en fait…."	59:50
	Akrobatik	Wechsel zwischen gemeinsamen Stehen vorne links und Akrobatik; während der Figuren sind beide Körper nicht komplett gespannt; die Füße bspw. nicht gestreckt		Leise Pianomusik setzt ein „Tu lâches prise…" Pianomusik wird langsam und stetig lauter „…tu décides de ne pas maîtriser les choses, pour que quand elles viennent ce soit comme une surprise et qu'elles te touchent."	1:00:15

Akrobatik	*Einarmer* von unten eingesprungen (wackeliges Element)	Licht wird heller	„...parce que tu as peur de l'immobilité en fait. L'immobilité c'est la mort." lauter Einsatz der E-Gitarre „si j'enlève l'acrobate qui est à l'intérieur je sais pas ce qu'il reste........"	1:05:05
	Stehen in den Händen	Beleuchtung aller weißen Bühnenelemente	„Pour l'instant c'est l'acrobate qui vit tout le temps."	
	Wechsel zwischen Stehen und Rennen; Artist M wird von Artist A wiederholt auf die obere Ebene geworfen; Wechsel zwischen den Rampen rechts und links; dann Rennen über die Rampen im Kreis herum; zirkulär		Vergleichsweise sehr laute Musik	
	Artist A wirft den Artisten M in den Handstand auf die obere Ebene		Klopfender Bass	1:12:30
ENDE: APPLAUS				1:13:20

6.2 Cie *Acrobates*: *Acrobates*

Abbildung 17: Acrobates | © Christophe Raynaud de Lage

Abbildung 18: Acrobates | © Christophe Raynaud de Lage

Abbildung 19: Acrobates | © Christophe Raynaud de Lage

Cie *Acrobates:* Acrobates —— 205

Abbildung 20: Acrobates | © Christophe Raynaud de Lage

Abbildung 21: Acrobates | © Christophe Raynaud de Lage

Abbildung 22: Acrobates | © Oliver Meyrou

6.3 *Squarehead Productions*: *Fragments of a Mind*

Abbildung 23: Squarehead Productions | FOAM | © Andrea Macchia

Abbildung 24: Squarehead Productions | FOAM | © Andrea Macchia

Abbildung 25: Squarehead Productions | FOAM | © Andrea Macchia

Abbildung 26: Squarehead Productions | FOAM | © Milan Szypura

Abbildung 27: Squarehead Productions | FOAM | © Milan Szypura

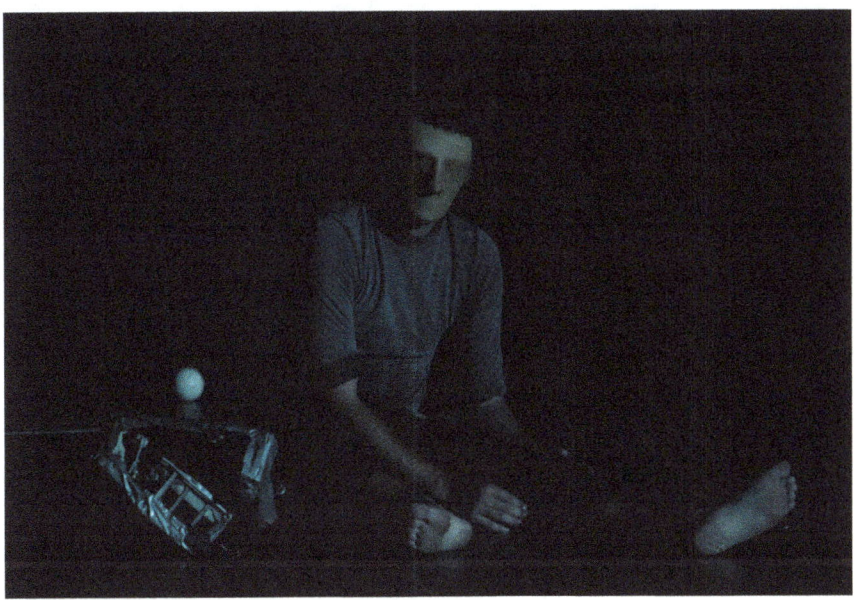

Abbildung 28: Squarehead Productions | FOAM | © Andrea Macchia

Display		Display		Display	
90009	Ende	208		13444	
1	Erzählzeit = erzählte Zeit	399		13445	
2		90009	Ende	90009	Ende
3		2476		76111	
126	Erzählzeit = erzählte Zeit	2477		90000	Erzählzeit = erzählte Zeit
127		2888	Erzählzeit = erzählte Zeit	90001	
131	Erzählzeit = erzählte Zeit	2889		90002	
132		3421		90003	
141		4321	Prolepse	90004	
142		3811		90005	
170		4007		90006	
161	Analepse	12283	Erzählzeit = erzählte Zeit	90007	
216		12284		90008	
207	Analepse	12287		90009	Ende

Abbildung 29: Decodierung der Narrativen Anachronie

6.4 Ana Jordão | *I am (k)not*

Abbildung 30: Ana Jordão | I am (k)not | © Thierry Tanter

Abbildung 31: Ana Jordão | I am (k)not | © Thierry Tanter

Abbildung 32: Ana Jordão | I am (k)not | © Teresa Santos

Abbildung 33: Ana Jordão | I am (k)not | © Teresa Santos

Abbildung 34: Ana Jordão | I am (k)not | © Teresa Santos

6.5 *Les Colporteurs: Le fil sous la neige*

Abbildung 35: Les Colporteurs | Le fil sous la neige | © Jean-Pierre Estournet

Abbildung 36: Les Colporteurs | Le fil sous la neige | © Jean-Pierre Estournet

Les Colporteurs: *Le fil sous la neige* — 215

Abbildung 37: Les Colporteurs | Le fil sous la neige | © Jean-Pierre Estournet

Abbildung 38: Les Colporteurs | Le fil sous la neige | © Jean-Pierre Estournet

Abbildung 39: Les Colporteurs | Le fil sous la neige | © Jean-Pierre Estournet

Abbildung 40: Les Colporteurs | Le fil sous la neige | © Jean-Pierre Estournet

Les Colporteurs: *Le fil sous la neige* — 217

Abbildung 41: Les Colporteurs | Le fil sous la neige | © Jean-Pierre Estournet

Abbildung 42: Les Colporteurs | Le fil sous la neige | © Jean-Pierre Estournet

6.6 Jimmy Gonazalez: *L'Argile*

Abbildung 43: Jimmy Gonzalez | L'Argile | © Laurence Amielh

Abbildung 44: Jimmy Gonzalez | L'Argile | © Laurence Amielh

Jimmy Gonazalez: *L'Argile* —— 219

Abbildung 45: Jimmy Gonzalez | L'Argile | © Laurence Amielh

Abbildung 46: Jimmy Gonzalez | L'Argile | © Laurence Amielh

Abbildung 47: Jimmy Gonzalez | L'Argile | © Laurence Amielh

L'Argile beim *Supertalent*

Video		Audio	
Handlung	**Einstellungsgröße**	**Atmo**	**Musik**
Gonzalez läuft mit Vinylrolle auf den Schultern durch den Aufenthaltsraum der Künstler an zwei Frauen mittleren Alters vorbei, er trägt ein bordeaux-rotes Muskelshirt	Nahaufnahme	„Salut les filles!" „Oh, Hallo Jimmy."	
Junges Mädchen streicht sich durch ihre langen, blonden Haare	Nahaufnahme		
Gonzalez, lächelnd vor den beleuchteten Schminkspiegeln	Detail		
Junges Mädchen mit braunen Haaren leckt sich über die Lippen	Nahaufnahme		Kygo featuring Conrad Sewell 2014: Firestone[2]
Gonzalez lächelt	Großaufnahme		I'm a flame, you're a fire
Hände, die Ton kneten	Großaufnahme		I'm the dark in need of light
Gonzalez auf Vinylteppich bearbeitet Ton	Halbnahe		When we touch, you inspire
Brünettes Mädchen lächelt und spielt an ihrem Ohr	Großaufnahme		Feel the change in me tonight
Gonzalez, Planc (Muskeln sind deutlich erkennbar)	Großaufnahme		So take me up, take me higher There's a world not far from here
Frauengruppe (vom Anfang)	Großaufnahme	„Es ist mir schon klar, dass der einen Teppich dazu braucht, das gibt eine riesen Schweinerei auf dem Boden."	We can dance in desire Or we can burn in love tonight

---

2 Sewell: Firestone.

Video		Audio	
Handlung	Einstellungsgröße	Atmo	Musik
Gonzalez knetet Ton (Fokus: Muskulöse Schultern)	Nahaufnahme		
Zwei Männer sitzend	Nahaufnahme	„Was macht der?" „Jongliert, habe ich gehört." „Mhmm."	
Gonzalez kniet auf Vinylteppich und wirft Ton in die Luft	Nahaufnahme		
Die zwei älteren Frauen im Gespräch	Nahaufnahme	„Der hat auch eine gute Körper-beherrschung. Hab ich vorhin gesehen."	
Gonzalez' muskulöse Arme	Detail		
Gonzalez jongliert; Fokus auf muskulöse Arme	Nahaufnahme; Kamerablick durch Stahlkonstruktion		
Die zwei Frauen mittleren Alters im Gespräch	Nahaufnahme	Seufzen	
Gonzalez (nachdenklich) im Schneidersitz	Nahaufnahme		
Regie (männlich) Supertalent	Nahaufnahme	„Hey Jimmy, its showtime"	
Gonzalez mit nacktem Oberkörper bückt sich nach dem Toneimer	Nahaufnahme		
Zwei Männer sitzend	Nahaufnahme	„Good luck, Jimmy. Have fun!"	
Gonzalez läuft auf die Kamera zu	Amerikanisch	„You too!"	

Abbildung 48: Jimmy Gonzalez | Supertalent | Trailer

Ankündigung Gonzalez' durch die Jury

Bruce Darnell:	„Hallo"
Jimmy Gonzalez:	„Hallo"
Bruce Darnell:	„Sprichst du Deutsch, English?"
Jimmy Gonzalez:	„I am sorry, no."
Bruce Darnell:	„You speak English?"
Jimmy Gonzalez:	„Ja"
Bruce Darnell:	„Er spricht kein Deutsch, er spricht English" – *Gelächter* – „What's your name?"
Jimmy Gonzalez:	„Jimmy Gonzalez."
Bruce Darnell:	„Er heißt Jimmy Gonzalez." – *Gelächter* – „Äh. Wie alt bist... äh ...How old are you?
Jimmy Gonzalez:	„Twentythree."
Bruce Darnell:	„Er ist dreiundzwanzig. Äh, von wo...äh, where do you come from?"
Jimmy Gonzalez:	„I am half spanish; half french but I live in Montréal in Canada."
Bruce Darnell:	„Ein bisschen Franzose, ein bisschen Spanisch. Der kommt irgendwo von aus eines anderes Land." – *Gelächter* – „Äh, ok, super. Ok, super. Dann fang mal bitte an. Start your show." *Zum Publikum gewendet*: „Er fangt gleich an."

Präsentation von L'Argile – Lyrics: Tremendous Dynamite[3]

> I am el hombre lobo
> On the prowl for a restless night
> I got her right here in my sights
> Got a fuse that I can light
> She's tremendous
> She's dynamite

---

[3] EELS: Tremendous Dynamite. https://www.azlyrics.com/lyrics/eels/tremendousdynamite.html (4.4.2018).

Jurykommentar

Bruce Darnell: „Ähm, I must say, I was quite surprised when you came on stage with...äh. What do you call this stuff? Clay?...oder..."
Jimmy Gonzalez: „Clay. To – Ton."
Bruce Darnell: „Tuton"
Jimmy Gonzalez: „In German."
Bruce Darnell: *wendet sich zum Publikum* „Ich muss sagen, dass ich war sehr überascht dass er war auf die Bühne gekomment mit diese Tuton." *Gelächter.* Also tolle Typ, geiler Body. Also super."
Inka Bause: „Ich fand das ganz toll. Ähm...weil ja andere jonglieren mit Bällen, mit Gewichten, mit Jonglierteilen, die gleiches Gewicht haben. Und er hat immer mit diesen verschiedenen Gewichten zu kämpfen. Und die ganze Performance – ich möchte gern so einen Handwerker haben, wie ihn – zu Hause. Toll."

Video		Audio
Handlung	**Einstellungsgröße**	**Musik**
Inka Bause lächelt	Nahaufnahme; Weichzeichnung des Hintergrunds	Romantische Musik
Intensiver Blick von Jimmy Gonzalez	Nahaufnahme; Weichzeichnung des Hintergrunds	
Inka Bause hält beide Daumen nach oben	Nahaufnahme; Weichzeichnung des Hintergrundes	
Jimmy Gonzalez hält einen Daumen zwinkernd nach oben	Amerikanisch; Weichzeichnung des Hintergrundes	

Bruce Darnell: „And she thought is was great, very nice mit der Ungleichgewicht, was er gemacht hat." – *Gelächter von Inka Bause.*
Inka Bause: „Different weights."
Dieter Bohlen: „Das hast du ja prima übersetzt." – *Gelächter* –
Inka Bause: „Ich kann äh..."
Dieter Bohlen: „Ja, also ich finds toll, wenn man sein Hobby zum Beruf macht. Ich saß früher ja auch...wenn man da so im Kindergarten saß und hat mit dem Knetgummi so rumgespielt. Äh, das hast du verfeinert. Ich finde auch, dass du nen guter Typ bist. Ähmm... ne super Ausstrahlung, super Aura...so und das touched einen natürlich auch. Dreimal: Ja. Glückwunsch!"

6.7 Cie *Claudio Stellato*: *L'Autre*

Abbildung 49: Claudio Stellato | L'Autre | © Cie Claudio Stellato

Abbildung 50: Claudio Stellato | L'Autre | © Cie Claudio Stellato

Cie *Claudio Stellato: L'Autre* —— **227**

Abbildung 51: Claudio Stellato | L'Autre | © Cie Claudio Stellato

Abbildung 52: Claudio Stellato | L'Autre | © Cie Claudio Stellato

6.8 Cheptel Aleïkoum: Les Princesses

Abbildung 53: Cheptel Aleïkoum | Les Princesses | © Ian Grandjean

Abbildung 54: Cheptel Aleïkoum | Les Princesses | © Ian Grandjean

Abbildung 55: Cheptel Aleïkoum | Les Princesses | © Ian Grandjean

Abbildung 56: Cheptel Aleïkoum | Les Princesses | © Ian Grandjean

Abbildung 57: Cheptel Aleïkoum | Les Princesses | © Ian Grandjean

Abbildung 58: Cheptel Aleïkoum | Les Princesses | © Ian Grandjean

Abbildung 59: Cheptel Aleïkoum | Les Princesses | © Ian Grandjean

6.9 DASARTS-Feedback[4]

	Zeitrahmen	Phase	Phasenbeschreibung und Regeln[1]
1	10 min	Vortrag Künstler*in	- Die Künstler*in kann eine Frage äußern/ einen Aspekt/ ein Problem, auf das beim Feedback besonders geachtet werden soll.
2	20 min	Präsentation	-
3	10 min	Pause	-
4	10 min	Vorbereitung auf das Gruppenfeedback in Paaren	-
5	10 min	Affirmatives Feedback	- Die Künstler*in bezieht keine Stellung - Vermeidung von „Ich mag…" - Besser: „Folgendes hat aus meiner Sicht funktioniert…" (kein ABER!) - „Plus-Eins", wenn jemand derselben Meinung ist
6	10 min	Perspektiven	- Die Feedbackgebenden positionieren sich - „Ich als Wissenschaftler*in, Artist*in, Mutter (o. ä.) benötige…."
7	10 min	Offene Diskussion	- „Kannst du bitte Folgendes erläutern…" - Die Künstler*in kommt zu Wort
8	20 min	Assoziationen	- Die Rezipienten notieren Assoziationen auf Post-Ist (eine Assoziation pro Post-It) - Die Künstler*in sortiert die Post-Its auf einem Poster nach Relevanz
9	10 min	Tratsch-Runde	- Es wird über das Stück gesprochen, als sei die Künstler*in nicht anwesend
10	10 min	Tipps und Tricks	- Die Rezipienten äußern konkrete Änderungsvorschläge
11	10 min	Persönlicher Brief	-

Abbildung 60: DASARTS-Feedback

---

[4] DASTheatre: DASARTS-Feedback Method.
[1] Der gesamte Verlauf des Feedbacks wird von einer Moderator*in geleitet, die die Einhaltung des zeitlichen Rahmens sicherstellt und das Wesentliche auf einem Poster schriftlich festhält. Während des Feedbacks nimmt die Künstler*in, die das Feedback erhält, eine passive Rolle ein. Sie verteidigt das Stück nicht. Den Rezipienten, den Feedbackgebenden, hingegen wird eine aktive Rolle zuteil.

7 Abbildungsverzeichnis

Abbildung 1: Analysekorpus
Abbildung 2: Die Achsen des literarischen Textes nach Jakobson
Abbildung 3: Die Achsen des zirzensischen Textes
Abbildung 4: Die poetische Funktion in Acrobates
Abbildung 5: Die Ebenen eines literarischen Textes nach Baßler
Abbildung 6: Erweiterung und Umbenennung der Baßler'schen Ebenen
Abbildung 7: Die Ebenen traditioneller Zirkusdarbietungen
Abbildung 8: Die Ebenen von Darbietungen des Neuen Zirkus
Abbildung 9: Die Ebenen von Darbietungen des Zeitgenössischen Zirkus
Abbildung 10: Sujetlose Textebene | Fragments of a Mind
Abbildung 11: Sujetlose Textebene | Fragments of a Mind
Abbildung 12: Grenzüberschreitung | Fragments of a Mind
Abbildung 13: Sujetlose Textebene in L'Autre
Abbildung 14: Kindheit und Erwachsensein
Abbildung 15: (Traditionelle) Zirkusembleme und Codes
Abbildung 16: Die Ebenen von Darbietungen des Zeitgenössischen Zirkus
Abbildung 17: Acrobates | © Christophe Raynaud de Lage
Abbildung 18: Acrobates | © Christophe Raynaud de Lage
Abbildung 19: Acrobates | © Christophe Raynaud de Lage
Abbildung 20: Acrobates | © Christophe Raynaud de Lage
Abbildung 21: Acrobates | © Christophe Raynaud de Lage
Abbildung 22: Acrobates | © Oliver Meyrou
Abbildung 23: Squarehead Productions | FOAM | © Andrea Macchia
Abbildung 24: Squarehead Productions | FOAM | © Andrea Macchia
Abbildung 25: Squarehead Productions | FOAM | © Andrea Macchia
Abbildung 26: Squarehead Productions | FOAM | © Milan Szypura
Abbildung 27: Squarehead Productions | FOAM | © Milan Szypura
Abbildung 28: Squarehead Productions | FOAM | © Andrea Macchia
Abbildung 29: Decodierung der Narrativen Anachronie
Abbildung 30: Ana Jordão | I am (k)not | © Thierry Tanter
Abbildung 31: Ana Jordão | I am (k)not | © Thierry Tanter
Abbildung 32: Ana Jordão | I am (k)not | © Teresa Santos
Abbildung 33: Ana Jordão | I am (k)not | © Teresa Santos
Abbildung 34: Ana Jordão | I am (k)not | © Teresa Santos
Abbildung 35: Les Colporteurs | Le fil sous la neige | © Jean-Pierre Estournet
Abbildung 36: Les Colporteurs | Le fil sous la neige | © Jean-Pierre Estournet
Abbildung 37: Les Colporteurs | Le fil sous la neige | © Jean-Pierre Estournet
Abbildung 38: Les Colporteurs | Le fil sous la neige | © Jean-Pierre Estournet
Abbildung 39: Les Colporteurs | Le fil sous la neige | © Jean-Pierre Estournet
Abbildung 40: Les Colporteurs | Le fil sous la neige | © Jean-Pierre Estournet
Abbildung 41: Les Colporteurs | Le fil sous la neige | © Jean-Pierre Estournet
Abbildung 42: Les Colporteurs | Le fil sous la neige | © Jean-Pierre Estournet
Abbildung 43: Jimmy Gonzalez | L'Argile | © Laurence Amielh
Abbildung 44: Jimmy Gonzalez | L'Argile | © Laurence Amielh

https://doi.org/10.1515/9783110661798-007

Abbildung 45: Jimmy Gonzalez | L'Argile | © Laurence Amielh
Abbildung 46: Jimmy Gonzalez | L'Argile | © Laurence Amielh
Abbildung 47: Jimmy Gonzalez | L'Argile | © Laurence Amielh
Abbildung 48: Jimmy Gonzalez | Supertalent | Trailer
Abbildung 49: Claudio Stellato | L'Autre | © Cie Claudio Stellato
Abbildung 50: Claudio Stellato | L'Autre | © Cie Claudio Stellato
Abbildung 51: Claudio Stellato | L'Autre | © Cie Claudio Stellato
Abbildung 52: Claudio Stellato | L'Autre | © Cie Claudio Stellato
Abbildung 53: Cheptel Aleïkoum | Les Princesses | © Ian Grandjean
Abbildung 54: Cheptel Aleïkoum | Les Princesses | © Ian Grandjean
Abbildung 55: Cheptel Aleïkoum | Les Princesses | © Ian Grandjean
Abbildung 56: Cheptel Aleïkoum | Les Princesses | © Ian Grandjean
Abbildung 57: Cheptel Aleïkoum | Les Princesses | © Ian Grandjean
Abbildung 58: Cheptel Aleïkoum | Les Princesses | © Ian Grandjean
Abbildung 59: Cheptel Aleïkoum | Les Princesses | © Ian Grandjean
Abbildung 60: DASARTS-Feedback

Literaturverzeichnis

Adatte, Marcel u. Günthard Jack: Kunstturnen. Technik. Methodik. Arau: Eidgenössischer Turnverein 1976.
Alexander, Jeff u. Anthony Wilson: Come Wander With Me. 1964.
Atwood, Margaret: Cat's eye. New York: Anchor Books 1998.
Autostadt GmbH: Nouveau Cirque Festival. Sommerfestival der Autostadt. https://www.autostadt.de/veranstaltungen/sommer (27.6.2018).
Bach, Rudolf: Das Mary Wigman-Werk. Dresden: Carl Reissner Verlag 1933.
Barnett, David: The story of how one man created the modern circus in Britain. https://www.independent.co.uk/news/long_reads/philip-astley-250-anniversary-uk-first-modern-circus-greatest-showman-a8141826.html (9.7.2018).
Barrault, Denys u. Philippe Goudard (Hrsg.): Médecine du cirque. Vingt siècles après Galien. Actes du Colloque Médecine du cirque: Paris, La Villette, 21 novembre 2003. Vic-la-Gardiole, Châlons-en-Champagne: L'Entretemps; Centre national des arts du cirque 2004.
Barré, Sylvestre: Le "nouveau cirque traditionnel". In: Avant-garde, cirque! Les arts de la piste en révolution. Hrsg. von Jean-Michel Guy. Paris: Autrement 2001, S. 37–45.
Barthes, Roland: S/Z. Frankfurt am Main: Suhrkamp 1998.
Barthes, Roland u. Ottmar Ette: Die Lust am Text. Berlin: Suhrkamp 2010.
Baßler, Moritz: Der Ort der Diegese und der Narration. Versuch einer Neubestimmung: Unveröffentlichtes Manuskript.
Baßler, Moritz: Die Entdeckung der Textur. Unverständlichkeit in der Kurzprosa der emphatischen Moderne 1910–1916. Tübingen: Niemeyer 1994.
Baßler, Moritz (Hrsg.): New Historicism. Literaturgeschichte als Poetik der Kultur. Frankfurt am Main: Fischer Taschenbuch Verlag 1995.
Baßler, Moritz: Die kulturpoetische Funktion und das Archiv. Eine literaturwissenschaftliche Text-Kontext-Theorie. Tübingen: Francke 2005.
Baßler, Moritz: [Art.] Kontexte. In: Handbuch Literaturwissenschaft. Gegenstände und Grundbegriffe. Hrsg. von Thomas Anz. Bd. 1. Stuttgart/Weimar: J. B. Metzler 2007, S. 355–370.
Baßler, Moritz: Populärer Realismus. http://www.pop-zeitschrift.de/2012/10/23/populaerer-realismusvon-moritz-basler23-10-2012/ (8.1.2018).
Baßler, Moritz: Deutsche Erzählprosa 1850 – 1950. Eine Geschichte literarischer Verfahren. Berlin: Erich Schmidt 2015.
Baßler, Moritz: Literaturwissenschaft als Kulturpoetik der Literatur und Medien. In: Deutsche Vierteljahrsschrift für Literaturwissenschaft und Geistesgeschichte 89 (2015) H. 3, S. 505–509.
Batson, Charles, Karen Fricker u. Louis Patrick Leroux: CFP – Circus and its Others. https://performancestudies.ucdavis.edu/2015/11/11/cfp-circus-and-its-others-montreal-july-15-17-2016/ (4.11.2017).
Bauchau, Henry u. Robert Jouanny: Oedipe sur la route. Roman. Arles, Lausanne: Actes sud 1992.
Benjamin, Walter: Ramon de la Serna. In: Walter Benjamin. Gesammelte Schriften. Hrsg. von Hella Tiedemann-Bartels, Rolf Tiedemann u. a. 3. Auflage. Frankfurt am Main: Suhrkamp 1989, S. 71–72.

Berger, Roland u. Dietmar Winkler: Künstler, Clowns und Akrobaten. Der Zirkus in der bildenden Kunst. Stuttgart: Kohlhammer 1983.

Berliner Festspiele: Circus: Die Originale. https://www.berlinerfestspiele.de/de/aktuell/festivals/circus/archiv_circus/circus18_programm/circus18_veranstaltungsdetail_249430.php (17.10.2018).

Berliner Festspiele: Über uns. https://www.berlinerfestspiele.de/de/aktuell/festivals/berlinerfestspiele/ueber_uns_bfs/institution_bfs/institution_bfs.php (27.6.2018).

Berthillot, Justine u. Frédéri Vernier: NOOS Teaser. Youtube. https://www.youtube.com/watch?v=ptuk_-Z6fEQ (28.9.2018).

Bertrand, Amélie: Les Princesses – Cheptel Aleïkoum. https://www.dansesaveclaplume.com/en-scene/624625-les-princesses-cheptel-aleikoum/ (31.7.2018).

Bessone, Ilaria: Contemporary Circus in Italy as new artistic field and community of practice. Treading the tightrope between artistic labour, embodied knowledge, and responsible selfhood in the current neoliberal moment. Mailand: Università degli Studi di Milano 2017.

Blais, Marie-Christine: Les 7 doigts de la main. La vie avant La vie. http://www.lapresse.ca/arts/spectacles-et-theatre/humour-et-varietes/200809/20/01-21831-les-7-doigts-de-la-main-la-vie-avant-la-vie.php (11.4.2018).

Blume, Michael: Akrobatik. Training – Technik – Inszenierung. 5. Auflage. Aachen: Meyer & Meyer 2010.

Blyth, Reginal Horace: A history of haiku. From the Beginnings up to Issa. Tokio: The Hokuseido Press 1964.

Boenisch, Peter M.: körPERformance 1.0. Theorie und Analyse von Körper- und Bewegungsdarstellungen im zeitgenössischen Theater. München: ePODIUM 2002.

Bogdan, Robert: The Social Construction of Freaks. In: Freakery. Cultural spectacles of the extraordinary body. Hrsg. von Rosemarie Garland-Thomson. New York: New York University Press 1996, S. 23–37.

Bogdan, Robert: Freak show. Presenting human oddities for amusement and profit. Chicago: University of Chicago Press 2009.

Bordenave, Julie: An Ability to Infinitely Transform the World. In: La Stradda (2010) H. 16, S. 5–6.

Borst, Jochen: Polizeirepetitorium. http://www.polizei-repetitorium.de/VSA/VSA_Training/VSA_Unfall/ (27.7.2018).

Bose, Günter u. Erich Brinkmann: Circus. Geschichte und Ästhetik einer niederen Kunst. Berlin: Wagenbach 1978.

Boudreault, Julie: Are Quebec Circuses of Foreign Origin? In: Cirque global. Quebec's expanding circus boundaries. Hrsg. von Louis Patrick Leroux u. Charles Batson. Montreal: McGill-Queen's University Press 2016, S. 55–68.

Bouissac, Paul: Circus and culture. A semiotic approach. Bloomington: Indiana University Press 1976.

Bouissac, Paul: Semiotics at the circus. Berlin, New York: De Gruyter Mouton 2010.

Bouissac, Paul: Circus and Narrative Structures: Mailverkehr zwischen Franziska Trapp und Paul Bouissac 2015.

Bouissac, Paul: The staging of actions. Heroes, antiheroes and animal actors. In: The Routledge Circus Studies Reader. Hrsg. von Peta Tait u. Katie Lavers. New York, London: Routledge Taylor & Francis 2016, S. 37–49.

Brandstetter, Gabriele: Tanz-Lektüren. Körperbilder und Raumfiguren der Avantgarde. Frankfurt am Main: Fischer-Taschenbuch 1995.

Brandstetter, Gabriele u. Gabriele Klein: Bewegung in Übertragung. Methodische Überlegungen am Beispiel von ‚Le Sacre du Printemps (Das Frühlingsopfer)'. In: Methoden der Tanzwissenschaft. Modellanalysen zu Pina Bauschs ‚Le Sacre du Printemps/Das Frühlingsopfer'. Hrsg. von Gabriele Brandstetter u. Gabriele Klein. 2. Auflage. Bielefeld: transcript 2015, S. 11–30.

Brandstetter, Gabriele u. Gabriele Klein (Hrsg.): Methoden der Tanzwissenschaft. Modellanalysen zu Pina Bauschs ‚Le Sacre du Printemps/Das Frühlingsopfer'. 2. Auflage. Bielefeld: transcript 2015.

BRLNCRCSFSTVL: Workshops. https://www.berlin-circus-festival.de/workshops.html (17.8.2018).

BRLNCRCSFSTVL, Chamäleon Productions u. a.: Manifest des Zeitgenössischen Zirkus. https://www.berlin-circus-festival.de/manifest.html (2.7.2018).

Brockhaus: Auguste Rodin. In: Brockhaus Enzyklopädie Online. München: Brockhaus 2018.

Brockhaus: Erhängen. In: Brockhaus Enzyklopädie Online. München: Brockhaus 2018.

Brockhaus: Seil. In: Brockhaus Enzyklopädie Online. München: Brockhaus 2018.

Calvino, Italo: Le baron perché. Paris: Editions Gallimard Jeunesse 2016.

Camus, Albert: Der Mythos des Sisyphos. 21. Auflage. Reinbek bei Hamburg: Rowohlt 2016.

Carasso, Jean Gabriel u. Jean-Claude Lallias: Jérôme Thomas. Jongleur d'âme. Arles: Actes sud 2010.

CARP Editorial Board: Circus Art Research Platform. https://circusartsresearchplatform.com/pmb/opac_css/index.php?lvl=etagere_see&id=6 (12.9.2018).

Carroll, Lewis: Alice In Wonderland and Through the Looking Glass. Chicago: Volume One Publishing 1998.

Carroll, Noel u. Sally Banes: Dance, Imitation and Representation. In: Dance, education and philosophy. Hrsg. von Graham McFee. Oxford: Meyer & Meyer Sport 1999, S. 13–32.

Centre National des Arts du Cirque: Le centre de ressources documentaires du Cnac. https://www.cnac.fr/article/383_Le-centre-de-Ressources-documentaires-du-CNAC (2.4.2018).

Centre National des Arts du Cirque: Le cri du caméléon. Spectacle de la 7e promotion du Centre nationale des arts du cirque. Châlons-sur-Marne 1995.

Christen, Matthias: Der Zirkusfilm. Exotismus, Konformität, Transgression. Marburg: Schüren 2010.

CIRCa: Auch – The Festival. Website. http://www.circa.auch.fr/index.php?option=com_content&view=article&id=211&Itemid=278&lang=en (8.1.2018).

Circus Next: Circus Next. http://www.circusnext.eu/ (17.10.2018).

Cirque du Soleil: KOOZA. Video trailer and Show Info. https://www.cirquedusoleil.com/kooza (5.7.2018).

Cirque du Soleil: KOOZA. Klappentext. Video.: Cirque du Soleil 2007.

Cirque Éloize: Cirkropolis. YouTube. https://www.youtube.com/watch?v=36EgQ2hkBeA (28.9.2018).

Conrad, Maren u. Franziska Trapp: Zirkus und Raum. Eine Semiotik der Performanz. In: Schriften zur Kultur- und Mediensemiotik Online (2018) H. 4, S. 223–240.

CRDP de l'académie de Paris, Scéren u. Le Parc la Villette: Les Colporteurs. Le fil sous la neige. In: Pièce (dé)montée (2008) H. 66, S. 1–41.

CRDP de l'académie de Paris, Scéren u. Monfort théâtre: Acrobates. Mise en scène de Stéphane Ricordel et Oliver Meyrou. In: Pièce (dé)montée (2013) H. 172, S. 1–7.

DAStheatre: DASARTS-Feedback Method. https://www.atd.ahk.nl/opleidingen-theater/das-theatre/feedback-method/ (17.8.2018).

David, Gwénola: Cirque à l'oeuvre. Centre National des Arts du Cirque. Paris: Textuel 2010.
Davis, Jeff: Statisches Trapez, Vertikalseil und Vertikaltuch 2007 www.fedec.eu/file/215 (6.8.2018).
Derbovlav, Wilhelm: Bodenkunstturnen, ein uraltes Turngut. Graz: Recla 1937.
Dumont, Agathe: Pour une exploration du geste virtuose en danse, passage XXe-XXIe siècles. Danseurs, „breakers", acrobates au travail. Paris: Paris 3, École doctorale Arts et médias, Institut de recherches en études théâtrales 2011.
École nationale de cirque: Bibliotheque. http://ecolenationaledecirque.ca/fr/lecole/bibliotheque (2.4.2018).
EELS: Tremendous Dynamite. https://www.azlyrics.com/lyrics/eels/tremendousdynamite.html (4.4.2018).
Ellingworth, John: CircusNext Shortlisted. Darragh McLoughlin. http://sideshow-circusmagazine.com/map/news/circusnext-shortlisted-darragh-mcloughlin (19.4.2018).
Etienne, Richard, Jean Vinet u. Josiane Vitali: Quelle formation professionnelle supérieure pour les arts du cirque? Paris: Éditions L'Harmattan 2014.
Fédération européenne des écoles de cirque professionnelles. http://www.fedec.eu/fr/ (16.8.2018).
Fermine, Marxence: Schnee. Zürich: Unionsverlag 2016.
Festival Mondial du Cirque de Demain: Accueil Club Pro. https://www.cirquededemain.pro/ (3.4.2018).
Festival Mondial du Cirque de Demain: Comprendre l'attribution des médailles. http://www.cirquededemain.paris/blog/article/24 (3.4.2018).
Festival Mondial du Cirque de Demain: Peut-on raconter une histoire dans un numéro ou un spectacle de cirque? Convention des metteurs en scène de cirque beim Festival Mondial du Cirque de Demain 1996.
Fischer-Lichte, Erika: Semiotik des Theaters. Eine Einführung. Band 1. Das System der theatralischen Zeichen. 5. Auflage. Tübingen: Narr 2007.
Fischer-Lichte, Erika: Semiotik des Theaters. Eine Einführung. Band 2. Vom „künstlichen" zum „natürlichen" Zeichen. Theater des Barock und der Aufklärung. 4. Auflage. Tübingen: Narr 1999.
Fischer-Lichte, Erika: Semiotik des Theaters. Eine Einführung. Band 3. Die Aufführung als Text. 4. Auflage. Tübingen: Narr 2003.
Fischer-Lichte, Erika: Ästhetik des Performativen. Frankfurt am Main: Suhrkamp 2004.
Fischer-Lichte, Erika: [Art.] Performativität/performativ. In: Metzler Lexikon Literatur. Hrsg. von Dieter Burdorf. Stuttgart: Metzler 2007, S. 251–258.
Fischer-Lichte, Erika: Reality and Fiction in Contemporary Theatre. In: Theatre Research International 33 (2008) H. 1, S. 84–96.
Fischer-Lichte, Erika: Theaterwissenschaft. Eine Einführung in die Grundlagen des Faches. Tübingen: Francke 2010.
Fischer-Lichte, Erika: [Art.] Emergenz. In: Metzler Lexikon Theatertheorie. Hrsg. von Erika Fischer-Lichte, Doris Kolesch u. Matthias Warstat. 2. Auflage. Stuttgart: Metzler 2014, S. 89–91.
Fischer-Lichte, Erika: [Art.] Semiotik. In: Metzler Lexikon Theatertheorie. Hrsg. von Erika Fischer-Lichte, Doris Kolesch u. Matthias Warstat. 2. Auflage. Stuttgart: Metzler 2014.
Foster, Susan Leigh: Reading dancing. Bodies and subjects in contemporary American dance. Berkeley: University of California Press 2008.
Freud, Sigmund: Das Ich und das Es. Stuttgart: Reclam 2013.

Fricker, Karen u. Hayley Malouin: Introduction: Circus and Its Others. In: Performance Matters 4 (2018) H. 1, S. 1–18.
Fuchs, Magarete, Anna-Sophie Jürgens u. Jörg Schuster: Literarische Manegenkünste. Zirkus als ästhetisches Modell. Ausschreibung zum Tagungsbegleitenden Seminar. https://www.uni-marburg.de/iusp/programinformation/folder.2016-05-18.0882010328/fuchs (22.2.2018).
Fuchs, Magarete, Anna-Sophie Jürgens u. Jörg Schuster: Literarische Manegenkünste. Zirkus als ästhetisches Modell. Internationale Tagung an der Philipps-Universität Marburg. 17.-19.11.2016. Tagungsprogramm. https://www.uni-marburg.de/de/fb09/neuere-deutsche-literatur/institut/personen/fuchs/manegenkuenste-1.pdf (22.2.2018).
Gelker, Fraghan: Le Vide. http://www.levide.fr/ (28.9.2018).
Genette, Gérard: Die Erzählung. 3. Auflage. Paderborn: Fink 2010.
Goethe Universität Frankfurt: Master Dramaturgie. http://www.uni-frankfurt.de/60194632/Master-Dramaturgie?legacy_request=1 (19.8.2018).
Gonzalez, Jimmy: CV Anglais. http://jimmy-gonzalez.com/wp-content/uploads/2013/03/DOWNLOAD-MY-RESUME-3.pdf (3.4.2018).
Gonzalez, Jimmy: Jimmy Gonzalez. http://jimmy-gonzalez.com/ (5.10.2018).
Goudard, Philippe: Arts du cirque, arts du risque. Instabilité et déséquilibre dans et hors la piste. Montpellier: Anrt 2005.
Goudard, Philippe: Le cirque, entre l'élan et la chute. Une esthétique du risque. Saint-Gély-du-Fesc: Espaces 34 2010.
Goudard, Philippe (Hrsg.): Les arts du cirque. Les guides santé au travail. Paris: CBM 2010.
Goudard, Philippe: Le cirque est-il soluble dans la dramaturgie? In: Gérard Liéber: Dramaturgies. Mélanges offerts à Gérard Liéber. Hrsg. von Joëlle Chambon, Philippe Goudard u. Didier Plassard. Les Matelles: Éditions Espaces 34 2013, S. 135–152.
Goudard, Philippe: The circus actor. Towards a cognitive approach. In: Theatre and Cognitive Neuroscience. London: Bloomsbury 2016, S. 35–45.
Goudard, Philippe u. Philippe Perrin: Encadrement médical des arts du cirque en France. In: Actes des Journées Vanlerenberghe. Colloque. Espace aérien dans les pratiques gymniques. Lille: C.R.D.P. Editeurs 1991, S. 105–110.
Grüne, Anne: Formatierte Weltkultur? Zur Theorie und Praxis globalen Unterhaltungsfernsehens. Bielefeld: Transkript 2016.
Günther, Ernst u. Dietmar Winkler: Zirkusgeschichte. Ein Abriss der Geschichte des deutschen Zirkus. Berlin: Henschel 1986.
Guy, Jean-Michel: Introduction. In: Avant-garde, cirque! Les arts de la piste en révolution. Hrsg. von Jean-Michel Guy. Paris: Autrement 2001, S. 10–26.
Guy, Jean-Michel: Le cirque, ca n'existe pas. Key-Note-Vortrag bei der internationalen Konferenz ‚Zirkus | Wissenschaft: Semiotics of the Circus'. Organisiert von Franziska Trapp an der Westfälische-Wilhelms-Universität Münster 15.-17.4.2015.
Guy, Jean-Michel: La dramaturgie en cirque: Unveröffentlichtes Manuskript. 2017.
Guy, Jean-Michel: Le cirque contemporain. http://cirque-cnac.bnf.fr/fr/esthetiques/le-cirque-contemporain (6.4.2018).
Guyez, Marion: Hybridation de l'acrobatie et du texte sur les scènes circassiennes contemporaines. Dramaturgie, fiction et représentations. Unveröffentliche Dissertationsschrift verteidigt an der Université Toulouse 2017.
Hiß, Guido: Zur Aufführungsanalyse. In: Theaterwissenschaft heute. Eine Einführung. Hrsg. von Renate Möhrmann. Berlin: Reimer 1990, S. 65–80.

Hiß, Guido: Der theatralische Blick. Einführung in die Aufführungsanalyse. Berlin: Reimer 1993.
Horkheimer, Max u. Theodor W. Adorno: Dialektik der Aufklärung. Philosophische Fragmente. 23. Auflage. Frankfurt am Main: Fischer Taschenbuch Verlag 2017.
Hurley, Erin: The Multiple Bodies of Cirque de Soleil. In: Cirque global. Quebec's expanding circus boundaries. Hrsg. von Louis Patrick Leroux u. Charles Batson. Montreal: McGill-Queen's University Press 2016, S. 122–139.
Jacob, Pascal: L'innovation au cirque: une histoire de récupération. In: Avant-garde, cirque! Les arts de la piste en révolution. Hrsg. von Jean-Michel Guy. Paris: Autrement 2001, S. 25–45.
Jacob, Pascal: Five thousand years of enchantment. A few historical landmarks to understand the context that has lead up to new magic. In: Magie Nouvelle. New Magic, a contemporary art. Hrsg. von Jean Digne. Paris: Hors les Murs 2010, S. 3–4.
Jacob, Pascal: Cours théorique. École National des Arts du Cirque de Montréal 2017.
Jakobson, Roman: Zwei Seiten der Sprache und zwei Typen aphatischer Störungen. In: Jakobson. Aufsätze zur Linguistik und Poetik. Hrsg. von Wolfgang Raible. München: Nymphenburger Verlagsbuchhandlung 1974, S. 117–141.
Jakobson, Roman: Linguistik und Poetik. In: Roman Jakobson. Poetik. Ausgewählte Aufsätze 1921 – 1971. Hrsg. von Elmar Holenstein u. Tarcisius Schelbert. Frankfurt am Main: Suhrkamp 2005, S. 83–121.
Jean, Yannis: Cheptel Aleïkoum. http://www.cheptelaleikoum.com/ (16.8.2018).
Jean, Yannis: Les spectacles. Les Princesses. Cheptel Aleikoum. http://cheptelaleikoum.com/index.php/spectacles/les-princesses (5.12.2017).
Jordão, Ana: Ana Jordão. https://anajordao.weebly.com/i-am-knot.html (24.5.2018).
Jürgens, Anna-Sophie: Poetik des Zirkus. Heidelberg: Winter-Universitätsverlag 2016.
Kann, Sebastian: Taking back the technical. Contemporary circus dramaturgy beyond the logic of mimesis. Utrecht University: Unveröffentlichte Masterarbeit 2016.
Karnavagh, Katherine: The Circus Diaries. Show Reviews. https://www.thecircusdiaries.com/category/show-reviews/ (20.3.2018).
Kluge, Friedrich u. Elmar Seebold: Etymologisches Wörterbuch der deutschen Sprache. 24. Auflage. Berlin, New York: de Gruyter 2002.
Kolesch, Doris: [Art.] Präsenz. In: Metzler Lexikon Theatertheorie. Hrsg. von Erika Fischer-Lichte, Doris Kolesch u. Matthias Warstat. 2. Auflage. Stuttgart: Metzler 2014, S. 267–270.
Kolesch, Doris: [Art.] Textualität. In: Metzler Lexikon Theatertheorie. Hrsg. von Erika Fischer-Lichte, Doris Kolesch u. Matthias Warstat. 2. Auflage. Stuttgart: Metzler 2014, S. 357–359.
Korb, Jana: Paper Dolls. Aerial Theater. http://luftartistin.de/narrativer-zirkus-und-strassentheater/paper-dolls/ (2.10.2018).
Krah, Hans: Einführung in die Literaturwissenschaft. Textanalyse. 2. Auflage. Kiel: Ludwig 2015.
Kreusch, Elena: CircusNext. Europäisches Förderprogramm für ZirkusautorInnen. https://igkultur.at/artikel/circusnext-europaeisches-foerderprogramm-fuer-zirkusautorinnen (19.4.2018).
Kreusch, Elena: Circus Mobilities. Zwischen Alltag und Projektion. In: Politix. Institutszeitschrift für Politikwissenschaft an der Uni Wien 39 (2016), S. 16–20.
Kunicki, Wojciech: Über den Seiltänzer. In: Nietzsche und Schopenhauer. Rezeptionsphänomene der Wendezeiten. Hrsg. von Marta Kopij. Leipzig: Leipziger Universitäts-Verlag 2006, S. 223–236.
Kunstmuseum Pablo Picasso Münster: Von den Schrecken des Krieges zur Friedenstaube: Flyer zur Ausstellung 2018.

Lachaud, Jean-Marc: Le cirque contemporain entre collage et métissage. In: Avant-garde, cirque! Les arts de la piste en révolution. Hrsg. von Jean-Michel Guy. Paris: Autrement 2001, S. 126–151.
Laumonier, Marc: Nadj, nouvelle piste pour la danse. http://next.liberation.fr/culture/1996/01/15/nadj-nouvelle-piste-pour-la-danse-le-chorographe-signe-le-spectacle-annuel-de-l-ecole-du-cirque-de-c_160153 (28.3.2018).
Le Tramac: L'autre. http://www.letarmac.fr/la-saison/archives/p_s-l-autre/spectacle-32/ (17.7.2018).
Lehmann, Hans-Thies: Postdramatisches Theater. 6. Auflage. Frankfurt am Main: Verlag der Autoren 2015.
Leroux, Louis Patrick: Contemporary circus research in Québec. Building and negotiating an emerging interdisciplinary field. In: The Routledge Circus Studies Reader. Hrsg. von Peta Tait u. Katie Lavers. New York, London: Routledge Taylor & Francis 2016, S. 560–571.
Leroux, Louis Patrick: Reinventing Tradition, Building a Field. Quebec Circus and Its Scholarship. In: Cirque global. Quebec's expanding circus boundaries. Hrsg. von Louis Patrick Leroux u. Charles Batson. Montreal: McGill-Queen's University Press 2016, S. 3–21.
Leroux, Louis Patrick: The Cirque du Soleil in Las Vegas. An American srip-tease. In: The Routledge Circus Studies Reader. Hrsg. von Peta Tait u. Katie Lavers. New York, London: Routledge Taylor & Francis 2016, S. 546–552.
Leroux, Louis Patrick u. Charles Batson (Hrsg.): Cirque global. Quebec's expanding circus boundaries. Montreal: McGill-Queen's University Press 2016.
Les Colporteurs: Les Colporteurs. http://www.lescolporteurs.com/fr/ (16.10.2018).
Lessing, Gotthold Ephraim: Hamburgische Dramaturgie. Hrsg. von Klaus L. Berghan. Stuttgart: Reclam 2013.
Lievens, Bauke: Between Being and Imagining I. First Open Letter to the Circus. http://sideshow-circusmagazine.com/being-imaging/letter-redefine (29.09.17).
Lievens, Bauke: Between Being and Imagining II. Second Open Letter to the Circus. http://sideshow-circusmagazine.com/being-imaging/letter-myth (29.09.17).
Lievens, Bauke, Alexander Vantournhout u. Raphael Billet (Hrsg.): Is there a way out of here. Gent: Bot Standing VZW & KASK School of Arts 2017.
Lotman, Jurij M.: Die Struktur literarischer Texte. 4. Auflage. München: Fink 1993.
Louppe, Laurence: Poetics of contemporary dance. Alton: Dance Books 2010.
Lutherbibel 1545.
Lyotard, Jean F.: Essays zu einer affirmativen Ästhetik. Berlin: Merve 1980.
MacCannell, Dean: Sights and Spectacles. In: Inconicity. Essays on the nature of culture. Hrsg. von Paul Bouissac, Michael Herzog, Roland Posner. Tübingen: Stauffenburg 1986, S. 421–435.
Martinez, Ariane: La dramaturgie du cirque contemporain français : quelques pistes théâtrales. In: L'Annuaire théâtral: Revue québécoise d'études théâtrales (2002) H. 32, S. 12–21.
Martínez, Matías u. Michael Scheffel: Einführung in die Erzähltheorie. 9. Auflage. München: C.H. Beck 2012.
May, Ekkehard: Haiku. In: Metzler Lexikon Literatur. Hrsg. von Dieter Burdorf. Stuttgart: Metzler 2007, S. 300–301.
Mayer, Ruth: Postmoderne/Postmodernismus. In: Metzler Lexikon Literatur- und Kulturtheorie. Ansätze – Personen – Grundbegriffe. Hrsg. von Ansgar Nünning. 5. Auflage. Stuttgart, Weimar: Metzler 2013, S. 618–619.

McLoughlin, Darragh u. Elena Kreusch: Squarehead Productions. http://squarehead-productionsltd.squarespace.com/ (16.10.2018).
Montréal Musée des Beaux Art: Rodin – Metamorphoses. https://www.mbam.qc.ca/en/exhibitions/past/rodin-metamorphoses/ (4.4.2018).
Müller, Wolfgang G.: [Art.] Tropen. In: Metzler Lexikon Literatur- und Kulturtheorie. Ansätze – Personen – Grundbegriffe. Hrsg. von Ansgar Nünning. 5. Auflage. Stuttgart, Weimar: Metzler 2013, S. 767–768.
Myrvold, Paul: High wire. Risk and the art of tightrope walking 1998 (17.10.2017).
Neubarth, Claudia (Hrsg.): Zirkus-Bibliographie. Deutschsprachige Zirkusliteratur von 1968 – 1998. Berlin: LAG Spiel und Theater Berlin 1998.
New York Times The Editorial Board: Donald Trump's Foreign Policy Circus. https://www.nytimes.com/2017/10/05/opinion/editorials/tillerson-trump-moron.html (4.11.2017).
Patschovsky, Jenny: Labor cirque. http://laborcirque-zak.com/ (16.10.2018).
Paule, Gabriela: Kultur des Zuschauens. Theaterdidaktik zwischen Textlektüre und Aufführungsrezeption. München: kopaed 2009.
Peter, Birgit: Geschmack und Vorurteil. Zirkus als Kunstform. In: Parallelwelt Zirkus. The circus as a parallel universe. 04.05. – 02.09.2012 Kunsthalle Wien. Hrsg. von Verena Konrad, Matthias Christen u. Gerald Matt. Nürnberg: Verlag für Moderne Kunst 2012, S. 70–84.
Pfister, Manfred: How Postmodern is Intertextuality? In: Intertextuality. Hrsg. von Heinrich Plett. Berlin, New York: de Gruyter 1991, S. 207–224.
Pole-Emploi: Les allocations versées aux intermittents du spectacle. https://www.pole-emploi.fr/informations/les-allocations-versees-aux-intermittents-du-spectacle-@/article.jspz?id=60567 (16.8.2018).
Preiner, Michaela: Das Leben ist ein Hochseilakt. Les Colporteurs. Le fil sous la neige. Drahtseilakrobatik im Le-Maillon in Straßburg. Antoine Rigot. https://www.european-cultural-news.com/das-leben-ist-ein-hochseilakt/2304/ (12.10.2017).
Purovaara, Tomi (Hrsg.): Contemporary Circus. Introduction to the art form. Stockholm: STUTS Stiftelsen för utgivning av teatervetenskapliga studier 2012.
Purovaara, Tomi: Contemporary Nordic Circus. In: The Routledge Circus Studies Reader. Hrsg. von Peta Tait u. Katie Lavers. New York, London: Routledge Taylor & Francis 2016.
Rajewsky, Irina: Intermedialität. Tübingen: Francke 2002.
Reinfandt, Christoph: [Art.] Selbstreferenz. In: Metzler Lexikon Literatur- und Kulturtheorie. Ansätze – Personen – Grundbegriffe. Hrsg. von Ansgar Nünning. 5. Auflage. Stuttgart, Weimar: Metzler 2013, S. 682.
Ricordel, Stéphane u. Oliver Meyrou: Acrobates. Trailer. https://www.youtube.com/watch?v=3s3_fTjzRAE (5.10.2018).
Riedel, Martin: Performance Arts. http://martin-riedel.com/ (22.8.2018).
Ringling Bros and Barnum and Bailey: The Greatest Show on Earth. In: Programmheft 2004.
Ritter, Joachim: [Art.] Andersheit, Anderssein. In: Historisches Wörterbuch der Philosophie. Hrsg. von Joachim Ritter, Karlfried Gründer u. Gottfried Gabriel. Basel: Schwabe 2010.
Robin, Jean-François, Émilie François u. Didier Lehenaff: Les dimensions artistique et acrobatique du sport. Paris: INSEP-Publications 2005.
Salaméro, Emilié: Fabriquer un artiste-créateur. Formes et effets des dispositifs de socialisation à la création dans les écoles professionnelles de cirque. In: Les pratiques artistiques au prisme des stéréotypes de genre. Artistic practices in light of gender stereotypes. Hrsg. von Marie Buscatto. Paris: L'Harmattan 2011.

Saupe, Anja: Postmoderne. In: Metzler Lexikon Literatur. Hrsg. von Dieter Burdorf. Stuttgart: Metzler 2007, S. 602–603.
Schellow, Constanze: Diskurs-Choreographien. Zur Produktivität des ‚Nicht' für die zeitgenössische Tanzwissenschaft. Dissertation. München: ePODIUM-Verlag 2014.
Schlovski, Viktor: Die Kunst als Verfahren. In: Die Erweckung des Wortes. Essays der russischen Formalen Schule. Hrsg. von Fritz Mierau. Leipzig: Reclam 1987, S. 11–32.
Schneider, Tim: Traditioneller Zirkus heute. http://netzwerk-zirkus.de/zirkuslandschaft/traditioneller-zirkus/ (13.11.2017).
Sebestyén, Rita: Otherness and the performing Arts. In: Otherness: Essays and Studies 5 (2016) H. 1, S. 1–6.
Sewell, Conrad: Firestone. Kygo 2014.
Siag, Jean: L'or pour Jimmy Gonzalez! http://www.lapresse.ca/arts/spectacles-et-theatre/cirque/201502/03/01-4840835-lor-pour-jimmy-gonzalez.php (3.4.2018).
Sizorn, Magali: Trapézistes. Ethnosociologie d'un cirque en mouvement. Rennes: Presses Univ. de Rennes 2013.
Soldevilla, Sebastian u. Émilie Bonnavaud: Main à main médaille d'Or Cirque de demain. Youtube. https://www.youtube.com/watch?v=lSFmWpexS5g (25.9.2018).
Sontag, Susan: Kunst und Antikunst. 24 literarische Analysen. Hrsg. Mark Rien. 9. Auflage. Frankfurt am Main: Fischer-Taschenbuch 2009.
Staszak, Heinz-Jürgen: Das literarische Zeichen. Vorlesung zur Einführung in die strukturalistische Gedichtanalyse. Würzburg: Königshausen und Neumann 2018.
Staszak, Jean-François: [Art.] Other/Otherness. In: International encyclopedia of human geography. Hrsg. von Rob Kitchin. Amsterdam: Elsevier 2009, S. 43–47.
Stellato, Claudio: L'Autre. http://www.l-autre.be/fr/projet.html (17.7.2018).
Stoddart, Helen: Rings of Desire. Circus History and Representation. Manchester: Manchester University Press 2001.
Stoddart, Helen: Aesthetics. In: The Routledge Circus Studies Reader. Hrsg. von Peta Tait u. Katie Lavers. New York, London: Routledge Taylor & Francis 2016, S. 15–36.
Tait, Peta: Circus Bodies. Cultural Identity in Aerial Performance. London, New York: Routledge 2005.
Tait, Peta: Risk, Danger and Other Paradoxes in Circus and Circus Oz Parody. In: The Routledge Circus Studies Reader. Hrsg. von Peta Tait u. Katie Lavers. New York, London: Routledge Taylor & Francis 2016, S. 528–545.
Tait, Peta u. Katie Lavers: Introduction. Circus perspectives, precedents and presents. In: The Routledge Circus Studies Reader. Hrsg. von Peta Tait u. Katie Lavers. New York, London: Routledge Taylor & Francis 2016, S. 1–11.
Tait, Peta u. Katie Lavers (Hrsg.): The Routledge Circus Studies Reader. New York, London: Routledge Taylor & Francis 2016.
Teichert, Thomas: Gut gebrüllt, Löwe. Adventszirkus im AMP Münster. https://wundertrip.co/muenster/venue/ampms/1148526158556875 (4.11.2017).
The Canon. Reading Dancing. By Susan Leigh Foster. https://www.timeshighereducation.com/books/the-canon-reading-dancing-by-susan-leigh-foster/409125.article (22.3.2018).
Theatre Online: Les Colporteurs. Le fil sous la neige. https://www.theatreonline.com/Spectacle/Les-Colporteurs-Le-fil-sous-la-neige/60175 (13.10.2017).
Trapp, Franziska: Disrupting the binary of otherness. A Semiotic Reading of the Performance 'L'autre' by Claudio Stellato. In: Circus and Its Others. <http://performancematters-

thejournal.com/index.php/pm/article/view/146>. Date accessed: 16 Jul. 2018. Hrsg. von Karen Fricker u. Hayley Malouin: Performance Matters 2018, S. 71–77.

Trapp, Franziska: L'importance du contexte pour la lecture des spectacles de cirque. Le cas de Jimmy Gonzalez – D'Argile. In: Le cirque en transformation. Identités et dynamiques professionnelles. Hrsg. von Marine Cordier, Agathe Dumont u. Emilie Salaméro 2018, S. 153–166.

Trapp, Franziska: Le cirque contemporain ou ce qu'il en reste. Une lecture du spectacle les princesses du Cheptel Aleikoum. In: Contours et détours des dramaturgies circassiennes. Châlons-en-Champagne, Charleville Mézières: CNAC – Centre national des arts du cirque; ICiMa – Chaire d'innovation cirque et marionnette 2020, S. 182–197.

Trapp, Franziska u. Eckhard Kluth: UpSideDown Circus and Space. An Academic Graphic Novel. An Introduction to Circus Research. Münster: WWU 2017.

Tripp, Edward u. Rainer Rauthe: Reclams Lexikon der antiken Mythologie. 7. Auflage. Stuttgart: Reclam 2001.

Vernay, Marie-Christine: Le mythe du cri. Paris: La Libération. Paris: La Libération 1997.

Weiler, Christel: [Art.] Dramaturgie. In: Metzler Lexikon Theatertheorie. Hrsg. von Erika Fischer-Lichte, Doris Kolesch u. Matthias Warstat. 2. Auflage. Stuttgart: Metzler 2014, S. 84–87.

West, Mark Irwin: A Spectrum of Spectators: Circus Audiences in Nineteenth-Century America. In: Journal of Social History 15 (1981) H. 2, S. 265–270.

Wilpert, Gero von: Sachwörterbuch der Literatur. 8. Auflage. Stuttgart: Kröner 2001.

Winko, Simone: [Art.] Text. In: Metzler Lexikon Literatur. Hrsg. von Dieter Burdorf. Stuttgart: Metzler 2007, S. 760.

Wolf, Katrin: Notation Benesh pour les arts du cirque. Sangles. Châlons-en-Champagne: CNAC 2016.

Wolf, Katrin: Notation Benesh pour les arts du cirque. Portés acrobatiques. Châlons-en-Champagne: CNAC 2017.

Wolfzettel, Friedrich: Paradigmatisches Erzählen: Zu Maxence Fermine. In: Observatoire de l'extrême contemporain. Studien zur französischsprachigen Gegenwartsliteratur. Hrsg. von Roswitha Böhm. Tübingen: Narr 2009, S. 395–404.

Wolfzettel, Friedrich: „Rien que du blanc à songer". Die Leerstelle als Emblem des Anderen in den Porträts von Maxence Fermine. In: Charakterbilder. Zur Poetik des literarischen Porträts. Festschrift für Helmut Meter. Hrsg. von Angela Fabris u. Willi Jung. Göttingen: V & R Unipress 2012, S. 683–695.

Wolfzettel, Friedrich: „Se forger une légende". Biographisches Erzählen und Mythos bei Marxence Fermine. In: Literatur als Lebensgeschichte. Biographisches Erzählen von der Moderne bis zur Gegenwart. Hrsg. von Peter Braun. Bielefeld: transcript 2014, S. 227–243.

Zipes, Jack: Introduction. Towards a Definition of the Literary Fairy Tale. In: The Oxford Companion to Fairy Tales. Hrsg. von Jack Zipes. 2. Auflage. Oxford: Oxford Companion 2015, S. 1–20.

Verzeichnis der Personen und Compagnien

Adorno, Theodor 15
Andersen, Hans Christian 130, 162, 165
Aristoteles 154
Astley, Philip 12
Atwood, Margaret 130
Auffrau, Alexis 109

Barnett, David 186
Barthes, Roland 91, 110
Baßler, Moritz 6, 9, 91 f., 102, 111 f., 135, 163, 188
Batson, Charles 148 f.
Bauchau, Henry 129
Bause, Inka 144 f.
Beecher, Bonnie 83 f.
Benjamin, Walter 15
Berthillot, Justine 105
Blondeau, Florent 116
Blyth, Reginal Horace 126
Boenisch, Peter M. 115, 139
Bohlen, Dieter 145
Bonnavaud, Émilie 105
Bordenave, Julie 155
Bosch, Hieronymos 129
Bouissac, Paul 8, 13, 89–93, 104, 106, 134, 169
Boulanger, Aragorn 97
Brandstetter, Gabriele 6
Brown, Joshuah Purdy 12
Burger, Kirsten 130

Calvino, Italo 129
Campos, Álvaro de 107, 130
Camus, Albert 109
Carroll, Lewis 130, 162, 165
Caverna, Bruno 97
Chagall, Marc 1, 4
Cheptel Aleïkoum 10, 18, 160 f.
Cie Claudio Stellato 10, 18, 149
Cirque Bouffon 131, 147
Cirque Bouglione 93
Cirque du Soleil 2, 93, 146, 171
Cirque Eloize 105, 131, 147
Cirque Medrano 1

Dahl, Emil 136
Darnell, Bruce 143
David, Gwénola 17 f.
Derbolav, Wilhelm 12
Diaz Verbèke, Maroussia 109

EELS 144

Fermine, Marxence 112 f., 118
Fischer-Lichte, Erika 6, 94, 154
Foster, Susan Leigh 6, 102 f., 153 f.
Fratellini, Annie 15
Fray, Alexandre 97
Fridman, Sharon 97
Frucek, Jozef 97

Gehlker, Fragan 109
Genette, Gérard 8, 86 f.
Gonzalez, Jimmy 9, 18, 131, 136, 141–147, 180
Goudard, Philippe 177 f.
Greenblatt, Stephen 6
Greimas, Algirdas 92
Grimm, Gebrüder 162, 165, 171
Grossberg, Lawrence 188
Grüne, Anne 143
Grüss, James 15
Guy, Jean-Michel 16, 93, 97, 147, 149, 170, 179 f.
Guyez, Marion 177

Hall, Stuart 188
Hardenberg, Henriette 102
Hurley, Erin 111, 157

Ikin, Dmitry 136

Jakobson, Roman 7 f., 98, 101–103, 111 f., 122
Jarry, Alfred 17, 129
Jolet, Marie 167, 174
Jordão, Ana 8, 18, 96 f., 129

Kann, Sebastian 109 f.
Korb, Jana 130

Kosonen, Sanja 116
Krah, Hans 158
Kreusch, Elena Lydia 132

Léger, Fernand 1, 4
Leroux, Louis Patrick 89, 171, 177
Les Colporteurs 9, 18, 113, 117, 128 f.
Les Sept Doigts de la Main 89, 105
Lessing, Gotthold Ephraim 6, 178 f.
Lévi-Strauss, Claude 156
Lievens, Bauke 8, 88, 90, 94, 97, 189
Lotman, Jurij 8, 84, 86, 158
Lucas, Christian 161

Martinez, Ariane 177
Matisse, Henri 1, 4
May, Ekkehard 127
McLoughlin, Darragh 95
Meyrou, Oliver 7
Michelangelo 141
Milano, Piergiorgio 151
Mitterand, François 15
Muntwyler, Andreas 116
Myrvold, Paul 125

Nadj, Josef 3, 16 f.
Navarro, Raphael 155
Nguyen, Erika 139

Olivan, Roberto 151
Olivier, Agathe 113

Parent, Maude 139
Paula, Ricardo de 97
Pena, Lula 97
Picasso, Pablo 1, 4
Pink 2
Platon 154, 160

Posada, Julien 116 f., 124
Propp, Vladimir 92, 169
Py, Oliver 151

Rajewsky, Irina 9, 114, 122, 128
Richter, Max 97
Ricordel, Stéphane 7
Rigot, Antoine 113 f., 118, 121, 125
Rodin, Auguste 9, 133, 138–141, 145
Rouault, Georges 1, 4

Sanchez, Antonio 97
Saudek, Molly 116 f., 124
Sebestyén, Rita 152
Sharpe, Jakob 136
Slowblow 97
Soldevilla, Sébastien 105
Sontag, Susan 163
Spears, Britney 2
Squarehead Productions 8, 18, 130, 158
Stellato, Claudio 149, 151
Stoddart, Helen 178
Storm, Theodor 102

Thomas, Jérôme 137
Tikka, Ulla 116
Trump, Donald 1

Urbanatix 131, 147

Vantournhout, Alexander 124
Vernier, Frederik 105

Weiler, Christel 179
West, Marc Irwin 170
Wildmimi Antigroove Syndicate 114, 118
Wolfzettel, Friedrich 121, 124

www.ingramcontent.com/pod-product-compliance
Lightning Source LLC
Chambersburg PA
CBHW070936180426
43192CB00039B/2248